그들은 왜
최후의 승자가
되지 못했나

그들은 왜 최후의 승자가 되지 못했나
한순구의 게임이론으로 읽는 역사

2023년 5월 15일 초판 1쇄 발행
2024년 4월 29일 초판 18쇄 발행

지 은 이 │ 한순구
펴 낸 곳 │ 삼성글로벌리서치
펴 낸 이 │ 김원준
출판등록 │ 제1991-000067호
등록일자 │ 1991년 10월 12일
주   소 │ 서울특별시 서초구 서초대로74길 4(서초동) 삼성생명서초타워
전   화 │ 02-3780-8213(기획), 02-3780-8084(마케팅)
이 메 일 │ sgrbooks@samsung.com

ⓒ 한순구 2023
ISBN │ 978-89-7633-124-3 03900

한순구의
게임이론으로 읽는
———— 역사

그들은 왜
최후의 승자가
되지 못했나

| 한순구 지음 |

삼성글로벌리서치

역사에 발자취를 남긴 인물들과 사건을 게임이론으로 분석한 책이라고 생각했는데, 뚜껑을 열어보니 그 이상이다. 그들이 최후 승리를 거두려면 어떻게 했어야 하는지 게임이론으로 분석하는 부분도 통쾌하지만 전략의 본질에 대해 깊은 부분이야말로 이 책의 백미다. 아무리 승률 높은 전략이라도 성격에 맞아야 하고 때로는 오히려 실패했기에 역사가 기억할 수도 있다는 저자의 해설에 무릎을 쳤다. 오랜 시간 전략을 연구해온 한 교수만이 할 수 있는 이야기다. 만약 한신이 이 책을 읽는다면 뜨거운 눈물을 흘리지 않을까.

송병락(서울대학교 명예교수)

이 책은 역사 공부를 하는 목적을 알려준다. "역사를 아는 것이 현실에서 어떤 필요가 있을까?"라는 질문에 대한 경제학자의 대답이다. 항우와 한신, 당 태종 이세민과 김춘추, 가마쿠라 막부와 오다 노부나가, 나폴레옹과 로버트 리 장군, 고르바초프 등 한국사와 동서양사를 넘나들며 재밌는 역사 읽기에 빠지다 보면 어느새 역사적 성공과 실패에 대한 게임이론의 분석을 접하게 된다. 역사학과 경제학의 진정한 융합이란 이런 것이다.

이익주(서울시립대학교 국사학과 교수, KBS 〈역사저널 그날〉 패널)

역사, 게임이론으로 보면
더 새롭게 보인다

내가 평생 공부해온 경제학, 그중에서도 게임이론은 사람들이 계획하고 실행하는 '전략'과 '선택'을 체계적으로 깊이 연구하는 학문이다. 즉, 선택의 갈림길에서 획득 가능한 모든 정보를 펼쳐놓고 가장 유리한 쪽으로 결정을 내리도록 도움을 주고자 하는 연구 분야라 하겠다.

이런 공부를 오래 하다 보니 역사 속 인물들이 결정적 순간에 내린 판단에 대해서도 게임이론의 논리를 가지고 분석하는 습관이 생겼다. 더 나아가 역사 속 어떤 인물의 잘못된 결정에 대해 어째서 그런 결정을 했을까 하는 의문도 던져보게 되었다. 그리고 당사자가 그 결정을 내리기까지 그는 물론 주위 사람들은 어떤 경제적 이득과 손실을 고려했을지도 생각해보고는 했다. 아무래도 나 같은 경제학자는 인간의 모든 결정이 옳고 그름에 기반하기보다 결국 각자의 경제적 이득에 기반한다고 생각하기 때문이다.

그런데 어느 순간 이런 생각도 들었다. 역사 속 인물들의 선택과 결정이 결코 오래전에 일어난 일만은 아닌, 내가 매일의 일상을 살아가고 조직에서 다른 사람들과 함께 의사결정을 내릴 때 여전히 일어나고 있는 현재의 일이라는 생각이 든 것이다.

이를테면 지난주에 내가 참여한 어떤 회의에서는 러시아를 공격할지 말지를 결정하는 나폴레옹 황제의 고민과 비슷한 논의를 하고, 이번 주의 어떤 회의장은 흡사 병자호란 때의 남한산성과도 같았다. 청나라 군대에 항복을 할까 아니면 끝까지 싸울까를 놓고 격론을 벌인 병자호란 때의 남한산성 말이다. 이런 회의를 하다 보면 사실, 무모하게 러시아를 침공했다가 패배한 나폴레옹의 결정과 남한산성에서 나와 결국 청나라에 항복한 인조의 결정을 쉽게 비난하지 못한다.

어린 시절에는 역사책을 읽으면 모든 게 확실하고 간단했다. 절대적 위인과 절대적 악인 또는 무능력자가 따로따로 존재하는 것으로 보였다. 훌륭한 위인은 모든 상황에서 정의와 도덕에 입각하여 국가를 위해 가장 현명한 판단을 내린다. 반면에 악인이나 무능력자는 자기 이익만 우선한 탓에 국가를 배신하든지 아니면 상황 판단을 완전히 잘못해서 하는 일마다 실패를 거듭하는 것으로 묘사되었다.

　이런 역사책을 보면서 당연히 나는 어른이 되면 훌륭한 위인과 같은 사람이 되겠다고, 절대로 악인이나 무능력자와 같은 삶을 살지 않겠다고 생각했었다. 그런데 막상 어른이 되어보니 상황은 그렇게 간단하지 않았다. 내가 그 입장에 있다고 해도 항상 옳은 결정을 내릴 수 있을지 자신이 없어졌다. 사회와 현실에는 고려하고 고민해봐야 할 사항이 너무 많아 완벽히 옳은 결정도 없고 완벽히 틀린 결정도 없다는 걸 알게 되었다.

　역사 속에서 큰 실패로 끝난 잘못된 결정이라 하더라도 100% 틀린 경우는 거의 없다. 그 결정을 내린 사람들도 당시에는 뛰어난 능력자들이었고 99%는 합당한 선택이었다. 다만 미처 고려하지 못한 사항으로 인한 1% 부족한 판단으로 역사책에는 큰 실패를 한 사람으로 기록되었을 뿐이다.

　이 책은 전쟁에서 패배하거나 국가 운영에서 큰 실패를 경험한 것으로 알려진 역사적 인물들을 13가지 역사적 사건을 중심으로 살펴본다. 그리고 경제학을 연구하는 게임이론가의 입장에서 그들에게 어떤 점이 부족했는지, 만약 다른 선택을 한다면 어떤 것이 있었을지를 분석한다.

지금도 직장에서 주어진 업무와 다양한 인간관계 앞에서 여러 가지 갈등을 겪으며 고민하고 있을 독자들에게 이 책이 조금이라도 실질적 도움이 되기를 바란다. 무엇보다도, 현재 우리가 하는 고민들은 사실 역사 속 인물들이 이미 무수히 겪은 문제이며 성공한 인물조차 때로는 큰 실패를 겪었다는 사실이 잘 전해져 독자들이 위로와 힘을 얻었으면 하는 바람이다.

2023년 봄
한순구

차 례

> "
> 내가 임명한 부하들이
> 왜
> 나를 위해
> 싸워주지 않는가?
> "

제 1 장

'비협조적 게임' 이론과
항우의 운명

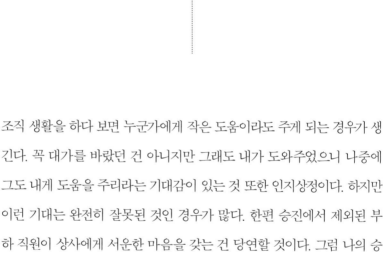

조직 생활을 하다 보면 누군가에게 작은 도움이라도 주게 되는 경우가 생긴다. 꼭 대가를 바랐던 건 아니지만 그래도 내가 도와주었으니 나중에 그도 내게 도움을 주리라는 기대감이 있는 것 또한 인지상정이다. 하지만 이런 기대는 완전히 잘못된 것인 경우가 많다. 한편 승진에서 제외된 부하 직원이 상사에게 서운한 마음을 갖는 건 당연할 것이다. 그럼 나의 승진에 힘을 써준 상사에 대해 부하 직원이 고마운 마음을 갖는 것도 당연할까? 뜻밖에도 현실에서는 그렇지 않은 경우가 적지 않다.

교육계에서도 이런 현상이 관찰된다. 대다수 대학이 4년마다 총장 선거를 한다. 그리고 그 총장이 학장들을 임명한다. 이때 임명된 학장들은 당연히 총장을 지지할까? 그러리라 기대되지만 현실에서는 그렇지 않은 경우가 참으로 많다. 자신을 학장으로 임명해준 현 총장을 편들지 않고 다른 이의 정책을 지지하는 경우가 오히려 일상적이다. 그 이유는 무엇일까?

2,200년 전 중국 초나라의 패자(霸者) 항우(項羽)는 자신이 목숨도 구해주고 왕으로 임명도 해준 부하들에게 배신을 당해 결국 죽음을 맞았다. 항우가 이런 운명을 피할 방법은 없었을까? 경제학의 게임이론을 가지고 분석해보자.

진시황의 죽음과 항우, 유방의 등장
:

기원전 221년. 수많은 나라로 쪼개져 있던 중국이 '춘추전국시대'라는 500년 넘는 혼란기를 끝내고 서쪽 끝 변방의 진나라에 의해 통일된다. 중국 최초로 통일을 이룬 진나라의 왕은 자신을 최초의 황제, 즉 황제의 시작이라는 의미에서 시황제(始皇帝)라고 칭했는데 이 사람이 우리가 아는 진시황(秦始皇)이다.

진시황은 막강한 군사력을 이용해 한나라, 위나라, 조나라, 초나라, 연나라, 제나라 등 6국을 정벌했다. 통일 이전까지 이 여섯 나라는 모두 유명한 인물을 배출한 자랑스러운 역사를 가진 국가로, 지금은 우리가 이 나라들까지 포함해 모두 중국이라 부르지만, 당시 그 나라 백성들 입장에서는 자신들이 이제 진나라에 의해 식민통치를 받게 되었다는 생각을 했을 것이다.

통일 후 진시황은 자신에게 멸망당한 6국의 인재들은 고위관리로는 등용하지 않았다. 요컨대, 소위 초나라는 초나라 사람이 다스리고 제나라

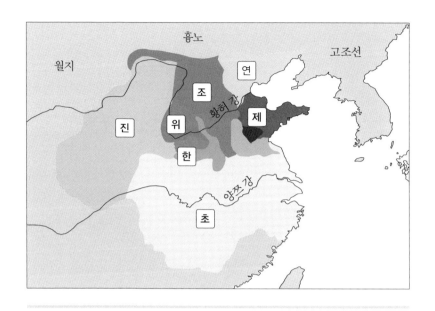

전국시대를 주도했던 7개 나라의 위치를 표시한 지도. 전국칠웅이라 불린 이들 나라는 진나라에 의해 통일된다.

는 제나라 사람이 다스리는 형태의 자치제도를 실시하지 않고 진나라에서 관료를 파견하여 다스리는 직접 통치 방식을 썼다. 이에 따라 진나라 출신이 아닌 이들에게는 말단 공무원 수준의 낮은 직급만 허용되었다.

또한 진시황은 흉노족을 막기 위해 만리장성을 쌓고, 새로운 궁전으로 아방궁을 건설하는 동시에 자기가 죽어서 묻힐 진시황릉도 미리 만들기 시작했는데, 이때 정복민인 6국 사람들을 강제로 동원했다. 천문학적 규모의 대공사를 세 지역에서 동시에 추진한 것인데, 공사에 동원된 사람들의 고통이 너무도 심했기에 원한이 쌓여갔다.

그러다가 중국을 통일한 지 11년 후인 기원전 210년 진시황이 병으로 사망한다. 그러자 그동안 참고 살던 6국 사람들이 반란을 일으키기 시작했는데, 그럼에도 당대 최강 진나라 군대를 이기지 못해 반란군이 차례차례 진압되고 있었다. 그러던 중 6국 가운데 초나라의 명문 귀족 출신인 항우가 군대를 모아 반란을 일으킨다. 진시황의 통일 이전에 초나라는 군사력이 워낙 세서 진시황도 정벌에 가장 애를 먹은 나라였고, 특히 항우가 거느리는 군대는 막강했다. 그래서 반란군 사상 최초로 항우의 군대가 진나라의 주력 부대를 크게 패배시킨다. 반란은 일으켰지만 번번이 진나라 군대에 진압당하던 6국 사람들은 항우의 승리를 보고 항우 아래로 들어가 연합군을 형성하여 진나라와 맞서게 된다.

이때 초나라의 왕 의제(義帝)가 한 가지 제안을 한다. 우선 초나라 의제가 누구인지 알아보자. 초나라의 귀족 항우가 진나라에 대항해 반란을 일으켰지만 귀족 신분만으로는 초나라 국민들의 호응을 얻는 데 한계가 있다고 판단하여 멸망한 초나라의 왕족 중 한 사람을 찾아 의제라고 이름 붙인 뒤 항우가 의제의 명을 받아 진나라를 토벌한다는 명분을 세웠다. 즉, 왕족의 후손인 의제를 내세우되 항우 자신이 초나라 독립군을 이끌려 했던 것이다. 그런데 꼭두각시 왕으로 삼은 의제가 뜻밖의 제안을 하는데, 바로 진나라의 수도가 있는 관중(關中) 지역을 가장 먼저 함락시킨 사람을 진나라의 왕으로 삼겠다고 선언한 것이다. 당시 진나라 수도 함양(咸陽)이 속한 지역을 관중이라 칭했고 따라서 이 자리는 '관중왕'이라 불렸다. 천하의 재물과 인재가 모두 진시황 아래로 모이던 때이니 관중은 당연히 인구도 가장 많고 경제력도 센 지역이었다. 모든 반란군 수장이 관중왕이 되고 싶어했다.

상식적으로는 진나라 군대를 연거푸 패배시킨 항우가 관중왕이 되어

마땅했다. 그런데 항우가 열심히 진나라 주력군과 싸우는 동안 진나라 군대와의 전투를 피해 빠른 속도로 군대를 행군시킨, 별로 알려지지 않은 장수가 한 사람 있었으니, 바로 유방(劉邦)이다. 격렬한 전투를 피해 진격을 거듭한 유방이 결국 관중에 먼저 들어가 관중왕의 자격을 갖추게 된다. 관중왕의 자리가 실제로 압도적 공을 세운 항우가 아닌 약삭빠르게 행동한 유방에게 돌아가게 된 것이다.

물론 항우는 그 중요한 관중왕의 자리를 유방에게 내줄 생각이 전혀 없었다. 그래서 유방을 진나라 땅에서 험악한 산악 지방인 촉의 왕으로 임명하여 쫓아냈고, 자신을 따라 진나라 군대와 싸운 한나라, 위나라, 조나라, 제나라, 연나라 사람들에게 각자의 나라를 돌려주었다. 즉, 연나라 사람 입장에서는 진나라의 식민지가 되어 비참한 생활을 하던 중 초나라의 항우라는 장수가 진나라 군대를 물리치고 연나라를 해방해주면서 원래의 영토까지 돌려준 것이다. 연나라 등 다른 여섯 나라 사람들에게 항우는 고맙기 그지없는 은인이었다.

그리고 항우는 스스로 관중왕이 되는 대신 진나라 땅을 쪼개 자신에게 복종해온 진나라 사람들에게 나누어 주며 관중의 왕들로 삼고, 자신은 고향인 초나라로 돌아가 초나라 왕이 된다. 진시황이 어렵게 통일했던 중국이 진시황이 죽고 불과 3년 만인 기원전 207년 항우의 손에 의해 원상복귀가 된 셈이다.

항우가 임명한 왕들은
왜 항우와 싸우게 되었는가?

:

초나라 의제의 약속과 달리 항우에 의해 강제로 관중왕 자리를 빼앗긴 유방은 그다음 해인 기원전 206년에 관중으로 쳐들어간다. 그리고 항우를 따르던 왕들의 군대를 모두 무찌르고 결국 관중을 차지한다.

항우는 관중을 여러 지역으로 나누어 자신을 따라 진나라를 멸망시키는 데 기여한 진나라 출신 장군들을 관중의 왕들로 임명했었다. 하지만 진나라 사람들 입장에서 보면 이들은 조국을 배신하고 일신의 영광을 좇은 배신자들이었다. 물론 유방 또한 진나라 멸망에 분명한 역할을 한 적군의 장수였지만, 진나라 사람들 입장에서는 조국을 배신하고 항우의 앞잡이 역할을 한 현재의 관중왕들보다는 그나마 유방이 더 낫게 느껴졌을 것이다. 그래서 진나라 사람들은 항우의 임명을 받아 관중왕이 된 자들을 전력으로 돕지 않았으며, 결과적으로 유방은 쉽게 관중 지역을 얻을 수 있었다.

이렇게 유방이 관중을 공격한 기원전 206년부터 시작된 항우와 유방의 전쟁은 4년 동안 이어지다가 기원전 202년 유방의 승리로 끝난다. 이것이 초한전쟁, 곧 초(楚)나라와 한(漢)나라의 전쟁이며, 여기서 항우는 유방에게 패하여 죽음을 택한다.

장기판에서 한쪽은 초나라, 한쪽은 한나라가 되어 싸울 정도로 이 전쟁은 유명하다. 소설 《초한지》로 잘 알려진 항우와 유방의 이 전쟁은 중국의 역사에서 매우 중요한 사건이다. 비록 진시황이 중국을 통일했으나 불과 11년 만에 멸망하고, 항우와의 4년 대결 끝에 승리한 유방이 세운 한나라가 수백 년 동안 이어졌다. 결국 통일 중국을 가장 오랫동안 다스린 왕조는 유방의 한(漢)나라다.*

그런데 항우와 유방의 전쟁에서 참으로 이상한 일이 벌어진다. 분명 항우가 임명해 왕이 된 자들인데, 그들이 항우를 돕지 않고 유방의 편에 서서 항우와 싸웠다는 점이다. 어쩌다 이런 일이 벌어졌을까.

관중을 차지한 유방은 항우와의 대결을 위해 항우의 초나라로 진군을 시작한다. 그런데 유방이 초나라까지 가려면 항우 덕분에 진시황의 진나라에서 해방된 한(韓)나라, 위나라, 조나라, 제나라 등의 군대와 싸워야 했다. 그들과 싸우면서 나아가야 하는 상황이었던 것이다. 당시 중국에서 가장 강한 항우의 군대와의 싸움만 해도 승산이 크지 않은데, 여러 나라 군대를 모두 이긴다는 것이 과연 가능할까?

그런데 초한전쟁에서 이상한 일은 또 있었다. 유방이 관중으로 쳐들어가 항우가 임명한 관중왕들을 죽이는 데만 해도 여러 달이 걸렸는데, 그 사이 항우는 왜 자신의 군대를 이끌고 관중으로 쳐들어가지 않은 것인가? 사실 유방이 항우가 초나라의 수도로 삼은 도시 팽성(彭城)을 점령할 때까지도 항우는 유방과 전투를 벌이지 않았다. 심지어 팽성이 함락될 당시 항우는 그곳에 있지도 않았다. 유방이 관중을 모두 차지하고 초나라 수도까지 점령하게 되는 이 오랜 기간 동안 항우는 어디에 있었던 것일

---

* 이때 유방이 세운 나라의 이름은 한자로 漢이고 진시황 이전부터 있었던 6개 나라 중 한나라의 한자는 韓으로 서로 다른 나라이다.

까? 또 항우로부터 임명을 받은 충성스러운 각 나라 왕들은 어째서 유방을 대적하지 않은 것일까?

우선 항우는 다른 지역의 전투에 발이 묶여 유방을 놓아둘 수밖에 없었다. 언뜻 초한전쟁은 항우와 유방 단둘이 싸운 전쟁이라 생각할 수 있지만, 사실 유방의 한(漢)나라와 항우의 초나라 외에도 한(韓)나라, 위나라, 조나라, 제나라, 연나라 등이 모두 다시 싸움을 벌인 전쟁이다. 유방이 항우의 초나라로 처음 쳐들어가 수도 팽성을 점령했을 때 항우는 제나라의 반란군들과 싸우고 있었다. 그리고 유방과 항우 사이에 있던 여러 왕은 싸움에 적극 나서기보다는 일찌감치 유방에게 항복해버리거나 남의 나라 일이라 생각하고 강 건너 불구경하듯 했던 것이다. 심지어 항우의 심복으로 특별히 왕으로 임명받은 장수 영포(英布)마저 유방에게 귀순했다.

항우 덕분에 진나라 식민지에서 해방되고 원래의 나라 땅을 돌려받기까지 했는데, 왜 이들은 고마운 은인 항우를 돕지 않고 심지어 그에게 대항하여 반란을 일으킨 것일까?

앞에서도 잠깐 언급한 것처럼, 대학에서 각 단과대학 학장은 총장이 임명한다. 그런데 바로 그 학장임명권 때문에 총장은 많은 교수로부터 도리어 미움을 받아 결국 다음 선거에서 총장이 되지 못하는 경우가 많다. 어째서 그런가? 우선 총장으로 당선되려면 교수들 다수로부터 표를 얻어야 하니 학장 한 자리를 딱 한 사람에게만 약속을 할 수가 없게 된다. 그래서 세간에는 단과대학 학장 자리 하나를 놓고 최소 일곱 명에게 약속을 해주며 표를 모아달라고 부탁해야 총장이 될 수 있다는 소문도 있다. 문제는 총장이 된 다음이다. 자리는 하나인데 약속은 이미 일곱 명에게 해버렸기 때문이다. 결국 총장 선거 때 나중에 학장을 시켜주겠다는 약속을 받고 지지했으나 막상 학장에 임명되지 못한 여섯 명은 약속을 저버린 총장의 적으로 돌아서고 만다.

그러면 약속대로 학장에 임명된 사람은 어떨까? 그 또한 다르지 않다. 사실 총장이 학장만 임명할 수 있는 것이 아니다. 부총장과 같은 더 높은 자리도 있다. 그래서 단과대학 학장에 임명된 교수는 사실 자신이 총장 선거에서 세운 공이 학장급이 아니라 그보다 더 높은 부총장급이라고 생각할 가능성이 높다. 즉, 실제로 학장으로 임명된 사람은 부총장이 될 줄 알았는데 겨우 단과대학 학장이 되었으니 총장에게 고마운 마음을 갖기는 고사하고 몹시 서운한 기분을 느끼게 된다.

아마 항우가 여러 나라의 왕들을 임명했을 때도 비슷했을 것이다. 즉, 항우에게 고마워한 사람은 별로 없었을 가능성이 높다. 예를 들어 조나라의 장이(張耳)와 진여(陳餘)는 평소 절친한 사이로, 진시황이 사망하자 힘을 합해 진나라에 대항하는 독립운동을 하며 생사를 같이했다. 하지만 항우가 장이를 왕으로 임명하자 서운함을 느낀 진여가 이웃 제나라 군대를 끌어들여 장이를 왕의 자리에서 쫓아낸다. 진여는 자신을 왕으로 임명해주지 않은 항우를 원망하고, 장이는 무능하게 땅을 빼앗겼다고 꾸짖는 항우에게 오히려 서운함을 느끼게 된다. 초한전쟁 당시 각 나라에서 이런 내분이 일어나고 있었다.

항우가 죽기 직전 자신이 사면초가에 빠진 신세라며 한탄했다는 이야기가 전한다. '사면초가(四面楚歌)'*는 사방에서 초나라 노랫소리가 들린다는 뜻으로, 적에게 둘러싸여 어떤 도움도 받을 수 없는 상태를 말한다.

자신이 구해주고 도와주었던 사람들에게 배신을 당한 경험이 있는 독자라면 항우의 한탄에 충분히 공감할 것이다.

내시 교수의 '비협조적 게임' 이론

:

게임이론(game theory)이라는 연구 분야가 처음 시작되었을 때 기본 가정은 사람들이 자신이 속한 집단 안에서 협조하며 일한다는 것이었다. 예컨대 철수와 영수가 모두 목련마을 사람이라면 목련마을의 이익을 위해 서로 협조할 것이고 철수 개인의 이익을 위해 목련마을이나 친구인 영수에게 해로운 일은 하지 않는다는 가정하에서 연구를 진행했다. 이런 형태의 게임이론을 '협조적 게임(cooperative game)' 이론이라고 부른다.

그런데 영화 《뷰티풀 마인드》의 실제 주인공 존 내시(John Nash) 교수가 게임이론의 이런 가정을 모두 부정하고 모든 의사결정은 이기적 개인들이 오로지 자기 이익만을 추구하는 과정에서 성립된다는 '비협조적 게임(non-cooperative game)' 이론을 주장했다. 처음에는 많은 경제학자가 내시 교수의 가정을 지나친 주장이라며 비난했지만 그로부터 수십 년이 지난 현재는 게임이론 연구의 99%가 비협조적 게임 이론이 세운 가정하에

＊ 이 말은 《사기》〈항우본기〉에 나오는 것으로 항우가 해하에서 한나라 군대에 포위되었을 때 초나라 군대가 결사 항전을 하자 그들의 사기를 꺾고자 초나라 노래를 불렀던 데서 연유한다. 초나라 노랫소리에 초나라 병사들이 고향과 가족을 생각하며 탈영하도록 유도하여 실제로 수많은 병사가 전장을 이탈했다. 사방에서 초나라 노랫소리가 들리자 항우는 "한나라가 이미 초나라를 점령했다는 말인가, 어째서 초나라 노래를 부를 줄 아는 사람이 이토록 많은가!" 하며 슬퍼했다.

이루어지고 있다. 결국 인간은 자기 자신을 가장 중요시하기 때문에 자신이 속한 마을이나 국가, 그리고 친족, 심지어는 가족마저 자기 자신에 비하면 중요하지 않다고 여긴다.

그렇다면 현실에서 마을 사람들이 서로 힘을 모아 협력하는 까닭은 무엇인가. 마을이나 이웃을 위해 자기 자신을 희생하는 것이 아니라 마을 사람들과 협력함으로써 나에게 더 큰 이익이 오기 때문이라고 비협조적 게임 이론은 해석한다. 즉, 마을을 가로질러 흐르는 강에 마을 사람들과 힘을 합해 제방을 쌓는 것은 이웃을 위해서가 아니고 홍수로 강물이 넘치면 내 집이 피해를 입기 때문이라는 것이 비협조적 게임 이론의 논리이다. 다시 말해 내 집과 무관한 강의 제방을 쌓으라고 하면 나는 참여하지 않을 것이란 뜻이다. 물론 현실에서는 내 집과 무관한 이웃 마을의 제방을 쌓는 일을 도와주는 경우가 있는데, 이는 그래야만 나중에 우리 마을의 강에 제방을 쌓을 때 이웃 마을 사람들이 와서 도와줄 것이라는 기대가 있기 때문이지, 내 마음이 선해서 아무런 계산 없이 남을 돕는 것은 아니라는 분석이다.

이는 또한, 과거에 내게 도움을 주었다고 해서 그 은인을 위해 내가 손해를 보는 행동을 하지는 않는다는 의미도 된다. 즉, 항우가 진나라 군대를 물리치고 나를 왕으로 만들어준 것은 고마운 일이지만 그렇다고 내가 항우를 위해 목숨 걸고 유방과 싸울 이유는 없다는 것이다. 혹시 내가 유방과 싸워 이겼을 때 항우가 내게 더 많은 땅과 돈을 준다면 이야기는 달라지겠지만, 과거에 베푼 은혜에 보답하라면서 항우가 매번 나를 전쟁에 끌어들인다면 그건 정말 곤란하다는 말이다.

사실 항우가 내게 은혜를 베풀었는지도 명확하지 않다. 항우의 군대가 없었다면 진나라 군대에 승리하기 어려웠겠지만, 내가 항우를 도와 싸운 것도 사실이기 때문이다. 나와 다른 나라들의 군대가 연합하지 않았다면 항우도 그렇게 쉽게 진나라를 멸망시키지는 못했을 테니 항우도 내게 감사해야 할 점이 분명히 있다는 말이다.

이런 식으로 생각하다 보니 항우에 의해 왕으로 책봉된 사람들은 항우에게 감사하는 마음이 점차 사라졌을 것이고, 오히려 자기를 부하처럼 대하는 항우에게 서운한 마음이 생겼을 수 있다. '비협조적 게임' 이론 측면에서 보면 자신이 진나라와의 전쟁에서 큰 공을 세웠다고 생각하는 수많은 장수에게 한정된 영토를 분배해줘야 했던 항우의 자리는 그 자체로 모든 사람의 원망을 사는 자리였던 것이다. 유방 또한 자신이 관중왕이 되어야 하는데 머나먼 촉나라의 왕으로 봉해져 항우에게 몹시 서운했고 그래서 항우에 대항하여 전쟁을 일으켰다. 그리고 다른 왕들은 자신들이 세운 공에 비해 작은 영토와 포상만 준 항우에게는 더 이상 기대할 것이 없는 반면, 유방이 항우를 이기고 새로이 논공행상(論功行賞)을 하면 더 큰 포상을 받을 가능성이 있으므로 유방을 따르게 되었던 것이다.

항우는 어떻게 했어야 했나?

:

역사에 가정은 무의미하다지만, 승리 확률을 높이는 전략을 찾아내는 것을 목표로 하는 게임이론 연구자로서 항우가 어떤 전략을 택했다면 유방과의 전쟁에서 지지 않고 초나라 왕조를 창업할 수 있었을까 생각해보지 않을 수 없다.

먼저, 항우가 왕으로 모셨던 초나라 의제가 관중왕 자리를 두고 엉뚱한 제안을 하면서 계획에 차질이 빚어졌다. 항우의 입장에서 초나라 의제는 조용히 꼭두각시 역할만 해주면 되었는데, 예상과 달리 의제가 힘은 없으면서도 항우의 상관 노릇을 하려는 뜻을 굽히지 않았다. 분명 의제 혼자서 이런 일을 벌이지는 않았을 테고 아마도 항우를 견제하려는 반대 세력이 의제 곁에 있었을 것이다.

'수신제가치국평천하(修身齊家治國平天下)'라고 자기 자신을 먼저 다스리고 다음으로 가족을 다스리고 나라를 다스린 후에야 천하를 얻을 수 있다고 했다. 항우는 진나라를 멸망시키는 데 급급한 나머지 초나라 내부를 다스리는 데, 즉 의제를 비롯한 자신의 반대 세력을 제거하는 데는 소홀했던 것으로 보인다. 결국 항우를 죽게 만든 유방이 비록 변방이기는 하나 초나라 출신으로, 내부의 적이었지 않은가.

전략적으로 볼 때 항우의 입장에서는 초나라의 최고 권력자가 되는 것이 중요하지 진나라를 멸망시키는 것은 그다음 문제였다고 판단된다. 그러나 휘하에 군사는 없지만 군주로서 이름을 가진 의제는 항우에게 권력이 집중되기보다는 항우와 유방이 서로를 견제하며 대립하는 것이 자신에게 더 유리한 국면이라고 생각했을 가능성이 있다.

항우는 진나라를 평정한 영웅이 되었으나 불과 4년 만에 유방에게 패하여 천하를 빼앗기는 운명을 맞게 되는데, 만약 그런 일을 미리 예상할 수 있었다면 어땠을까. 아마도 그는 초나라만이라도 확실히 지배하는 쪽을 선택했을 것이다.

따라서 게임이론가로서 나는 항우에게 다음과 같은 세 가지 조언을 해주고 싶다. 첫째, 진나라를 이기고 천하를 도모하기 전 초나라 안에서 의제의 힘을 확실하게 빼앗아 그로 하여금 그저 꼭두각시 노릇에 충실하고 절대로 다른 짓을 하지 못하도록 만들라는 것이다. 그리고 항우 자신에게 반대하는 의제 주변 세력은 물론이고 유방도 애초에 제거하여 초나라의 모든 힘이 의제도, 유방도 아닌 오로지 자기 자신에게 집중되도록 해야 했다. 초나라를 완전히 항우 자신의 권력 아래 가져다놓은 다음에 진나라 평정에 나서도 결코 늦지 않았을 테고, 혹시 초나라 내부를 단속하느라 너무 많이 시간을 쓰는 바람에 진나라를 평정하지 못하더라도 최소한 초나라의 주인은 될 수 있으니 최악의 상황은 면하게 된다.

항우와 유사한 운명을 산 사람으로 대만의 지도자 장개석(蔣介石)을 이야기해볼 수 있다. 장개석은 일본의 식민 통치로부터 중국을 구하고자 일본과 전쟁을 하던 중 일본보다 더 큰 적이 바로 옆에 있다고 생각하게 되었다. 바로 자신과 같이 일본과 싸우고 있는 모택동(毛澤東) 및 중국 공산당이었다. 장개석은 그래서 모택동을 제거하고 싶었다. 중국 전체의 적인 일본군과 싸우기 전에 내부의 적인 모택동의 공산당을 먼저 제거하는 것이 중요하다는 판단이었다. 하지만 일본군과 싸워야 하는 시기에 중국인들끼리 내분을 일으키는 것은 잘못이라는 주변의 만류로 모택동과 다시 손잡고 일본군에 대항하여 싸웠다. 그 결과 일본군이 물러간 후 장개석은 모택동의 군대에 의해 중국 본토에서 축출되어 대만으로 쫓겨났다.

외부의 적과 싸우는 것은 당신을 영웅으로 만들어줄 수 있지만 내부의 적과 싸우는 것은 당신의 생명을 지켜주는 일이므로 내부 단속이 훨씬 중요하다. 그런 점에서 홈그라운드를 완벽히 장악하기 전에 외부 정복에 나서는 것은 게임이론의 견지에서는 절대로 해선 안 되는 행동이다.

둘째, 진나라를 정복하고 진나라의 수도 함양을 차지한 항우는 공을 세운 각 나라의 장수들에게 너무 서둘러 영토를 나누어 주는 실수를 저질렀다. 게임이론의 측면에서 분석해보자.

일단 진나라를 무너뜨리고 관중을 점령한 시점에서 칼자루를 쥔 쪽은 항우였고 아쉬운 입장에 놓인 것은 항우를 따르던 6국의 장수들이다. 즉, 이제 누가 더 큰 공을 세웠는지 평가하여 중국 전역의 영토를 나누어 주는 일을 하는 주체는 바로 항우이기 때문에 6국의 장수들 입장에선 그에게 잘 보여야 더 크고 좋은 영토를 받을 수 있다.

그렇다면 항우는 자신이 쥔 칼자루를 최대한 오래 움켜잡고 있어야 했다. 6국의 장수들에게 공에 따라 영토를 나누어 주는 순간 이미 영토를 받은 장수나 왕의 입장에서는 더 이상 항우에게 아쉬운 것이 없을 터이기 때문이다. 쉽게 말해, 항우에게서 영토를 받고 나면 항우는 더 이상 '갑'이 아니라는 말이다. 오히려 왕을 시켜주지 않았다든지 자신의 기대만큼 넓은 영토를 주지 않았다든지 하면서 항우를 원망하는 마음만 생길 것이다.

만약 항우가 영토를 나누어 주지 않고 시간을 계속 끌었다면 어땠을까? 6국의 장수들은 항우가 자기에게 넓은 영토를 주리라는 희망을 계속해서 갖게 되어 원망으로 이어지지 않았을 것이며, 오히려 항우에게 잘 보이고자 노력했을 터이다. 실제로 항우를 죽이고 중국 전체를 차지한 유방은 공을 세운 부하들에게 영토를 나누어 주는 작업을 아주 느린 속도로 진행했다. 그렇게 느릿느릿 논공행상을 하는 한편, 조금이라도 잘못을 범한 부하들은 가차없이 숙청해버림으로써 공신의 수를 줄였다.

유방의 최고 책사 장량(張良)에 대해 다음과 같은 이야기가 전한다. 유방이 보니 부하 장수들이 끼리끼리 모여 이야기하는 모습이 자주 보였다. 장량에게 그 이유를 묻자 장량은 논공행상이 늦어져 불만을 품은 부하 장수들이 모반을 하려 논의하는 모양이라고 했다. 간신히 천하를 얻었는데 부하들이 역적모의를 한다는 말에 깜짝 놀란 유방이 해결책을 묻자 장량은 평소 유방을 여러 번 배신하고 항우 밑으로 갔다가 다시 유방에게 돌아오기를 반복하여 유방이 제일 믿지 못하고 미워하는 것으로 소문난 부하인 옹치(雍齒)에게 큰 영토를 내리라고 했다. 그 말에 따라 유방이 옹치에게 좋은 영토를 주자 다른 부하 장수들이 '유방이 미워하는 옹치조차 저런 대우를 받았으니 나는 더 좋은 영토를 받을 것'이라는 희망을 품고 기다렸다. 이렇게 유방은 시간을 오래 끌며 논공행상을 시행함으로써 자신의 유리한 지위를 충분히 이용했다. 그에 반해 항우는 너무 빨리, 그리고 너무 쉽게 영토를 배분함으로써 자신의 유리한 전략적 지위를 쉽게 포기해버린 것이다.

셋째, 항우는 당시 경제력과 인구가 중국에서 최고였던 진나라의 관중 땅을 차지했어야 했다. 비록 자신의 고향은 초나라이고 진나라는 원수의 나라였지만, 진시황이 다른 여섯 나라와 싸워서 이길 정도로 당시 진나라의 인구와 경제력과 군사력은 막강했다. 나중에 유방이 항우와의 전투에서 연이어 패배하면서도 4년의 전투 끝에 최종적으로 승리를 얻은 비결이 바로 이 진나라 관중 땅을 차지하여 무기와 식량 그리고 군사를 보충할 수 있었기 때문이다. 따라서 진나라를 멸망시킨 항우가 초나라로 돌아가 초나라의 왕이 되기보다 계속 진나라에 머물며 관중왕이 되는 길을 택했다면 유방에게 천하를 넘겨주는 일은 일어나지 않았을 것이다.

한마디로 말해, 항우는 진나라를 멸망시킨 후 식민지 상태에서 자신이 해방해준 6국 사람들에게 곧바로 나라를 돌려주지 말았어야 했다. '비협조적 게임' 이론의 논리에 따르면 사람들은 과거의 은혜는 쉽게 잊지만 미래의 이익에는 민감하게 반응한다. 그러므로 너무 쉽게, 너무 빨리 은혜를 베풀면 안 된다.

그리고 항우 자신이 초나라 출신이라고 해서 초나라 땅만 차지할 것이 아니라, 자신이 멸망시킨 진나라를 포함해 조나라, 제나라, 한나라, 연나라, 위나라 땅 또한 함께 다스리면서 감히 다른 사람들이 거스르려는 생각조차 할 수 없는 막강한 권력을 쥐었어야 한다. 물론 각국의 백성들은 진시황이 이제는 항우로 대체되었을 뿐이라고 불만을 쏟아내겠지만, 결국 사람들은 항우의 힘을 두려워하며 복종하게 될 것이다.

내가 승진시켜준 부하가 나를 따르는 것은 승진시켜준 은혜에 감사해서가 아니라 앞으로도 또 승진시켜줄 힘이 있기 때문이라는 사실을 잊지 말자. 그럼 항우와 같은 비참한 운명은 피할 수 있을 것이다.

"

일은 내가 다 하는데
어째서 승진은
다른 사람이 하는가?

"

제 2 장

한신에게
귀띔해주고 싶은 게임이론
'백워드인덕션'

일은 내가 다 하는데 어째서 부장님은 게으르고 무능한 김대리만 좋아하는가. 제대로 된 조직이라면 능력 있고 부지런한 사람이 대우를 받아야겠지만, 실상은 다르다.

대학 강의실에서도 그렇다. 사람들은 교수가 똑똑한 학생을 좋아하리라 생각한다. 그렇다. 똑똑한 학생들은 이해가 빨라 가르치기 수월한 것이 사실이다. 하지만 반대로 똑똑한 학생들을 가르치려면 더 많은 준비를 해야 한다. 매번 똑같은 내용을 가르친다든지 너무 쉬운 내용만 전달하면 금방 싫증을 내기 때문이다. 즉, 직장이나 학교 조직의 상사나 교수들이 볼 때 똑똑하고 재능 있는 부하가 항상 달갑지만은 않다. 때로는 똑똑한 부하가 오히려 부담스럽다.

유방의 부하 중에도 그런 부담스러운 장수가 있었으니 바로 한신(韓信)

이다. 사실상 항우와의 전쟁을 승리로 이끈 주역이었으나 항우가 죽은 뒤 큰 상을 받기는커녕 유방에게 죽임을 당한다. 어쩌다 그렇게 된 것일까.

이 장에서는 능력 있는 부하가 어떻게 처신해야 상관의 미움을 받지 않는지 유방의 충신, 한신을 살펴보면서 같이 생각해보자.

유방에게 천하를 가져다준 한신
:

앞 장에서 살펴보았듯 유방은 항우에게 일어난 일들을 반면교사 삼아 논공행상을 늦추고 내부 단속을 하는 등 자신이 임명한 왕들이 추후 반란을 일으키지 못하게 하려고 노력했다. 하지만 그렇게 한다 해도, 막상 그들이 임명된 후 황제가 된 자신의 지시를 잘 따르리라는 보장은 할 수가 없는 노릇이다. 과연 유방은 이 문제를 어떻게 해결했을까? 결론적으로 말하면 유방은 각국의 왕 자리에 자신의 아들이나 조카 등 '유(劉)'씨들만 앉혔다. 그런데 사실 이들은 항우와의 전쟁에서 딱히 세운 공이 없는 사람들이며 단지 유방과 가족관계라는 이유 하나만으로 왕이 되었다.

유방도 처음에는 항우와의 전쟁에서 너무나 큰 공을 세운 한신, 팽월(彭越), 영포 등 유씨 성을 갖지 않은 이들도 왕으로 임명했다. 하지만 이런 경우는 소수에 불과했으며 그나마도 결국 온갖 누명을 씌워 처형했다. 한신과 팽월은 기원전 196년에 사형을 당했고 영포는 기원전 195년 죽임을 당했으니, 기원전 202년 항우를 물리치고 불과 6~7년 만에 군사적으로 큰 공을 세운 3인의 장군이 모두 제거된 것이다.

한편, 유방이 한신, 팽월, 영포를 제외하고 다른 모든 지역에 연고가 없고 전투에서 공도 세우지 않은 친척들을 대거 왕으로 임명할 수 있었던 데는 유방에게는 굴러들어 온 복덩이나 마찬가지인 한신 대장군의 공이 크다. 흔히 항우와 유방의 전쟁이 용호상박(龍虎相搏) 형태의 싸움인 양 여겨지지만 그렇지 않았다. 항우의 초나라와 유방의 한나라 말고도, 항우에게 임명을 받아 각 지역의 왕이 된 여러 세력이 이 싸움판에 함께 존재했다.

그중 가장 강력한 세력이 바로 항우였으며, 이에 대항하여 직접 전투를 시도하다 패배를 거듭하던 유방은 자신의 군사력으로 항우의 군대와 직접 대결해서는 승산이 없음을 깨닫게 된다. 그래서 튼튼한 성에 틀어박히거나 험준한 산악 지대에 진을 펼치고 항우의 공격을 철저히 방어만 하는 전략을 택한다. 항우가 유방에게 계속 이기다가 마지막에 딱 한 번 패배해서 죽게 된다는 이야기는 바로 이런 상황을 묘사한 것이다.

항우의 공격을 가까스로 막아내며 방어전만 펼치던 유방은 어떻게 최종적으로 승리할 수 있었을까? 유방이 항우에게 대항하며 그를 묶어놓는 동안 뛰어난 장수 한신이 위나라, 조나라, 제나라 등을 차례로 공격해 힘락시켰기 때문이다. 주군인 유방의 생사가 위험한 상황이므로 한신은 대부분의 군대를 유방에게 맡겨놓고 자신은 현지에서 농민들을 모아 단시간에 군사로 훈련시킨 뒤 적을 매번 크게 섬멸했다. 대체 무슨 마술 같은 재주가 있었는지 짐작도 가지 않는다. 한신이 조나라 대군을 섬멸했던 정형(井陘)의 전투가 가장 유명한데, 한신은 급히 모아서 훈련도 부족한 3만의 군사로 조나라 20만 군대와 겨뤄야 하는 상황이었다. 이때 한신은 정형이라는 곳에서 배수의 진을 치고 3만의 군사가 도망칠 곳 없는 상황을 만들어 결사적으로 싸우도록 함으로써 조나라 군대를 섬멸했다고 한다.

유방이 생사를 걸고 항우의 공격을 막아내고 그사이 유방의 최고 장수 한신은 주군의 곁을 떠나 중국 전역을 차례로 점령하는 전략이 누구에게서 나왔는지는 알 수 없다. 만일 그러다가 유방이 항우에게 죽임을 당했다면, 과연 그때도 이 전략이 옳다고 말할 수 있을지는 모르겠지만 결과적으로 이 전략은 대성공이었다. 항우는 유방을 공격하는 데 전력을 기울여야 했고 그러다 문득 뒤돌아보니 중국 전체가 유방의 영토가 된 상태로 자기 한 사람만 유방에 대항하고 있었다. 그리고 마침내 항우의 뒤를 한신이 공격해서 승리했고 그 단 한 번의 전투에 패배한 항우는 결국 죽음에 이르게 되었다.

그런데 바로 이 과정에서 유방과 한신의 관계 또한 나빠지게 된 듯하다. 항우의 공격으로 생명의 위협을 받던 유방이 한신에게 다른 지역의 공격을 중단하고 자기를 구하러 오라고 했지만 한신은 이 지시를 무시하고 계속해서 항우의 배후 지역 나라들을 점령해나갔기 때문이다. 다행히 유방은 항우의 공격을 끝내 막아냈고, 한신은 항우의 초나라를 제외한 다른 나라를 모두 정복한다. 그리고 마침내 완전히 포위된 항우를 공격해서 승리를 거둠으로써 전쟁을 끝낸다.

중간 과정이야 어찌 되었든 결과적으로 유방이 마지막 전투에서 승리하여 항우를 죽인 다음에는 유방의 부하들을 제외하고는 논공행상을 할 사람이 없는 상황이 되었다. 왜냐하면 여러 나라의 도움을 받아 함께 진나라를 멸망시켰던 항우와 달리 유방은 항우뿐 아니라 다른 모든 나라와 싸워서 이겼기 때문이다.

이 상황을 조나라 사람의 입장에서 한번 보자. 예전에는 항우의 연합군에 참여해 진나라를 같이 공격했기 때문에 자신을 조나라의 왕으로 임명해달라고 요구할 수 있었지만, 이번에 유방은 항우를 오로지 자기 힘으로 패배시켰다. 게다가 조나라도 유방의 부하 장수인 한신과의 전투에서 졌으니 유방에게 영토를 달라고 할 사람이 더는 조나라에 없었다. 그래서 유방은 한신, 팽월, 영포 등 공이 아주 큰 부하 장수들 몇을 제외하고는 해당 지역 출신이 아닌 유씨 친족을 왕에 봉할 수 있었고, 몇 년 후에는 유씨 성을 갖지 않은 소수의 왕들마저 쉽게 누명을 씌워 죽일 수 있었다.

유방의 부하들 사이에서
내분이 일어나지 않은 이유는?
:

군사적으로 한신이 마술사 같은 존재라면 전략적 측면에서는 유방이야말로 게임이론으로 노벨 경제학상을 받아도 될 정도로 대단한 전략가이다.

중국의 역사에서 하나의 왕조를 열 정도의 인물들을 살펴보면, 한나라 고위 관료의 자제였던 조조(曹操)나, 강동에서 큰 세력을 형성했던 손책(孫策)의 동생 손권(孫權), 그리고 수나라 고위 귀족이었던 당 고조 이연(李淵) 등 특권층 출신이 많다. 그렇지 않은 사람으로는 명나라를 세운 주원장(朱元璋)과 한나라를 세운 유방 정도이다. 진나라에 대항해 반란을 일으킨 사람들 대부분이 귀족이나 왕족 출신인 데 반해 패현(沛縣)이라는 작은 마을에서 가난한 농사꾼 집안의 막내아들로 태어난 평민 유방이 든든한 기반을 가진 여러 왕족과 귀족을 물리치고 천하의 주인이 된 것이다. 그러나 유방 자신은 글이나 무예를 제대로 공부한 적이 없으며, 행정적 업무 처리나 군대 통솔을 잘한 것도 아니었다. 황제가 되고 나서 주변 사람들이 "어째서 당신이 천하의 주인이 되었는가?" 하고 묻자 유방은 이렇게 답했다고 한다.

"군막 안에서 계책을 짜서 천 리 밖 승부를 결정짓는 일이라면 나는 장량만 못하다. 나라를 안정시키고 백성을 달래고 전방에 식량을 공급하고 양식 운반로가 끊어지지 않게 하는 일이라면 나는 소하(蕭何)만 못하다. 100만 대군을 통솔하여 싸웠다 하면 승리하고 공격했다 하면 틀림없이 손에 넣는 일이라면 나는 한신만 못하다. 이 세 사람은 모두 인걸이고, 나는 이들을 쓸 수 있었다. 이것이 내가 천하를 얻은 까닭이다."

장량과 소하와 한신이라는 각 분야의 출중한 인재를 스카우트하고 일을 잘 맡겨 천하를 얻었을 뿐이라는 말이다. 그냥 들으면 쉬워 보이지만, 현실에서 서너 명이라도 부하 직원을 데리고 조직을 운영해본 사람이라면 이것이야말로 가장 어려운 일임을 알 것이다.

1990년대 미국 NBA의 스타라고 하면 누구나 마이클 조던(Michael Jeffrey Jordan)을 꼽을 것이다. 그는 야구 선수가 되고자 농구를 그만둔 공백기 2년을 제외하면 소속 팀을 여섯 번이나 우승시킨 전설적인 농구 선수다. 마이클 조던이 속했던 농구팀은 시카고 불스로, 농구 좀 아는 이라면 그때 시카고 불스를 이끈 감독이 필 잭슨(Philip Douglas("Phil")

Jackson]임을 기억할 것이다.

필 잭슨은 강렬한 카리스마보다는 부드러운 성품을 지닌 감독이었다. 툭하면 선수들을 모아놓고는 불교식 참선을 하기도 했다. 능력이 뛰어나고 성격도 강한 마이클 조던이나 스코티 피펜(Scottie Maurice Pippen) 같은 선수들을 모아 협동하도록 만들기가 쉽지만은 않았을 것이다. 농구에 회의를 느낀 마이클 조던이 야구를 하겠다며 팀을 떠나고, 시카고 불스가 마이클 조던만 대우해주고 자기에게는 소홀하다면서 스코티 피펜이 고의적으로 게임에 나오지 않던 시기도 있었지만, 필 잭슨 감독은 이들을 잘 다독이며 팀을 우승으로 이끌었다.

말하자면 유방은 필 잭슨 감독 같은 유형이 아니었을까. 장량, 소하, 한신과 같은 스타급 선수가 서로 싸우거나 토라지지 않고 자신의 능력을 100% 발휘할 수 있도록 좋은 분위기를 만들어주는 역할을 했으리라는 얘기다. 어쨌든 역사의 평가에 따르면, 게으르고 우둔하다고 표현되는 유방이 개성 강한 엘리트 선수들로 구성된 부하들을 한마음으로 모아 항우와의 전쟁에 적극 참여하도록 잘 이끌었다는 것이다.

항우와 맞서 싸우기로 마음먹고 군사를 일으켰을 때 유방의 휘하에서 오래 충성을 바쳐온 장수 번쾌(樊噲)가 총사령관에 임명될 것이라는 예상을 깨고 상대적으로 덜 알려진 한신이라는 인물을 총사령관에 임명하자 한신과 번쾌 사이에 갈등이 있었다. 하지만 결국 번쾌가 기꺼이 한신의 지시를 받기로 했는데, 이렇게 갈등을 조정하는 능력이 유방에게 있었던 것이다. 또한 앞서도 언급했듯 항우의 공격을 받고 형양성(榮陽城)에서 죽을 고비를 넘기고 도망치던 유방이 한신에게 자신을 구하러 오라고 여러 번 지시했지만 한신은 이를 무시하고 자신의 계획대로 다른 지역 정복을 계속한다. 즉, 한신은 결코 고분고분한 부하는 아니었던 것이다. 당연히 유방은 한신의 태도에 매우 화가 났지만, 이런 마음을 숨기고 한신을 승진시킴으로써 한신을 감동시켜 계속해서 충성하도록 유도했다.

천하를 얻은 뒤 누구의 공이 제일 큰가를 평가할 때도 유방의 리더십은 빛을 발한다. 유방은 관중에 머물며 군사와 식량을 모아 전장으로 보내준 소하를 일등공신으로 임명하는데, 그러자 전투에 참여했던 장군들이 크게 반발한다. 후방에서 편하게 근무하던 소하가 어째서 매일같이 목숨 걸고 전투에 임한 장군들보다 공이 더 큰가 하는 항의였다. 이때도 유방은 소하가 군사와 식량과 무기를 원활하게 대주지 않았다면 장군들 중 누구도 전투를 이어갈 수 없었으리라며 분란을 일단락 짓는다. 만약 최고 책임자가 명확한 기준 없이 우유부단한 태도를 보이며 부하들 사이를 정리해주지 않는다면 내부 갈등은 커질 수밖에 없다. 유방은 부하들을 부드럽게 대하면서도 갈등의 소지가 생길 때는 이를 확실히 정리해줌으로써 불필요한 내분을 미연에 방지했다.

이렇듯 유방은 뛰어난 정치 감각과 행정 능력으로 내부 갈등을 최소화했지만, 각도를 조금 바꿔서 보자면 이는 사실 유방의 능력에서 비롯한 것만은 아니고 당시 유방을 둘러싼 여건이 그에게 아주 유리했던 것으로 보인다. 기원전 195년 유방이 큰 병이 들어 사망하기 직전 유방의 부인 여씨(呂氏)가 유방에게 앞으로 나라를 책임지는 승상의 지위에 있는 소하가 사망하면 누구를 다음 승상으로 할지 묻는다. 그러자 유방은 소하가 죽으면 조참(曹參)을 승상으로 하고, 조참 다음에는 왕릉(王陵)을 승상으로 하되 왕릉은 지혜가 모자라니 머리가 좋은 진평(陳平)이 왕릉을 보좌하도록 하라고 유언을 남긴다. 또한 승상이 아니더라도 가장 믿을 수 있는 신하인 주발(周勃)을 중용해야 한다고 말했다.

이 대목에서 재미있는 것이 진평만 제외하고 소하, 조참, 왕릉, 주발이 모두 유방의 고향인 패현 출신으로서 어려서부터 유방과 절친한 사이라는 점이다. 유방이 나고 자란 초나라 변방의 작은 마을 패현은 대체 어떤 곳이었기에 유방이 항우를 이기고 천하를 차지하는 데 큰 역할을 한 소하, 조참, 번쾌, 왕릉, 주발, 하후영(夏侯嬰) 등 걸출한 인재를 배출했을까. 앞에서 언급한, 유방을 여러 번 배신했지만 능력이 출중해 유방이 마지 못해 등용했던 옹치 역시 패현 출신이다. 패현은 당시 초나라에 속하기는 했지만 제나라, 위나라와 접한 국경지역이었기에 제나라에 속하기도 했고 위나라에 속하기도 했다. 어떤 의미에서는 상당히 국제적인 성격을 띤 지역이었던 것이다. 그러다 보니 패현 지역에 자연스럽게 초나라, 제나라, 위나라의 인재들이 모인 것이 아닐까 짐작해본다. 결과적으로 패현의 인재들은 유방에게는 천하를 얻는 데 가장 중요한 배경이자 동력이 되었다.

유방의 진정한 힘의 근원

:

유방의 주요 정부 구성을 지금 한국 정부의 각 부서에 빗대 생각해보면, 곁에서 모든 조언을 해주고 인재를 추천해주는 역할을 맡은 장량은 비서실장의 임무를 수행한 듯하고, 군사와 식량을 조달한 소하는 기재부 장관 정도 되었을 것이다. 군사를 이끌고 전투를 한 한신은 국방부 장관 겸 합참의장이었다고 볼 수 있다. 그리고 음모에 능하여 첩자를 적진에 파견하는 역할을 했던 진평은 아마도 국정원장이었다고 할 만하다. 역이기(酈食其)라는 인물은 유방의 명을 받고 여러 나라를 방문하여 유방의 세력권으로 들어올 것을 설득했으니 외교부 장관이었던 셈이다. 처음으로 정치를 하게 된 유방이 이런 식으로 인재들을 적재적소에 배치했다는 것 자체가 상당히 놀라운 점이고, 이는 유방의 용인술이 아주 뛰어났음을 보여주는 방증이다.

그런데 이런 주요 직위에 오른 사람들 가운데서는 소하를 제외하면 모두 패현 출신이 아니다. 이는 어떤 의미인가. 유방이 정말 아무것도 아니던 시절부터 목숨 걸고 유방을 도와준 조참, 번쾌, 하후영, 주발 등의 입장에서는 갑자기 나타난 장량, 한신, 진평, 역이기가 자기들보다 대우받고 높은 지위에 오르는 것이 좋게 보이지만은 않았으리라. 앞서 언급했듯 한신이 총사령관에 오르자 번쾌 등이 매우 불쾌해했고, 진평을 등용할 때도 진평이 과거에 비리를 저질렀다고 고하는 자가 있었다고 한다. 즉, 패현의 인재들도 외부에서 영입된 이들이 자신들보다 높은 지위에 오르는 상황에 불만이 있었던 것이다.

그렇지만 워낙 어려서부터 유방과 함께했기 때문인지 패현의 인재들은 이런 속내를 감추고 자신의 상관으로 임명된 타 지역 출신 인재들, 곧 한신과 장량 등의 명령에 따라 열심히 항우와 싸웠다. 전투는 능력이 중요하지 친분이 중요하지 않았기 때문이다.

문제는 강적 항우가 죽고 유방이 천하를 통일한 다음이었다. 이때부터 상황은 완전히 뒤바뀌어, 이제는 주요 직책을 자신이 믿을 수 있는 패현 사람에게만 맡기라고 유방은 유언까지 남긴 것이다. 천하를 얻는 순간까지는 능력에 따라 인재를 썼지만 일단 천하를 얻어 '지켜야 하는' 상황이 되니, 능력보다는 충성심 강한 사람이 중요해진 것이다.

참고로 한신은 누명을 씌워 죽였고, 역이기는 외교 활동을 하다가 항우가 죽기 전 적군의 손에 죽게 된다. 장량은 현명하게도 항우가 죽자 자신은 관직을 하기 싫다면서 경제적 여유를 누릴 만큼만 땅을 받아 정계에서 은퇴한다. 정보와 꾀가 많은 진평만이 패현 출신이 아닌데도 살아남았으나 유방은 그를 견제하라는 유언을 남긴다. 결국 100% 신뢰하지는 않았던 것이다. 어쨌든 유방은 능력과 충성심에서 모두 최고 수준인 패현의 인재들이 지지해준 덕분에, 비록 미천한 신분이었음에도 그 어떤 왕족이나 귀족보다 든든한 배경을 지닌 인물일 수 있었다.

대학교에서 총장 선거를 하면 소속 교수의 수가 많은 단과대학에서 총장이 자주 배출될 것 같지만 현실에서는 전혀 그렇지 않다. 어떤 단과대학은 소속된 교수 숫자가 다른 단과대학보다 2배 이상 압도적으로 많은데도 불구하고 총장 선거에서는 매번 실패한다. 왜일까? 해당 단과대학에서 너무 많은 후보가 동시에 출마하기 때문이다. 반면, 작은 규모의 단과대학이라도 단 한 명의 후보를 내고 그를 중심으로 똘똘 뭉쳐 선거에 임하면 당선 확률이 의외로 높아진다.

한 단과대학에서 다수의 후보가 나오는 것은 단순히 표를 나누어 가진다는 의미 이상의 불리함이 있는데, 서로 자신의 대학에서 제일 지지를 받는 후보가 되고자 상대방을 깎아내리기 때문이다. 이를테면 상경대학

교수가 법과대학 교수를 깎아내리려 해도 아는 정보가 없어 불가능하다. 다시 말해 법과대학 교수를 진정으로 깎아내릴 수 있는 존재는 법과대학 교수밖에 없는 것이다. 따라서 한 단과대학에서 여러 명의 후보가 출마하면 서로 상처만 입고 아무도 당선되지 못하는 최악의 상황으로 치닫는 경우가 많다.

이런 의미에서, 밖으로 드러나는 단 한 번의 내부 갈등도 없이 유방을 지지한 패현의 인재들은 대단한 집단이며 유방의 진정한 힘의 근원이 되었다고 볼 수 있다. 모든 사람에게 공평하게 기회가 주어지는 것이 옳다고 여겨지는 현대 민주주의사회에서 감히 할 말은 아니지만, 권력자들이 혈연과 지연과 학연 등을 따지는 것이 그저 감정과 친분 때문만은 아닐 수 있다. 결국 믿을 만한 사람들이 주위에 있어야 자신이 하고자 하는 일이 안정적으로 추진될 수 있기 때문이다.

토사구팽의 게임이론, '백워드인덕션'

:

잘 알다시피 토사구팽(兎死狗烹)은 토끼를 잡는 데 이용하던 개가 토끼를 다 잡고 나니 필요 없어져 버림받는다는 뜻이다. 농부가 밭에 토끼가 몰려들어 농사를 망칠까 염려되자 사냥 잘하는 개를 사서 밭에 풀어놓고 토끼가 보이면 잡도록 했다. 농부의 예상대로 사냥개는 능숙하게 토끼를 잡았고 그래서 농부의 밭에서 토끼가 완전히 사라지게 되었다.

사냥개 입장에서는 자기가 농부를 위해 훌륭하게 업무를 수행했으니 큰 상을 받으리라고 기대할 수 있다. 하지만 농부 입장에서 보면 이제 농사를 망치는 토끼도 없는데 매일 덩치 큰 사냥개에게 먹이를 주고 보살피는 것은 비용도 많이 들고 귀찮기도 한 일이다. 큰 칭찬을 듣고 좋은 대접을 받으리라는 사냥개의 예상과 달리 농부에게 사냥개는 쓸데없이 돈만 들어가는 애물단지가 되어버린 것이다. 결국 천대받다가 버려지거나 팔려나갈 가능성이 높다.

이 경우 사냥개가 살 방법은 역지사지(易地思之)를 해보는 것이다. 즉, 토끼를 다 잡고 난 후 농부가 과연 사냥개인 자신을 어떻게 대할지 미리 예상해봐야 한다는 이야기다. 이런 상황을 가리켜 게임이론에서는 백워드인덕션(backward induction)이라 부른다.

백워드인덕션이란 '만일 내가 이 일을 했을 때 그 결과로 미래에 어떤 일이 벌어질지를 예상해 그 미래의 일들까지 고려하면서 현재 어떤 행동을 취할지 결정하는 것'을 말한다. 가령 농부가 밭의 농작물을 해치는 토끼를 모두 잡으라고 명령할 때 사냥개가 그 말대로 열심히 토끼만 잡을 게 아니라 생각을 먼저 해봐야 한다는 의미다. 이때 사냥개는 자기가 토끼를 다 잡고 나면 농부에게 좋은 대접을 받게 되리라는 몽상을 해서는 안 된다. 그러기보다는 토끼를 다 잡고 났을 때 과연 자신이 농부에게 어떤 존재가 될지를 생각해봐야 한다. 영리한 사냥개라면 토끼가 사라진 뒤 농부는 쓸모없어진 사냥개를 버릴 수 있다는 예상도 하게 된다. 즉, 농부에게 사냥개는 밭에 토끼가 있는 한 귀중한 존재이지만 토끼가 사라지면 쓸모없고 귀찮은 존재인 것이다.

이런 결론에 다다르면 사냥개가 해야 할 일은 명확해진다. 바로 토끼를 열심히 잡으면 안 된다는 것이다. 농부에게 사냥개의 존재 의미는 토끼를 잡는 것이며, 따라서 토끼가 사라지면 사냥개의 존재 의미가 없어지니, 결국 자신이 대접을 받기 위해서는 토끼를 너무 잘 잡으면 안 되고 항상 농부가 염려할 만큼의 토끼는 남겨놓아야 하는 것이다.

'백워드인덕션'이라는 게임이론의 명칭이 말해주듯 사냥개는 토끼를 잡을 때 미리 토끼가 완전히 없어졌을 때를 계산에 넣어두어야 한다. 본래 시간이란 현재에서 미래로 흐르지만, 사냥개는 미래의 일을 먼저 생각한 뒤 현재 시점에서 할 일, 즉 토끼를 잡을지 말지를 결정해야 한다. 사고의 흐름이 미래에서 현재로 시간을 거슬러 가야 한다는 의미에서 '백워드인덕션'이라는 명칭이 생겨났다.

다시 한신의 이야기로 돌아가보자. 아마도 한신은 자신이 항우를 제거하면 유방 입장에서 항우라는 토끼가 사라진 뒤 한신이라는 사냥개의 가치가 어떻게 변할지를 제대로 예측하지 못한 듯하다. 역사의 기록을 보면 한신이 조나라와 제나라를 정복하자 항우가 한신에게 연락을 취해 계속 유방 밑에 있지 말고 한신도 한 명의 왕으로 독립해 항우, 유방, 한신 세 명의 왕이 중국을 나누어 차지하는 삼국시대를 열자고 제안했고, 한신의 부하였던 괴철(蒯徹)이라는 인물도 항우의 제안을 따라야 한다고 한신에게 간언했다고 한다.

괴철은 게임이론을 배우지 않았음에도 백워드인덕션을 하고 있었던 반면, 한신은 군사작전에서는 명수였을지 몰라도 백워드인덕션 같은 다소 복잡한 전략적 사고는 싫어했는지 항우의 제안과 괴철의 간언을 물리치고 유방의 휘하에 남아 군대를 이끌고 결국 항우를 죽이게 된다. 물론 그 후 유방이 토사구팽으로 한신을 죽인 것은 앞서 설명한 바와 같다.

한신의 길 vs. 왕전의 길: 최종 승자는 누구일까

:

토사구팽의 이야기에 한신이 어떻게 했어야 했는가에 대한 답이 이미 들어 있다. 전투에서 이기되 결정적 타격은 주지 않고 항우를 계속 살려두었다면 항우가 두려운 유방은 항우를 이길 유일한 장군인 한신을 계속 곁에 두고 우대했을 것이다. 한신에게는 이 전략이 최선이었다.

그러나 사람이란 본래 아무리 자신에게 이익이 되는 행동이라 해도 성격에 맞지 않는 행위는 하기가 어렵다는 점 또한 고려해야 한다. 괴철이 한신에게 유방으로부터 독립해 유방, 항우, 한신의 세 나라가 서로 견제하는 형국을 만들어야 한다고 했을 때 한신 역시 바로 거절하지는 않았다. 한신은 그렇게 해도 될지를 두고 며칠을 고민하고 망설였다. 즉, 자신이 독립해서 왕이 되는 것에도 어느 정도 관심이 있었다는 말이다. 하지만 결국 한신은 괴철의 제안을 내친다. 요즘 표현을 빌리자면 한신에게는 '권력의지'가 부족했다. 군대를 이끌고 전투를 하는 것은 적성에 맞아 좋았지만, 더 나아가 왕이 되는 일은 성격상 망설여졌던 것이다.

딱 맞는 비유는 아닐지 모르나 이런 이야기도 해볼 수 있겠다. 대기업에서 임원으로 능력을 인정받고 잘 다니던 사람이 독립해 자기 사업을 시작하면 분명 성공 확률이 높다. 현실적으로 보아, 현재 근무하는 기업의 고객 리스트와 노하우를 바탕으로 자기 사업을 영위한다면 상대적으로 쉽게 사업을 시작하는 것이 가능하다는 이야기다. 지금 대기업 임원으로서 연봉 3억 원을 받는 것도 나쁘지 않겠지만, 독립해 사업에 성공하면 연간 30억 원을 벌 수도 있다. 그럼에도, 실제로 대기업 임원직을 걷어차고 나와 자기 사업을 시작하는 경우는 많지 않다. 대기업 임원을 하다가 해고를 당하면 그냥 월급을 안 받으면 되지만, 자기 사업을 하다가 잘못되어 회사가 도산하면 엄청난 규모의 채무를 지고 남은 인생을 그저 빚만 갚으며 사는 신세가 될 수도 있어서다.

그 분야에서 아무리 확실한 경력을 쌓고 고객 리스트를 확보했다 해도 사업을 새로 시작하는 데는 위험이 따른다. 쿠데타가 일어나면 국방부 장관이나 합참의장을 암살하는 경우는 없지만, 대통령은 죽게 될 가능성이 있기 때문에 총사령관 한신보다 한 나라의 왕인 한신이 되면 그만큼 위험 부담은 커지는 것이다.

대통령이 국가를 운영할 때도 좋은 인재를 장관으로 임명하는 일에 어려움을 겪는다는 이야기를 많이 듣게 된다. 대통령이 장관으로 임명할 정도면 그 사람은 어떤 조직에서 능력을 인정받고 이미 고액 연봉을 받는 자리에 있을 것이다. 그런데 장관이 되면 일단 연봉이 크게 줄어들 테고, 나아가 끊임없이 정치권과 언론의 공격을 받게 된다. 사생활도 낱낱이 파헤쳐져 가족들까지 고통을 당할 수 있다. 그렇기 때문에 웬만한 사람이라면 장관 자리를 거절할 가능성이 높다. 하지만 그래도 장관이 되려 하고 정치를 하겠다는 사람은 있기 마련인데, 이런 고통과 모멸감을 겪더라도 나라를 바꿔보겠다는 마음이 그만큼 강하기 때문이다. 소시민으로 살아가는 사람들이 보기에는 영 납득이 안 가는 선택이지만, 이런 권력의지가 있는 사람들이 결국 세상을 바꿀 수도 있는 것이다.

반면 한신은 그런 성향이 아니었다. 사실 한 번 더 생각해보면, 두뇌가 명석했던 한신이 토사구팽의 가능성을 몰랐을 리 없다. 괴철의 제안이 논리적이라는 생각도 했을 것이다. 그래서 며칠을 망설였을 것이다. 하지만 결국 왕의 자리는 자신의 적성에 맞지 않는다는 판단을 내렸다고 본다. 그러므로 게임이론가로서 나는 권력의지가 부족했던 한신에게 진나라 장군 왕전(王翦)의 작전을 제안하고 싶다.

진시황이 다른 6국을 군사적으로 정복하고 중국 최초의 통일국가를 세울 때 군사를 이끌고 전투에 나선 사람은 진시황 본인이 아니었다. 진시황은 항시 뛰어난 장군을 보내 6국을 하나씩 멸망시켰는데, 이때 조나라와 연나라 그리고 초나라를 멸망시킨 진나라 제일의 장수가 바로 왕전이다.

왕전을 보내 조나라와 연나라를 멸망시키고 나서 진시황은 이제 가장 강력한 적국인 초나라로 쳐들어가기 위해 왕전에게 군사가 얼마나 필요하냐고 물었고, 왕전은 60만 군사가 필요하다고 했다. 그런데 60만 군사라고 하면 당시 진나라의 모든 군사를 합한 숫자였다. 자신의 군대 전체를 왕전에게 주기 싫었던 진시황은 20만의 군사로도 초나라를 멸망시킬 자신이 있다고 큰소리를 치는 젊은 장군 이신(李信)에게 초나라 정벌을 맡겼다. 결국 이신의 20만 군사는 초나라의 명장 항연(項燕) 장군에게 크게 패배하고 물러나게 되는데 그 항연 장군이 바로 항우의 친할아버지다. 항우의 집안은 초나라 최고의 귀족 집안이고 초나라 사람들이 항우를 따라 봉기한 것도 이런 집안 내력에 힘입은 바 크다.

이신 장군이 패배하자 진시황은 어쩔 수 없이 왕전에게 60만 군사를 내주며 초나라로 쳐들어가게 한다. 그런데 왕전은 진시황의 명을 받고도 바로 초나라로 쳐들어가지 않는다. 이상하게 여긴 진시황이 관리를 보내 진격하지 않는 이유를 묻자 왕전은 이렇게 답했다고 한다.

"제가 평생 장군으로서 전쟁을 하여 조나라와 연나라를 멸망시켰어도 왕께서는 제게 큰 상을 내리지 않았습니다. 이제 초나라와의 전쟁이 마지막 기회인데, 초나라를 정벌해도 왕께서 제게 큰 상을 주신다는 보장이 없습니다. 그래서 제가 초나라를 멸망시키면 넓은 땅과 재물을 주신다고 먼저 약속을 받아야 초나라로 진격할 마음이 생길 것 같습니다."

이 말을 들은 진시황의 반응이 어떠했겠는가? 부하에게 회사의 미래가 달린 중요한 임무를 맡겨 출장을 보냈더니 아무 준비도 하지 않고 업무에 성공하면 승진을 시켜줄 거냐고 묻는 형국이니 말이다. 대다수 사람은 이런 부하 직원의 말에 큰 불쾌감을 느낄 것이다. 하지만 어쩐 일인지 진시황은 아주 기쁜 표정을 지으며 왕전에게 초나라 정벌에 성공하면 분명 큰 상을 주겠으니 열심히 싸우라는 말을 전했다고 한다.

부하가 어째서 왕에게 그토록 무례한 말을 했느냐고 물었을 때 왕전의 대답은 다음과 같았다.

"지금 왕은 진나라의 전체 군사인 60만 대군을 내게 맡겨 매우 불안할 것이다. 왜냐하면 내가 60만 대군을 거느리고 반란을 일으키면 왕은 꼼짝없이 죽기 때문이다. 이런 왕의 불안함을 풀어주지 않으면 내가 초나라와 제대로 싸울 수가 없다. 그래서 모든 사람이 알 수 있도록 땅과 돈을 요구하여 왕전이라는 사람이 군인으로서는 뛰어나지만 인간적으로는 야심도 없고 좀스럽다는 소문이 퍼지도록 미리 처신한 것이다. 이제 왕은 나를 의심하지 않고 마음을 편히 가질 것이다."

이후 왕전은 군대를 이끌고 나아가 초나라를 멸망시켰다.

한신은 전투를 하면 백전백승이고 사람들에게 신망을 받는 존재였을 가능성이 높다. 유방은 자신이 한신을 살려두면 결국 그가 천하를 호령하리라 여겼을 것이다. 그러니 한신도 왕전과 같이 행동했으면 좋았으리라는 이야기다. 어차피 독립해 스스로 왕이 될 권력의지가 없다면 차라리 밤마다 잔치를 벌이고 눈살 찌푸릴 행동을 해서 자기 명성을 깎아내려 주변으로부터 능력은 있으나 존경받을 만하지는 않다는 말을 듣도록 처신했어야 했다.

그러나 오늘날, 현명하게 처신해 천수를 다 누리고 죽은 왕전 장군을 기억하는 사람은 별로 없다. 오히려 역사는 억울하게 죽임을 당한 뛰어난 장군으로서 한신을 더 기억해준다. 살아서 왕 노릇을 하고 부귀영화를 누리기보다는 역사에 좋은 이름을 남기고 싶었던 마음이 만약 한신에게 있었다면, 역설적이게도 그의 선택은 현명한 것이었다고도 볼 수 있겠다.

"
세상이 변했는데
기준과 제도를
그대로 둔다면?
"

제
3
장

로마가
'코어'와 '섀플리 밸류' 개념을
알았더라면

통계학 분야의 석학 한스 로슬링(Hans Rosling)의 저서 《팩트풀니스》는 인간의 확증편향이 낳는 오류에 관해 이런 이야기를 들려준다.

우리는 요즘도 '아프리카'라고 하면 30년 전 뉴스에 등장하던, 앙상하게 마른 모습으로 죽어가는 어린이를 먼저 떠올리는 경우가 많다. 즉, 우리는 지금도 아프리카와 함께 엄청나게 못사는 나라의 이미지를 떠올린다. 하지만 실상 현재의 아프리카는 30년 전과 매우 다르다. 아프리카 관련 통계를 보면 오늘날 아프리카 어린이들의 생존율은 미국이나 유럽의 어린이 생존율과 별반 차이가 없다. 그럼에도 미국이나 유럽 사람들에게 아프리카에 관해 물어보면 의료 시설도 부족하고 식량도 부족해 대부분의 아프리카 어린이들이 죽어가고 있다는 식의 고정관념을 언급한다고 한다.

한스 로슬링은 또한 코뿔소가 20년 전 멸종 직전까지 갔으니 지금은 거의 멸종되었으리라 생각하는 선진국 국민이 많은데 이 또한 사실과 다르다고 말한다. 그간 코뿔소를 보호하려는 움직임이 활발히 전개되어 현재 코뿔소는 멸종 위기에서 오히려 벗어나고 있다는 이야기다.

로슬링이 이 책에서 내리는 결론은 사람들이 과거에 어떤 '사실'이나 '법칙'을 알게 되면 수십 년이 지나도 그 사실이나 법칙이 여전히 옳다고 믿는다는 것이다. 하지만 생각보다 많은 경우, 이런 사실이나 법칙은 오래 전에 이미 바뀌었을 수 있다.

이처럼 한 개인조차 세상의 흐름과 변화에 맞추어 자신의 생각을 바꾸기가 어려운데, 조직이나 국가는 두말할 나위가 없을 것이다. 그렇지만 변화를 제대로 인식하는 일은 개인보다 조직에 더 긴요하다. 시대의 흐름에 맞추어 그때그때 제도나 절차를 조정해가며 변화에 대처하지 않는다면 조직은 도태되고 국가는 멸망에 이를 수 있기 때문이다.

지금으로부터 2,000년도 더 전에 로마가 지중해 지역의 유일한 강자로 군림하게 되었다. 그것은 당시 로마의 여러 제도가 주변의 다른 나라들에 비해 우수하고 당대 상황과도 잘 맞았기 때문이다.

하지만 유일한 승자가 된 이후에도 로마는 같은 제도를 계속해서 이어 갔다. 세상의 변화를 무시하고 과거 자신에게 승리를 가져다주었다는 이유로 기존의 제도만 고집하던 로마는 결국 내전을 겪게 되는데, 바로 기원전 91년부터 기원전 88년까지 벌어진 동맹시전쟁(同盟市戰爭)이다. 동맹시전쟁은 당시 이탈리아반도 지역에 있던 로마의 동맹시들이 로마에 불만을 품고 로마로부터 독립하고자 벌인 전쟁이다. 동맹시전쟁이 일어나기까지 지배적 강자 로마가 무엇을 어떻게 잘못한 것인지 알아보자.

외부의 적 카르타고를 이기고
최대 강자로 군림하게 된 로마
:

로마가 유럽 최강의 국가가 되기 전 로마의 유일한 경쟁 국가는 카르타고였다. 로마는 기원전 264년부터 기원전 146년까지 대략 120년에 걸쳐 카르타고와 세 번의 큰 전쟁을 치렀고 그 결과 로마가 승리하여 카르타고는 멸망한다. 로마인들은 카르타고 사람들을 포에니쿠스(Poenicus)라고 불렀기 때문에 로마에서는 카르타고와의 전쟁을 포에니전쟁이라고 부른다.

제2차 포에니전쟁에서 카르타고군을 이끌고 알프스산맥을 넘어 이탈리아반도로 쳐들어온 카르타고 최고의 장군이 그 유명한 한니발(Hannibal)이다. 로마군은 한니발에 대항하여 수년간 전투를 벌였지만 계속 패배만 했다. 결국 한니발과 정면으로 싸우면 승산이 전혀 없다고 판단한 로마군은 성벽을 쌓아 성을 지키는 '수성' 작전을 펴는 한편, 방비가 허술한 틈을 타 카르타고 본국을 역습하는 전략을 썼다. 15년간 이탈리아 땅에서 로마군과 싸워 한 번도 패배하지 않았던 한니발이었지만 본국 카르타고가 위기에 빠지자 할 수 없이 이탈리아반도에서 떠나 카르타고로 후퇴할 수밖에 없었다.

로마를 공포로 몰아넣은 명장 한니발이 남긴 유명한 말이 있다.

"강대국이라 할지라도 언제까지나 계속 평화로울 수는 없다. 국외에 적이 없다 해도 국내에 적을 갖게 되기 때문이다. 외부의 적이 접근하지 못하는 건강한 육체라도 그 육체의 성장을 따라가지 못해 생기는 내장 질환에 시달리는 경우가 이것과 마찬가지다."

이 말로 짐작해보면 한니발은 로마군을 상대로 여러 번 전투에서 승리를 거두면 로마군에서 결국 내분이 일어나 그중 일부가 로마를 배신하고 한니발을 도울 수 있다는 생각이었던 듯하다. 바로 그 배신자들을 이용해 로마를 멸망시키겠다는 계획이었을 것이다. 사실 한니발은 고작 수만 명 병사를 데리고 이탈리아반도로 쳐들어갔었다. 이렇게 적은 병력으로 로마를 포함해 이탈리아의 모든 도시를 함락할 수는 없었을 테니, 아마도 한니발은 이때 로마를 배신하고 한니발 쪽에 붙는 군대가 반드시 있으리라 예상하고 적진으로 과감히 들어갔으리라는 이야기다.

한니발의 이런 계산은 로마의 정치 구조와 시스템을 정확히 파악한 결과로 보인다. 왜냐하면 이탈리아반도의 모든 도시가 로마의 지배하에 있지는 않았기 때문이다. 이 무렵 이탈리아의 도시들은 그 각각이 도시국가 형태였는데, 다만 군사력과 리더십이 막강한 로마와 군사동맹을 맺고 로마의 지휘 아래 같이 싸웠던 것이다. 이런 점에서 보아, 한니발의 군대가 로마의 군대를 계속해서 패배시키고 로마 및 동맹시 부대 병사들 가운데 사상자 수가 늘어나면 로마의 동맹시들이 로마와의 동맹을 깨고 카르타고 편에 서리라는 한니발의 예측은 충분히 실현 가능한 것이었다.

그런데 한니발이 로마군의 병사를 수만 명씩 죽이며 대승리를 거두는데도 동맹시들은 로마를 배신하지 않았다. 오히려 패배하는 로마 편에서 한니발 군대에 대항해 목숨을 걸고 싸웠다. 결국 한니발은 모든 전투에서 승리하고도 로마 함락에 이르지 못한 채 이탈리아반도에서 철수하게 되고 역사에서 패장으로 남게 된다.

이렇게 해서 기원전 201년, 로마는 한니발의 카르타고군을 물리치고 제2차 포에니전쟁을 승리로 종결하였다. 한니발의 카르타고에 크게 놀라고 위협을 느낀 로마는 계속해서 카르타고를 공격하여 그로부터 55년 뒤인 기원전 146년, 드디어 카르타고를 멸망시킨다. 유일한 경쟁자 카르타고를 멸망시킨 로마군은 이제 지중해 전체를 지배하는 유럽의 유일 강자가 되었다.

그런데 바로 이때부터 한니발의 예언이 적중하기 시작한다. 즉, 아무리 강대국이라도 내부의 병에 걸리게 마련이라고 한 한니발의 예측이 뒤늦게 현실이 된 것이다. 한니발과 카르타고라고 하는 '외부의 적'에 맞서 한마음 한뜻으로 뭉쳐 싸우는 동안에는 내부의 병이 발생할 겨를이 없었는지 모른다. 하지만 외부의 적 카르타고가 멸망하자마자 로마 내부에 잠재해 있던 병이 겉으로 드러난 것이다. 그렇다면 로마 내부의 병은 무엇이었을까. 지금부터 살펴보겠다.

로마는 강해졌으나
로마 시민은 약해지고 가난해졌다
:

카르타고와의 전쟁에서 승리하기 이전의 로마는 상당히 평등한 국가였다. 비록 귀족계급이 존재했지만, 전쟁이 일어나면 귀족들이 앞장서서 싸웠고 그런 이유로 많은 귀족계급 자녀들이 전투에서 사망했다. 귀족의 자녀만이 아니라 사령관급 고위 장교들도 전투에서 많이 사망했으니 평민들 입장에서 봐도 귀족들이 특별대우를 받는다는 생각은 들지 않았을 것이다. 그리고 포에니전쟁까지 로마 사람들이 참전한 전투의 대부분은 조국인 로마시를 지키는 것이 우선적 목적이었고, 더 나아가 동맹을 맺은 이탈리아의 이웃 도시들을 지키기 위한 방어적 성격이 강했다. 그래서 로마 시민들은 자기 조국과 땅을 지키고자 발 벗고 나서서 열심히 싸웠던 것이다.

그 결과, 카르타고를 멸망시키고 로마가 지중해 지역을 장악하면서 로마군을 위협할 만큼 강한 상대는 사라졌다. 카르타고의 한니발 장군과 전투를 벌일 때는 로마와 로마 동맹시의 병사들이 수만 명씩 죽어갔지만, 이제는 대규모 전투에서 수많은 로마 병사들이 사망할 일이 없었다. 기껏해야 변방의 도적이나 작은 반란을 진압하는 정도의 전투만 벌어졌기 때문이다. 전투에서 사상자가 나오지 않는 것은 좋은 일이지만, 경제적 관점에서 보면 상황이 좀 달랐다. 포에니전쟁에서 승리하기 전 로마의 시민들은 중소 규모의 농부들이었다. 이탈리아반도 땅에서 밀이나 올리브 등을 재배하며 생계를 유지하다가 전쟁이 일어나면 칼과 창을 들고 참전했다가 전쟁이 끝나면 돌아와 농사를 짓는 식이었다.

그런데 로마가 포에니전쟁과 더불어 지중해 동부에서 치러진 마케도니아전쟁(기원전 214~기원전 148)에서도 승리를 거두면서 지중해 주변의 넓은 지역을 모두 속주(屬州), 즉 일종의 식민지로 삼게 되자 로마의 경제 시스템에 적지 않은 변화가 일어난다. 속주의 대규모 농장에서 노예를 동원해 농사를 짓고 그 농산물을 아주 저렴한 가격에 로마로 들여오는 방식이 차츰 자리를 잡게 된 것이다. 농산물을 싸게 먹을 수 있다는 건 얼핏 좋은 일인 듯 보이지만, 실상 속주의 대규모 농장은 로마시의 귀족계급이나 부유층의 소유였고, 로마 평민들은 여전히 로마 주변의 작은 밭에서 농사를 짓고 있었기에 도리어 이들은 농산물 가격 하락으로 수입에 심각한 타격을 입었다.

결론적으로, 포에니전쟁이 끝난 뒤 지중해 전역을 속주화하고 경제력을 독차지한 로마 귀족계급은 엄청난 부를 축적했으나 로마의 평민들은 빈곤층으로 전락하게 된 상황이었다.

또한 로마는 비록 지중해 유일의 강대국이 되었지만, 로마의 영토가 지중해 지역 전체로 넓어지다 보니 곳곳의 속주에서 작은 반란이 상시로 일어났기 때문에 여전히 많은 전투를 치러야 했다. 물론 로마군은 이런 전투에서 쉽게 승리했다. 하지만 빈곤층으로 전락한 로마의 평민들이 군대에 편입되어 전장으로 끌려가면 남은 가족들의 먹고살 길이 막막해진다는 게 문제였다.

식구들은 먹을 게 없어 굶고 있는데 자신은 바다 건너 아프리카 땅에서 몇 년씩 전쟁에 참여해야 한다면 아마도 그 병사의 머릿속에는 '내가 왜 나의 조국 로마도 아닌 이 먼 곳까지 와서 목숨 걸고 전투를 해야 하는가?' 하는 의문이 들 것이다. 로마 시민이 이렇다면 로마와 동맹을 맺은 도시인 동맹시에서 온 군사들은 더 말할 나위도 없을 터이다. 결국 시민들 사이에서 서서히 불만이 쌓여갈 수밖에 없다. 다행히 당시 로마에는 이런 위기를 감지한 지도층 인사가 없지 않았다. 바로 그 유명한 그라쿠스 형제

(Gracchi)이다. 그중 형인 티베리우스 그라쿠스(Tiberius Gracchus)가 로마 시민들을 상대로 이런 연설을 했다.

"짐승들도 저마다 보금자리를 가지고 있습니다. 돌아가면 편히 쉴 곳이 있습니다. 그런데 조국을 위해 싸우다 죽은 로마 시민들에게는 햇볕과 공기밖에는 없습니다. 집도 땅도 없이 아내와 자식들을 데리고 헤맬 수밖에 없습니다. 전쟁에서 지휘관들은 병사들에게 적의 공격으로부터 너희들의 가족과 조상들의 무덤을 지켜야 한다고 했습니다. 하지만 그것은 거짓말이었습니다. 대부분의 병사들은 조상을 모실 무덤도 없고 제단도 없기 때문입니다. 그런데도 병사들은 용감하게 싸웠고 용감하게 죽었습니다. 하지만 그 죽음은 자신들을 위한 것이 아니고 부유한 다른 사람들의 재산과 행복을 위한 것이었습니다. 지금 로마는 승리자로서 세계를 모두 차지하고 있다고 하지만 막상 로마 시민들은 자기 것이라고는 흙 한 줌도 갖고 있지 않기 때문입니다."

이처럼 그라쿠스 형제는 로마가 제국이 되면서 오히려 극빈층으로 전락한 로마의 평민들을 위해 귀족들이 땅을 내놓아야 한다고 주장했다. 그러다 결국 원로원 귀족들에 의해 죽임을 당한다. 티베리우스 그라쿠스는 기원전 132년 살해당했고, 동생 가이우스 그라쿠스(Gaius Gracchus) 역시 기원전 121년 귀족들에게 쫓기다가 살해되기 직전에 스스로 목숨을 끊었다. 로마 시민들이 빈곤해지면서 발생하는 문제를 가장 먼저 감지하고 해결하고자 노력했던 그라쿠스 형제가 원로원 귀족에 의해 차례로 목숨을 잃자 평화롭고 민주적인 방식으로 빈곤 문제를 해결할 가능성은 사라졌다. 그리고 로마는 간헐적 내전을 계속 겪게 된다.

로마의 동맹시들은 어째서 로마에 반기를 들었는가?
:

카르타고가 멸망하고 65년이 지난 때인 기원전 91년, 마침내 로마의 동맹시들이 로마에 선전포고를 한다. 바로 동맹시전쟁이다. 여전히 로마의 동맹시를 자처한 도시국가도 있었지만 그보다 훨씬 많은 도시국가가 동맹을 파기하고 로마를 공격했으며, 이때 이들 도시국가들은 스스로를 '이탈리아'라고 불렀다. 즉, 동맹시전쟁은 로마와 이탈리아 간 전쟁이었다.

한니발이 로마군과 싸워 가장 큰 승리를 거둔 것이 기원전 216년의 칸나에(Cannae)전투인데 이때 로마 쪽 병사의 숫자가 9만 명 정도였다고 알려져 있다. 그런데 동맹시전쟁 당시 로마군 병사가 5만 명이고 이탈리아 병사가 5만 명이었다 하니, 이전에 힘을 합쳐 한니발과 싸웠던 이탈리아가 완전히 두 동강으로 나뉜 셈이다.

그토록 굳건했던 로마의 동맹이 단순히 깨지는 것을 넘어 내전이라 할 만한 상황까지 치닫게 된 까닭은 무엇인가? 이는 동맹시들의 처지가 로마의 평민과 같았기 때문이다. 이전에 보았듯, 카르타고와의 전투가 한창일 때 동맹시에서 파병 나간 병사들은 로마군 못지않은 희생자를 내면서 전투에 임했고 그 덕분에 이탈리아반도를 방어할 수 있었다. 하지만 지중해의 최강자가 된 로마는 속주를 포함해 주변 지역 위에 강자로 군림했을 뿐 동맹시를 배려하지 않아, 동맹시에서는 심지어 귀족조차 경제적 부를 누리지 못했다. 동맹시가 피 흘리며 로마를 지켜주었으나 로마는 모든 부를 독차지했고, 동맹시는 가난한 상황에 처했다.

그나마 로마 시민에게는 그라쿠스 형제와 같이 로마 시민의 빈곤화를 걱정해주는 사람이라도 있었으나 동맹시 시민은 로마 시민이 아니었기에 로마 원로원에 나가 동맹시 시민들을 위해 발언해줄 사람조차 없었다. 그런 점에서 동맹시 시민들은 로마의 평민보다도 못한 처지였다고 볼 수 있다. 게다가 이제 로마에서는 월급을 주는 용병 제도를 활용하여 시민을 강제 징집해 전투를 하지 않아도 되었다. 그라쿠스 형제의 죽음 이후 제도적 변화가 일어나, 전쟁을 할 때는 시민을 대상으로 군인을 모집해 군대를 편성하고 월급을 주기로 한 것이다. 이는 생계가 어려운 가족을 남겨놓고 억지로 징집된 남성들이 가족 걱정을 하느라 전투에 집중하지 않았기 때문이다. 월급을 받고 군대 복무를 할 수 있다면 그 돈으로 가족을 부양할 수 있어 군대에 자원하는 로마 시민이 적지 않았다. 이렇게 로마는 풍부해진 자금력을 바탕으로 병사들을 모집할 수 있었다.

반면, 경제력이 충분하지 않은 동맹시에서는 전쟁이 날 때마다 여전히 일반 시민이 가족을 남겨두고 징집되어 싸우러 나갔다. 동맹시는 로마와 달리, 속주에서 대농장 경영을 통해 경제적 이득을 취하지 못했던 탓이다. 전쟁에 이겨서 얻은 과실을 로마가 모두 가져간 것은 그나마 억울해도 참을 수 있었을지 모른다. 하지만 로마가 패권국이 된 이후에도 단지 로마에만 이득이 되는 전쟁에 참여하기 위해 생계가 어려운 가족을 뒤로하고 전쟁터에 나가기란 동맹시 시민들 입장에선 납득하기 어려운 일이다. 이런 이유로 한니발에게 패배할 때도 끝내 로마를 배신하지 않았던 동맹시들이 결국 로마와의 전쟁에 나서게 된다.

기원전 91년 동맹시전쟁이 발발하자 로마 시민들은 많이 당황했다고 한다. 그동안 함께 싸우던 전우들이기도 하고, 그들의 전투 기술과 경험이 로마군에 비해 전혀 손색이 없었기 때문이다. 그들은 전투 의지 또한 매우 강해 동맹시전쟁이 난 이듬해인 기원전 90년 로마의 가장 높은 관직인 집정관이 전투에서 사망했을 정도다. 전쟁이 극으로 치닫자 그해에 로마는 서둘러 이탈리아반도 내의 모든 동맹시 시민에게 로마 시민권을 준다는 법령을 제정하게 된다.

그 영향으로 동맹시들이 로마 쪽으로 돌아서기 시작해 동맹시전쟁은 발발한 지 3년 만인 기원전 88년에 종결된다. 이때 동맹시 시민들에게도 로마 시민권을 주도록 법을 만든 로마 귀족은 루키우스 율리우스 카이사르(Lucius Julius Caesar)로, 그 유명한 로마의 집정관 가이우스 율리우스 카이사르(Gaius Julius Caesar)의 큰아버지다. 그는 귀족 출신이면서도 로마의 평민들과 동맹시 시민들의 심정을 이해하고 지지하는 성향을 가지고 있었던 것이다.

동맹시전쟁은 종결되었지만 로마 시민의 빈곤화는 아직 해결되지 못하고 있었다. 전쟁 시에 로마 시민을 용병으로 쓰고 월급을 주기는 했지만, 전쟁이 항상 일어나는 것이 아니었고, 아직 상비군 제도가 갖추어지지 않았기에 전쟁이 없을 때면 이들은 다시 가난한 실업자 신세로 돌아갈 수밖에 없었다. 카이사르가 그 유명한 갈리아 원정(Gallic War)을 나선 것도 로

동맹시전쟁 당시 로마에 반기를 든 이탈리아에서 만든 화폐의 한 종류. 이탈리아를 상징하는 동물 황소가 로마를 상징하는 동물 늑대를 제압하고 있다.

마의 영토를 넓히려는 목적 외에 당시 생계가 어려웠던 로마 시민들에게 군인이라는 직업을 제공해 실업자 상태에서 벗어나게 해주려는 의도였는지 모른다. 경제학자로서 갖는 나의 이런 추측이 맞는지는 몰라도, 어쨌든 동맹시전쟁 이후 로마는 지속적으로 전쟁을 벌이며 영토를 넓혀나갔으며 이 전쟁에서 많은 로마 시민이 직업군인으로 복무했던 것은 사실이다. 결국 8년에 걸친 갈리아 원정을 통해 카이사르는 넓은 땅을 얻었다.

막강한 로마 군단을 사실상 사병화한 카이사르가 기원전 49년 자신의 군대를 이끌고 루비콘강을 건너며 "주사위는 던져졌다"라고 말한 것은 잘 알려진 이야기다. 이때 카이사르가 과감히 루비콘강을 건널 수 있었던 것은 갈리아 원정이 마무리되어 군대가 해산하면 다시 생계가 막막해지는 로마 군인들이 카이사르를 따라 반란을 일으킨 덕분이다. 카이사르는 이렇게 로마 원로원을 향해 쳐들어갔고 결국 승리함으로써 그라쿠스 형제가 시작한 로마 평민을 위한 국가체제를 만들게 된다. 그라쿠스 형제가 죽임을 당한 것이 기원전 132년과 121년이니 80년이 넘는 세월이 걸린 것이다. 물론 기원전 44년, 귀족 세력이 다시 카이사르를 암살하며 부활을 노리고, 그럼에도 카이사르의 양자 옥타비아누스(Gaius Octavius)에게 패배하여, 결국 로마 시민들 간 내전의 완전한 종결은 옥타비아누스 황제가 이루지만 말이다.

결과적으로, 그라쿠스 형제가 문제를 지적했을 때 로마 원로원에서 그 의견에 귀 기울여 새로운 시스템을 도입했다면 피할 수 있었을 전쟁이 무려 80년간 이어져 수많은 로마인과 동맹시 시민이 희생되었다. 사실 이와 유사한 일은 오늘날에도 곳곳에서 종종 벌어지고 있다는 것이 내 생각이다.

가령 현대의 교수 사회도 그렇다. 소위 IMF 위기라고 불리는 1998년의 경제위기 이전 한국 대학에서는 한번 교수가 되면 논문을 단 한 편도 쓰지 않아도 65세까지 자동으로 승진 승봉이 보장되었다. 물론 당시의 교수들은 강의 시간이 지금보다 훨씬 길었지만, 강의 이외에는 아무런 의무가 없었다. 또 모든 행정 잡무는 제일 젊은 교수가 맡아 하는 것이 당연한 일로 여겨졌다. 젊은 신임 교수들은 좀 골치가 아팠겠지만, 몇 년만 잘 버티면 더 젊은 교수가 들어올 테고 그럼 그 이후부터 65세까지 편하게 지낼 수 있으니 크게 불만은 없지 않았을까 짐작된다.

그런데 IMF 위기를 거치면서 국내 대학에도 미국식 제도가 도입되었다. 조교수로 들어와 상당한 양의 논문을 출판해야만 부교수가 될 수 있고, 역시 부교수 시절에도 많은 수의 논문을 출판해야만 정교수가 될 수 있다. 각 단계에서 승진하지 못한 교수는 학교를 떠나야 하는데 실제로 매년 적잖은 숫자의 조교수와 부교수가 학교를 나가고 있다. 이 과정을 무사히 거쳐 정교수가 되면 그 이후로는 65세까지 정년보장이 되지만 역시 논문을 출판하지 못하면 승봉에서는 제외된다. 이렇듯 IMF 위기 이전과 이후 국내 대학의 교수 사회는 완전히 바뀌었다.

그럼에도 불구하고 바뀌지 않은 것이 있는데, 지금도 여전히 행정 업무는 젊은 교수들이 모두 처리한다는 사실이다. 나이 든 교수들은 이미 다들 정교수이기 때문에 논문 부담도 없는데 행정 업무까지 하지 않는 반면 젊은 교수들은 논문을 출판하지 못하면 학교를 나가야 하는 상황임에도 행정 업무까지 감당해야 하니 불공평하다는 불만이 나올 수밖에 없다. 나이 든 정교수들은 나도 젊어서 행정 업무 많이 했다고 말할 수 있겠지만, 사실 그때는 논문 출판의 부담이 매우 적었으니 그것으로 젊은 교수들을 납득시키기는 어렵다.

예전에는 연배가 높은 스승이나 선배와의 관계가 사회적으로 매우 중요시되었다. 단순히 나이 때문만은 아니고, 그들이 쌓은 경험을 배우고 인맥 구축에도 도움을 얻고자 함이었다. 지금도 젊은 교수의 연구비나 학생 장학금 모금을 해야 할 때는 분명 연배가 있는 선배 교수들의 능력이 발휘될 필요가 있다. 하지만 과거와 달리 현재의 대학은 저명한 학술지에 논문이 얼마나 많이 게재되었는지를 가지고 학과 평가가 이루어지고 있기에 연구력이 다소 후퇴한 선배 교수보다 한창나이의 교수들이 학과에 더 중요한 측면이 있다. 따라서 이런 변화가 일어났음을 잘 감지하고 그에 맞는 시스템을 구축해 대응하지 않으면 그 학과에서는 불만이 쌓이고 쌓여 결국 내분이 일어나게 된다.

요컨대 시대와 상황이 끊임없이 변하기 때문에 아무리 과거에 잘 작동하던 조직 시스템이라도 현재에도 잘 작동한다는 보장은 전혀 없으니 계속해서 보완하고 수정해야 한다. 만약 이런 변화가 너무 어렵다면 최소한 조직이 시대와 환경의 변화를 인지하고 있으며 공정한 신상필벌(信賞必罰)이 이루어지도록 노력하고 있음을 보여주어야 한다.

'코어'와 '섀플리 밸류'를 통해 본
합리적 이익 분배란?
:

친구들 열 명이 모여 회사를 공동으로 설립했다고 하자. 이들 열 사람은 각자의 주특기를 살려 제품 생산, 회계, 영업, 자금조달, 구매 등의 업무를 수행했고 그 덕에 사업이 성공해 첫해에 100억 원의 순이익이 발생했다고 하자. 당연히 나오는 질문은 그 100억 원의 순이익을 열 명의 친구들이 어떻게 나누는 것이 좋은가이다.

가장 간단한 방법은 똑같은 액수로 나누어 각각 10억 원씩 가져가는 것이다. 어쨌든 친구 사이이니 옥신각신 다투지 말고 똑같이 나누자는 뜻이다. 아주 좋은 방법 중 하나다. 단, 모든 친구가 이렇게 똑같이 나누는데 진심으로 동의한다면 말이다.

그러나 만약 이 제품이 아이폰이고 열 명의 친구 중 한 사람이 스티브 잡스(Steve Jobs)라면 어떨까? 공장에서 생산된 스마트폰을 트럭에 싣고 가게에 배달한 친구도 10억 원을 받고 아이폰을 최초로 고안한 스티브 잡스도 10억 원을 받는다면, 이게 말이 되겠는가? 이 경우 스티브 잡스가 이 기업에서 가장 중요한 사람이고, 스티브 잡스라는 한 사람의 역할이 다른 아홉 사람을 합친 것보다도 크기 때문이다.

경제학자들은 이런 상황에서 100억 원의 순이익을 어떻게 나누는 것이 공평하고 적절한가에 대해 오랜 기간 연구해왔다. 여기서는 그중 두 가지를 소개하고자 하는데, '코어(core)' 배분 방식과 '섀플리 밸류(Shapley value)' 방식이다.

우선 '코어' 배분은 간단한 원칙 하나를 따르는 분배 방식으로, 그 원칙이란 100억 원을 어떻게 나누든 열 명의 친구들 중 누구도 실망해서 회사를 떠나지 않도록 해야 한다는 것이다. 가령 100억 원에서 80억 원을 떼서 가장 중요한 스티브 잡스에게 준다고 해보자. 과연 이것은 충분한 액수인가? 그 점을 알아볼 방법은 스티브 잡스가 80억 원이 너무 적다고 생각해 회사를 떠날지 혹은 떠나지 않을지를 생각해보는 것이다.

그런데 이때 스티브 잡스가 서운해하는지 만족해하는지는 개인 감정의 영역이지 경제학의 영역이 아니다. 따라서 경제학에서는 다른 기준을 적용하는데, 스티브 잡스가 아홉 명의 친구들을 떠나 따로 회사를 만들었을 때 80억 원 이상을 벌 수 있느냐 하는 질문을 던져보는 것이다. 만일 스티브 잡스가 아이폰이라는 상품 아이디어를 가지고 현재의 회사를 떠나 새로운 기업을 세우고 거기서 그 제품을 생산해 연간 순이익 90억 원을 달성한다면, 기존의 80억 원은 충분하지 못한 것이다. 즉, 스티브 잡스에게 80억 원을 주는 것은 '코어'가 아닌 것이다. 반면, 스티브 잡스가 자기 회사를 차려 아이폰을 생산했고 순이익으로 75억 원밖에 못 올린다면 스티브 잡스는 현재의 회사를 떠나지 않는 것이 이익이다. 이런 식으로 기존에 회사를 함께 창립했던 친구들이 모두 회사를 떠나 각자 독립해서 얻게 될 경우의 이익이 현재의 이익 100억 원을 나누어 갖는 이익보다 낮아서 아무도 회사를 떠나지 않을 경우, 경제학은 이런 배분을 '코어'라고 부른다.

코어 배분을 동맹시전쟁에 적용해보자. 로마가 카르타고와 벌인 전쟁 이후 이탈리아반도의 다른 동맹시에 서운하게 했더라도 그 동맹시들이 만약 로마와의 동맹을 끊는 것보다 계속 동맹시로 남는 것이 더 이익이라고 생각했다면 동맹시전쟁은 일어나지 않았을 것이다. 그러나 동맹시들은 동맹 유지보다 독립이 더 이익이라 생각했기에 로마에 대해 전쟁을 일으켰다. 동맹시전쟁 이전의 배분은 '코어'가 아니었다는 반증이다.

경제학에서 열 명의 친구들이 100억 원을 나누는 또 하나의 기준으로 제시되는 방식은 '섀플리 밸류'이다. 2012년 노벨 경제학상을 수상한 로이드 섀플리(Lloyd Shapley) 교수가 제안한 방식이라 이런 명칭이 붙었다. 섀플리 밸류는 개념적으로도 계산상으로도 다소 복잡한 편이지만 기본 아이디어는 다음과 같다.

만일 열 명의 친구들 중 스티브 잡스가 빠지고 다른 아홉 명의 친구들만 회사를 경영한다고 했을 때 회사의 이익은 얼마가 될 것인지 계산이 가능하다고 전제하고, 그 이익이 20억 원이라고 해보자. 반대로 스티브 잡스가 아닌 토미라는 이름의 친구가 회사를 그만두고 스티브 잡스를 포함한 다른 아홉 명의 친구늘이 회사를 운영했을 때 회사가 얻을 이윤은 98억 원이라고 해보자. 다시 말해 스티브 잡스가 회사를 그만두면 80억 원의 이윤이 감소하지만 토미가 회사를 그만두면 2억 원의 이익만 감소한다는 가정이다. '섀플리 밸류' 방식은 바로 이런 경우 스티브 잡스와 토미의 급여가 80:2의 비율과 비슷해야 한다는 원칙을 제시한다. 한마디로 어떤 한 친구가 회사를 나갔을 때 감소하는 이윤의 크기가 바로 그 친구가 회사에 얼마나 공헌하고 있는지를 나타내는 지표가 된다는 생각이다.

이제 다시 로마의 상황으로 돌아가보자. 로마의 귀족들은 카르타고와 벌인 포에니전쟁에서 큰 역할을 했다. 한니발 같은 명장과의 전투에서 승리할 능력은 없었지만, 비교적 신속히 판단하여 전략적으로 잘 대처했다. 즉, 한니발과의 전투에서는 도저히 이길 수 없음을 간파하고 수성 전략으로 전투를 회피했다. 또한 이길 수 없는 한니발과 싸우는 대신 한니발의 고향인 카르타고를 공격해 한니발이 이탈리아에서 철수하도록 하는 작전을 세운 것 역시 로마의 귀족들이다.

그러나 이런 작전만으로 카르타고와의 전투에서 승리한 것은 아니다. 아무리 작전을 잘 세운다 하더라도 로마 평민들과 동맹시 시민들이 병사로서 전투에 참여하지 않으면 절대로 한니발과 카르타고를 상대로 이길 수 없다. 스티브 잡스는 아홉 명의 친구를 떠나 회계, 영업, 자금조달 업무를 맡아줄 다른 사람을 구할 수 있겠지만, 로마의 귀족들은 로마의 평민들과 동맹시 시민들 말고는 그 어디서도 병사를 모집할 수 없기 때문이다.

전쟁이 잦았던 당시 로마의 상황에서는 코어 방식으로 보나 섀플리 밸류 개념으로 보나 귀족의 중요성이 로마의 평민이나 동맹시 시민보다 높다고 할 수 없었다. 그럼에도 불구하고 거의 모든 이익을 로마의 귀족들이 차지했으니 거센 반발이 일어나지 않을 수 없었고, 심지어 동맹시전쟁이라는 내전까지 겪게 되었다. 만일 한니발이 이탈리아에 있을 때 이런 일이 생겼다면 아마도 로마는 즉시 멸망했을 것이다.

　이제 우리 자신을 돌아볼 차례다. 현재 자신이 속한 조직의 이윤 배분이 코어 방식이나 새플리 밸류 개념에서 내놓는 기준에 잘 맞는지 한번 점검해볼 필요가 있다. 만일 현재의 배분이 코어나 새플리 밸류의 원칙에서 크게 벗어나 있다면 그 조직은 가까운 미래에 주요 구성원의 이탈로 와해나 붕괴가 일어날 가능성이 높기 때문이다.

로마 원로원이
그라쿠스 형제의 조언을 들었다면
:

그라쿠스 형제가 로마의 기존 시스템이 변화된 상황에 맞지 않는다고 주장하며 개선을 요청했을 때 원로원이 이를 받아들였다면 카이사르와 옥타비아누스 시대까지 이어졌던 로마의 내분을 미리 피할 수 있었을 것이다. 그런데 로마의 상황과 현대 조직의 상황은 다르다. 로마 시민들은 로마의 제도에 불만이 있어도 로마를 떠날 수 없는 상황이었지만, 현대의 기업이나 조직이 제도를 정비하지 못할 경우 불만이 쌓인 구성원들은 다른 기업이나 조직으로 옮길 것이다. 즉, 로마는 내부 전쟁이 발발해 많은 사람이 죽고 나서야 개혁에 착수한 셈이지만, 현대의 조직은 구성원들이 떠나기 시작하는 것을 보면서 개혁의 필요성을 감지할 수 있다.

하지만 구성원 이탈이 시작되고 나서야 조직 개혁에 착수한다면 그건 너무 늦은 일이 되지 않을까? '그 기업은 과거의 제도에 집착하고 능력 있는 새로운 인재를 대우해주지 않는다'라는 소문이 외부에 퍼져나가 큰 피해를 입을 것이다. 그라쿠스 형제가 활약할 당시 로마는 원로원이라는 귀족들의 집단 의사결정 시스템을 택하고 있었다. 원로원 귀족들이 모여 한니발의 군대와 싸우기로 결의하자 전 로마 시민이 전심전력으로 싸워 포에니전쟁에서 승리를 거두었다. 이렇듯 집단 의사결정 시스템은 사회에 안정성을 보장해준다.

그러나 원로원 회의에도 문제점은 있다. 하나는 의사결정에 오랜 시간이 걸린다는 것이고, 또 하나는 많은 경우 회의가 결렬되어 결론이 나지 않는다는 것이다. 다시 말해, 원로원 회의는 급변하는 정세에 대응하기 어려운 시스템이다. 안정성은 보장해줄지 몰라도 변화에 대처하고 개혁을 추진하기는 어렵다.

이런 견지에서, 조직이 변화와 개혁을 이루는 데는 절대권력자가 있는 것이 유리할 수 있다. 다른 사람들을 설득할 필요 없이 절대권력자 스스로 결심만 하면 변화와 개혁이 빠른 속도로 가능하기 때문이다. 집단 지도체제였던 원로원은 변화에 대응하지 못한 채 과거의 제도를 고집했고 결국 카이사르와 옥타비아누스에게 패배하여 로마는 원로원 대신 1인의 황제가 통치하는 제국이 된다. 원로원이 집단 의사결정 체제의 안정성에 더해 빠른 개혁이 가능하도록 지도자를 선출해 전권을 위임하는 제도를 미리 도입했더라면 어땠을까 하는 아쉬움이 드는 대목이다. 안정과 개혁이 균형을 이루어 치우침이 없도록 말이다.

　게임이론에서는 코어와 섀플리 밸류라는 이름으로 불리지만 사실 이는 결국 신상필벌의 원칙이다. 기여한 만큼 보상을 받는 것은 모든 조직과 기업의 근간이다. 그러므로 조직의 책임자는 큰 기여를 한 구성원이 합당한 대우를 받을 수 있도록 늘 신경 써야 한다. 그렇지 않으면 우수한 구성원이 떠나거나 자칫하면 내분이 발생할 수 있다.

"

후계자 결정의
모범 답안은
과연 무엇일까?

"

제 4 장

당 태종 이세민과
'홀드업' 문제

인간은 자신의 대를 이을 사람, 곧 후계자에 연연한다. 나도 가끔 아들에게 나중에 손자가 할아버지에 대해 물어보면 좋은 점을 더 많이 이야기해 달라고 부탁하기도 한다. 내가 아무리 괜찮은 삶을 살았다고 해도 내가 사망한 후 다른 사람들이 나의 좋은 점은 숨기고 험담만 한다면 후세에 나는 나쁜 사람으로 기억될 테니 말이다.

직장에서도 마찬가지다. 이제 막 들어온 신임 교수에게 내가 과거에 학교 강의 제도를 어떻게 개선했는지, 그 결과 지금 얼마나 좋아졌는지를 이야기하고 있는 나 자신을 보고 놀라곤 한다.

그런데 후계자는 단순히 명성과 좋은 기억을 남기는 것 이상의 의미가 있다. 일단 선임자가 은퇴하면 후임자가 모든 결정권을 갖게 되는데, 선임자가 어떤 대우를 받느냐 또한 후임자에 의해 결정되기 때문이다.

후세사는 신임자가 은퇴하기 직전 하늘에서 뚝 떨어지는 것이 아니다. 대부분의 경우 선임자가 지금까지 같이 일하던 젊은 동료 가운데서 지명한다. 그래서 아직 은퇴가 한참 남은 선임자라 해도 이미 후계자 문제는 시작된 것으로 보아야 한다. 후계자 후보들이 앞다투어 선임자에게 잘 보이려 할 것이기 때문이다. 후계자 자리를 놓고 다툼이 시작되는 것은 조직 전체의 관점에서는 좋은 일이 아니다. 외부 경쟁에 힘을 쏟아도 모자랄 판에 내부에서 격렬한 다툼이 일어나는 것이니 말이다.

나는 역사 속 인물 중 후계자 문제를 이야기할 때면 당 태종(太宗) 이세민(李世民)을 제일 먼저 떠올린다. 우리에게는 고구려를 침공했다가 안시성에서 성주 양만춘(楊萬春)에게 패하여 퇴각한 중국의 황제로 더 잘 알려진 인물이다. 이세민은 후계자 경쟁을 벌여 친형과 친동생을 죽이고 황제 자리에 올랐으며, 훗날 세 아들을 두고 후계자 선정에 많은 고민을 해야 했다. 중국에서 가장 존경받는 황제이며 거의 모든 일에서 성공을 거둔 성군으로 추앙받았으나, 그런 그도 후계자 문제만은 평생 해결하지 못한 채 생을 마감했다.

청년 이세민이 '천책상장', 곧 하늘이 내린 장군이 되기까지

:

당(唐)나라의 두 번째 황제 이세민은 그 업적을 잠깐만 살펴봐도 존경심이 절로 우러나온다. 우선 20세의 나이에 아버지를 도와, 고구려 정벌에 거듭 실패한 수나라 양제(煬帝)에 대항하여 반란을 일으킨다. 이후 이세민의 나이가 20대 초반일 때 불과 4년이라는 짧은 기간에 수나라를 멸망시킨 것은 물론이고, 이후 중국을 차지하려고 봉기한 다른 강한 세력까지 혼자서 섬멸한다. 이 시기에 이세민은 본인이 학질에 걸려 전투에 나서지 못하는 바람에 부하 장수에게 군대를 맡겼다가 패배한 것 말고는 한 번도 패배한 적이 없다. 그야말로 백전백승이었다.

평생토록 유일하게 패배한 전투가 '안시성 전투'였을 정도로 이세민은 훌륭한 장수였다. 반란을 일으킨 사람은 이세민의 아버지이지만, 나이 든 아버지 대신 모든 전투를 수행해 승리한 사람이 바로 20대 젊은이 이세민이다.

아버지를 이어 2대 황제가 된 뒤로는 이른바 '정관의 치[貞觀之治]'라고 하여 중국 역사상 가장 경제가 발전하고 나라가 번성한 태평성대를 이루었고, 이런 자신의 통치 방법을 《정관정요(貞觀政要)》라는 책으로 정리하기도 했다. 후세의 군주들에게 《정관정요》는 훌륭한 통치자가 되기 위한 모범 답안 역할을 하게 된다.

중국에서 220년 한(漢)나라가 멸망하고 우리가 잘 아는 조조(曹操), 손권(孫權), 유비(劉備)가 활약하는 삼국시대가 펼쳐지면서 중국은 약 370년간 분열되어 싸웠으니, 바로 위진남북조(魏晉南北朝)시대이다. 이 분열의 시대를 종결한 것은 선비족(鮮卑族)이 세운 수(隋)나라였다.

위진남북조시대 후반부로 가면서 선비족이 세운 나라들이 중국에서 가장 강력한 국가로 부상한다. 비록 중국인들이 오랑캐라고 부르지만 북쪽에서 내려온 이들은 군사력뿐 아니라 정치력도 뛰어났다. 선비족 출신

가운데는 출중한 지도력을 지닌 황제도 많았는데 그중 한 사람이 수 양제의 아버지 수 문제(文帝)다. 수나라를 세운 수 문제는 나라를 안정시키고 경제를 부강하게 했다. 안타깝게도 아버지 수 문제가 애써 쌓아올린 경제적 부를 아들 수 양제가 모두 탕진하지만 말이다.

수나라의 두 번째 황제 수 양제는 대규모 토목사업을 벌이고 원정을 감행하여 나라 재정과 백성들에게 큰 부담을 주었다. 거듭 고구려를 침공하지만 매번 크게 패배했는데, 백만 대군을 이끌고 고구려에 왔다가 을지문덕 장군에게 패퇴한 후에도 또다시 고집을 부려 고구려를 침략한다. 하지만 직접 군사들을 이끌고 고구려로 향하던 중 신뢰했던 고위 관료들이 후방에서 차례로 반란을 일으킨다. 그들 또한 대다수는 선비족 출신의 수나라 귀족이었다.

당 태종 이세민의 아버지이자 당나라의 창업자 고조(高祖) 이연(李淵) 장군 또한 수나라의 귀족 집안 출신으로서 선비족의 피가 섞인 사람이다. 수 양제는 북방의 군사 책임자로 이연을 임명하여 북쪽에서 돌궐이 침입하면 막도록 했다. 그런데 수 양제의 폭정에 불만을 품고 곳곳에서 반란이 일어나자 당 고조 이연 또한 고민에 빠진다. 멸망할 것이 자명한 수나라의 고위 관료로서 끝까지 수나라를 위해 싸우다 죽을 것인가, 아니면 스스로 반란을 일으켜 새로운 나라를 만들 것인가.

이연이 정실 부인에게서 얻은 아들들의 이름은 이건성(李建成), 이세민, 이원길(李元吉)로, 이전까지 이들은 사이좋은 형제였다. 첫째 이건성과 둘째 이세민이 번갈아 가며 아버지 이연에게 수나라를 버리고 새 나라를 세우자고 설득한다. 그런 말을 하면 집안이 망한다며 처음에는 두 아들을 크게 꾸짖던 이연은 며칠을 고민하더니 결국 아들들의 말을 믿고 거사에 나서는데 이때 이연이 52세였으니 상당히 많은 나이였다.

당시 중국에서 중심이 된 두 도시가 있다. 서쪽의 장안(長安)과 중앙에 위치한 낙양(洛陽)인데, 낙양 주변에서는 수나라를 대신하여 새로운 국가를 건설하려고 봉기한 이밀(李密), 두건덕(竇建德), 우문화급(宇文化及) 등과 낙양성에서 수 양제의 아들을 앞세워 수나라를 지키려는 왕세충(王世充) 등 강한 군대를 이끄는 군사 지도자들이 뒤엉켜 싸우고 있었다. 당 고조 이연은 이런 낙양의 진흙탕 싸움을 피해 서쪽 중심지인 장안으로 쳐들어가 그 지역을 점령해 새 나라를 건설하는데, 그것이 바로 당나라다.

아마도 고령 탓이었는지 장안을 차지하기까지의 전투에서도 당 고조 이연은 아들 이건성과 이세민에게 대부분 의지했으며, 당나라를 세우고 나서도 자신은 장안에만 머물며 외교에 몰두했다. 즉, 실질적으로 중국 전역을 누비며 전투를 하고 적을 섬멸하는 일은 세 아들에게 맡겼다.

그런데 기록을 보면 전투에 참가하지 않는 것은 나이 든 아버지 이연만이 아니었다. 당나라를 세우자마자 후계자인 태자로 임명된 이건성도 마찬가지였다. 이건성은 장안 주변을 지키는 쉽고 안전한 임무만 맡은 채 꼼짝도 하지 않았다. 그 대신 군대를 이끌고 나가 동서남북을 누비며 수나라 멸망 후 중국의 주인이 되겠다고 봉기한 여러 군대와 싸워 모두 이긴 장수는 둘째 아들 이세민이었다. 아마 아버지 이연과 태자 이건성은 현재 지배하고 있는 장안 지역을 확고히 장악하는 것이 중요하고, 영토 확장은 둘째 이세민에게 맡겨두되 잘되면 좋고 아니면 어쩔 수 없다는 식으로 생각했던 모양이다.

당시 이세민이 서쪽의 설인고(薛仁杲), 북쪽의 유무주(劉武周), 중앙의 왕세충, 그리고 동쪽의 두건덕의 군대를 모두 쳐부수는 과정을 보면 마치 신들린 듯하다. 지금이라면 대학교 신입생 정도의 나이인 20대 초반 젊은 이가 상대가 자만심이 들어 경계가 느슨해지도록 유도하고는 그 틈을 노려 기습하여 승리를 거두는 노련한 작전을 연이어 구사한다. 모차르트와 같이 예술적 재능만 타고나는 게 아니라, 군사작전 능력을 갖고 태어나는 천재도 있다는 생각이 든다.

특히 따로따로 상대해도 이긴다는 보장이 없었을, 중국 최강이던 왕세충의 군대와 두건덕의 군대가 양쪽에서 이세민을 향해 쳐들어왔을 때는 먼저 두건덕 쪽으로 전 병력을 돌려 승리한 후 다시 왕세충을 무너뜨리는, 실로 담대한 작전을 썼다. 이세민은 항상 자신의 눈으로 적의 상황을 직접 관찰한 후 작전을 세웠기 때문에 적진 깊숙이 들어가 정찰하다 적에게 발각되어 죽을 뻔한 고비를 수차례 넘겼다고 한다.

아버지 이연과 형 이건성이 멀리 장안에서 안전하게 지내는 사이 이세민은 정말로 목숨 걸고 나아가 중국 전토를 평정했다. 고작 4년 만에 그 넓은 중국을 모두 평정했으니 참으로 놀라운 군사적 재능이 아닐 수 없다. 또한 이 전투에서 이세민은 적군이었지만 평소 흠모하던 훌륭한 장수들을 모두 자기 사람으로 만든다. 주변 참모들은 적의 장수들을 중요한 직위에 등용하면 나중에 배신하여 큰 사고가 날 수 있다고 이세민에게 주의를 주지만, 결과적으로 이세민이 등용한 인물들은 모두가 끝까지 이세민을 배신하지 않았다. 이 또한 이세민이 지닌 대단한 재주다. 그는 적의 장수들 중 한번 충성하면 영원히 충성할 사람과 나중에 배신할 사람을 가리는 기가 막힌 재주를 가졌던 듯하다. 사실 부하로 삼지 않고 처형한 적의 장수도 많았기 때문이다.

그렇다고 이세민이 한번 믿은 사람은 끝까지 맹목적으로 믿은 것은 아니다. 일례로, 이세민은 두건덕이라는 적군 장수 밑에서 뛰어난 군인이었던 이세적(李世勣)이라는 인물을 자기 사람으로 데려왔고 실제로 그는 많은 무공을 세운다. 하지만 죽는 순간 자신의 후계자가 된 아들 이치(李治)에게 이세적을 계속 쓰되 항상 주의하라는 말을 남겼다고 한다. 겉으로는 100% 믿는 척하면서도 사실은 믿지 않았던 것이다. 이세민의 아들 이치는 이 말을 잘 새겨들었고, 아버지 당 태종을 패배시킨 유일한 국가인 고구려를 정벌하러 갈 때 이세적 장군에게 지휘를 맡긴다. 그의 손에 결국 고구려는 멸망했다. 출중한 능력자 이세적을 실제로는 믿지 않았지만, 잘 감시하면서 등용하여 당나라를 위해 큰 공을 세우게 한 것이다.

한편, 이세민의 동생 이원길은 형제 중 가장 힘이 세고 무술에 능했다고 한다. 하지만 두뇌가 그리 총명하지 못하고 인품 또한 다소 부족했는지 군대를 지휘하면 항상 패배했기 때문에 군사령관의 임무를 맡지 못했다. 결과적으로 나이 든 아버지 이연과 태자가 되고 나서 몸조심을 하는 형 이건성, 그리고 전쟁에 나가면 매번 패해서 오는 동생 이원길은 대부분의 전투에 참여하지 못했을 것이고 이세민이 당나라를 대표해 중국을 정복했다고 볼 수 있다.

당 태종 이세민의 승승장구하던 인생에 가장 큰 위기는 바로 형 이건성, 아우 이원길과 목숨 걸고 싸운 일이다. 아마도 태자 이건성은 동생 이세민이 이렇게 4년 만에 중국을 모두 군사적으로 통일하리라고는 미처 예상하지 못했을 것이다. 그래서 마지막 남은 저항 세력 유흑달(劉黑闥)을 이세민이 거의 굴복시키자, 아버지 이연에게 유흑달을 마지막으로 쫓아가 죽이는 일은 자신에게 맡겨달라고 청한다. 그리하여 중국 통일의 마지막 전투를 그가 치르게 된다. 야구에 빗대자면, 뛰어난 투수 이세민이 9회 말 2아웃까지 잡고 이제 승리가 눈앞인데, 능력은 부족하지만 감독이 아끼는 투수 이건성이 마지막 아웃을 잡는 영광은 자기에게 달라고 하자, 감독이 완봉승을 눈앞에 둔 투수 이세민을 마운드에서 내리고 그 대신 이건성에게 볼을 쥐여준 격이다.

어쨌든 당나라는 장안에 나라를 세운 지 4년 만에 중국을 통일했고, 둘째 이세민이 세운 엄청난 군사적 업적을 어떤 방법으로든 보상해주고 싶었던 아버지 이연은 이세민에게 '천책상장(天策上將)'이라는 새로운 직책을 만들어 수여한다.

황제가 다스리는 국가에서는 제일 높은 사람이 황제이고, 그다음이 후계자인 태자이며, 이 두 사람은 일반인과는 완전히 다른 존재이다. 다른 모든 사람은, 심지어 황제의 아들이라 해도 태자가 아니면 일개 신하에 불과한 것인데, 황제 이연은 둘째 아들 이세민이 그런 신하 취급을 받기에는 능력이 너무 출중하고 공도 크기에 태자와 신하 사이의 중간 정도에 해당하는 직책을 내려주고자 새로운 자리를 무리해서 만들었던 것이다. 하늘이 내린 장군이란 의미의 그 명칭 그대로 '천책상장'은 황제도 아니고 태자도 아니지만 신하들보다는 위에 있는 존재라는 의미가 담긴 직책이었다.

어쨌든 천책상장이 된 이세민은 태자 이건성과 비슷한 규모의 궁궐에 살면서 뛰어난 인재들을 모아 그들에게 좋은 대접을 해주며 자신의 스승으로 삼았다고 한다. 이세민은 어려서부터 무예를 익히고 전쟁터를 뛰어다니느라 공부할 기회가 없었기 때문에 중국을 정복하고 24세가 되자 중국 최고의 석학들을 초빙해 자신을 가르치게 한 것이다. 원래 군사적으로 탁월하여 뛰어난 장수들을 모두 거느리고 있었던 이세민이 천책상장이 되어 이제는 뛰어난 문신들까지 거느리게 되었다. 일개 신하나 일개 왕자가 이런 행동을 하면 당연히 과분한 행동이라 여겨져 처벌을 받았겠지만, 현직 황제 이연이 아들 이세민의 특별한 공을 인정하여 지위를 준 것이므로 이세민을 막을 사람은 없었다.

당 고조 이연은
왜 현무문의 변을 막지 못했나?
:

동청룡, 서백호, 남주작, 북현무(東靑龍, 西白虎, 南朱雀, 北玄武)라는 말을 들어보았을 것이다. 각각 동서남북 네 방향을 상징하는 동물인데 동쪽은 푸른 용이고, 서쪽은 흰 호랑이이며, 남쪽은 붉은 봉황새이고, 북쪽은 검은 거북이라는 뜻이다.

따라서 현무문은 어떤 성의 북쪽에 있는 문을 의미한다. 당시 당나라의 수도 장안성에서 황제가 거처하는 궁궐은 가장 북쪽에 위치했다. 그러므로 외부 사람이 황제를 만나고자 장안성에 들어가려면 북쪽 현무문을 통하여 들어가는 것이 자연스러웠다. 물론 일반인이나 관료는 황제가 거처하는 궁궐에 들어갈 일이 없기에 대부분 남쪽의 주작문을 이용했지만,

왕족이나 중요한 신하들이 급히 또는 몰래 황제를 만날 때는 현무문을 이용했으니 현무문은 통행이 별로 없는 한가한 문이지만 한편 아주 중요한 문이기도 했다.

앞서 언급했듯, 이세민은 서기 622년에 마지막 저항 세력 유흑달에게 큰 승리를 거둔다. 그리고 태자 이건성이 다음 해인 623년, 간신히 도망간 유흑달을 찾아내 죽이면서 중국 통일전쟁이 막을 내리는데 사실상 622년에 이미 중국은 당나라 것이 된 셈이다.

그로부터 4년 후인 626년 이제 28세가 된 천책상장 이세민이, 아버지 당 고조 이연을 만나려고 현무문을 통과해 들어가던 형 이건성과 동생 이원길을 문 부근에 잠복해 있다가 공격해 죽인다. 이것이 바로 현무문의 변이다. 부하를 시키지 않고 이세민 본인이 직접 화살을 쏘아 자신의 형과 동생을 죽였다고 한다. 다 같이 힘을 모아 당나라를 세우고 중국을 통일했던 친형제 사이에 어쩌다 이런 일이 벌어진 것일까?

그 이유는 한마디로, 둘째 아들 이세민이 세운 공적이 황제인 아버지 이연과 형인 태자 이건성의 공을 합한 것보다 훨씬 컸기 때문이다. 물론 이세민이 왕자가 아니라 일개 장수였다면 이야기는 달랐을 것이다. 이세민이 한 명의 신하에 불과했다면 그는 20대 초반의 어린 나이에 중국을 통일하는 업적을 남기지 못했을 것이다. 20대 초반 청년에게 나라의 모든 군사를 맡길 황제는 없을 테고, 또 이세민이 아무리 뛰어난 능력을 가졌다 해도 노련하고 경험 많은 장수들이 그의 명령에 복종했을 리 없다. 혹시 이세민이 한 명의 신하로서 당나라 군을 이끌고 중국을 통일했다 해도 그 결말은 한나라의 개국공신 한신과 비슷했을 가능성이 크다. 공적이 황제를 넘어서는 신하를 살려둘 수는 없기 때문이다.

그러나 이세민은 황제의 아들이었다. 그것도 형인 태자 이건성이 갑자기 죽거나 하면 곧바로 황제 자리를 이어받는 둘째 아들이었다. 그래서 아버지 이연은 이세민을 죽이지는 못하고 '천책상장'이라는 전무후무한 자리를 만들어 거기 앉혔던 것이다. 반면 이세민은 황제 밑에서 천책상장이나 하는 데 만족할 사람이 아니었다. 당연히 황제가 되려는 욕심이 있었을 터이고, 설사 황제의 자리를 포기한다 해도, 후에 아버지가 죽고 형 이건성이 황제가 되면 자신을 살려두지 않으리라는 것쯤은 간파했으리라. 실제로 이세민이 중국을 통일하는 정복 전쟁을 마무리한 622년부터 이세민과 이건성 사이는 급격히 악화되었다.

여기서 우리는 중국의 전통 유교 사상을 잠시 떠올려보지 않을 수 없는데, 북쪽 오랑캐 선비족 출신인 당나라 왕족과 지배층은 유교 사상을 별로 받아들인 것 같지 않다. 같은 선비족 출신인 수 양제도 아버지 수 문제가 죽고 황제 자리에 오르자 아버지의 후궁들을 자기 후궁으로 삼았다고 한다. 이런 일은 나중에 당나라에서도 일어나는데, 당 태종 이세민의 뒤를 이어 황제가 된 당 고종(高宗) 이치가 아버지의 후궁 측천무후(則天武后)를 정식 왕비로 맞아들였다. 측천무후의 손자로서 당나라의 유명한 황제가 되는 당 현종 또한 자기 아들의 아내, 즉 며느리인 양귀비에게 반해 아들로부터 그녀를 빼앗아 아내로 삼는다. 지금의 기준으로 보면 참으로 놀랍고 비윤리적인 행동이다.

그런데 이런 당나라 지배층의 도덕 개념과 행동이 어찌 보면 당 태종 이세민의 시기가 '정관의 치'라고 불리며 중국 역사에서 가장 살기 좋은 시기로 기록된 이유가 아니었을까 짐작되기도 한다. 한마디로 당 태종은 도덕이나 원칙보다는 실리를 중시하는 기업형 군주였으리라는 이야기다. 능력이 없어도 나이가 많으면 높은 직위를 준다든지, 무조건 첫째 아들을 후계자로 삼는다든지, 한번 적이었던 사람은 다시 쓰지 않는다는 유교적 생각이 선비족 출신인 당 태종 이세민의 머리에는 없었던 것 같다.

이런 통치 철학은 당 태종만의 것이 아니고 당시의 신하들 사이에서도 엿볼 수 있다. 당 태종이 임명한 고위 관료가 지위를 이용해 뇌물을 받은 사실이 적발되자 그 관료의 징계 및 해임 여부를 두고 당 태종과 신하들이 논의를 벌인 일이 있었다. 이때 당 태종은 해당 관료를 해임하려 했으나 다른 신하들이 해당 관료가 뛰어난 능력으로 엄청난 공적을 쌓고 있는데 뇌물 사건 때문에 해임한다면 앞으로 능력이 뛰어난 관료들을 많이 잃게 될 것이라면서 반대했고, 결국 당 태종은 해임을 하지 않기로 했다고 전한다. 원칙보다는 능력 위주였던 것이다.

당 고조 이연 또한 마찬가지였다. 만일 이연이 유교 사상 추종자였다면 모든 힘을 태자 이건성에게 몰아줬을 것이다. 둘째 아들 이세민이 아무리 큰 공을 세웠다 해도 유교 사상에 따르면 신하에 불과하며 신하의 공은 결국 황제의 공이기 때문이다. 하지만 이연은 아들 이세민과 마찬가지로 문신 출신이 아니라 무신 출신이었다. 원칙보다는 결과가 중요한 기업형 리더였다.

당 고조 이연의 입장에서는 자리를 지키는 데 급급한 태자 이건성과 임무를 부여하는 족족 실패하는 이원길에게 군대를 맡길 수 없었을 것이다. 결국 이세민이 움직이지 않으면 좋은 결과가 나오지 않았다. 그런 이세민에게 태자 자리를 주지 못하는 입장에서 힘들고 위험한 업무를 몽땅 맡기려면 천책상장이라는 특별한 지위를 내려 포상할 필요가 있다고 생각했을 것이다. 당나라가 왕세충, 이밀, 두건덕과 같은 강력한 세력을 모두 이기고 중국을 차지할 수 있을지 없을지 모르는 판국에서 능력이 뛰어난 이세민에게 힘을 실어주지 않고 유교 원칙만 따랐다면 당나라는 패배하여 멸망했을지도 모를 일이다.

그런데 중국 통일에 성공하자 이런 실리주의 정책에도 균열이 가기 시작한다. 당연한 일이다. 천책상장 이세민은 이미 많은 인재를 거느리면서 태자와 동급의 지위를 누리고 있었으니 황제 자리에 어찌 욕심이 생기지 않았겠는가. 이 상황에서 아버지 이연이 교통정리를 했어야 하지만 그는 그러지 못했다. 아마도 이연은 냉혹하기보다는 원만한 성격의 소유자였던 듯하다. 또한 가족과 친구를 많이 아끼는 성품이기도 했고 말이다. 그런 이연의 입장에서 후계 문제의 혼란을 막기 위해 두 명의 자식 중 한 명을 죽인다는 끔찍한 생각에는 미치지 않았을 것으로 보인다.

현무문의 변이 일어나기 전 4년 동안 이건성과 이세민은 끊임없이 다툰다. 이건성의 초대를 받고 식사를 하러 갔던 이세민이 독을 먹고 죽을 뻔했다는 이야기도 전하고, 이건성이 이세민에게 선물한 명마가 사실은 달리다가 잘 넘어지는 말이어서 이세민이 말에 깔려 죽을 뻔했다는 기록도 있다. 서로를 헐뜯는 말을 아버지 이연에게 번갈아 고해서 아버지가 몹시 화를 냈다는 기록도 있다.

또 다른 기록에는 이세민이 자기가 다음 황제가 되어야 한다고 말하고 다닌 것을 알게 된 아버지 이연이 이세민을 불러 심하게 꾸짖었다는 이야기가 나온다. 하지만 꾸짖던 중 북쪽의 강력한 유목 민족 돌궐족이 국경을 침입했다는 보고가 들어오자 바로 이세민을 달래서 돌궐족을 막도록 출정시켰다고 한다.

이렇듯 아버지 이연은 첫째 아들 이건성을 태자로 임명하고 황제 자리를 물려주려는 마음에는 변함이 없었지만, 사방에서 적이 쳐들어오는 상황에서 군사작전에 탁월한 이세민을 제거할 수 없다는 현실적인 문제 또한 고려해야 했다. 어쨌든 이세민의 세력은 점차 강력해져 이세민이 자신의 부하에게 땅을 하사했는데 이를 모르고 아버지 이연이 같은 땅을 다른 사람에게 하사해서 문제가 벌어졌다는 기록도 있다. 당연히 황제인 아버지가 하사한 것이 우선이지만, 이세민 측은 자신의 부하가 더 공이 크므로 그 땅을 내놓을 수 없다고 버텼다고 하니, 아버지와 아들 사이의 갈등이 결코 작지 않았던 것이다.

이 와중에 능력이 부족했던 이원길은 큰형 이건성의 편으로 들어갔다. 그리고 현무문의 변이 일어나기 직전, 이세민 직속의 경험 많은 장수들과 정예 부대를 이원길이 지휘하라는 명령이 내려왔다고 한다. 자신의 군대를 모두 빼앗길 상황이었으니 이세민의 입장에서는 마지막 승부수를 던지지 않을 수 없었을 것이다.

아버지 이연이나 태자 이건성은 결코 어리석은 사람이 아니었다. 이세민이 반란을 일으킬 가능성에 대비해 수도 장안에 많은 군대를 배치했다. 이세민이 아무리 공이 많고 뛰어난 장수를 부하로 두었더라도 당시 장안에는 이세민의 군사보다 이건성의 군사가 훨씬 많았으니 이세민이 분명 불리했다. 이건성이 황제인 이연을 만나기 위해 궁을 출입할 때 사용하는 현무문의 수비는 이건성이 가장 믿는 장수 상하(常何)가 맡고 있었다. 그런데 이 상하 장군을 어느 틈에 이세민이 포섭해놓았고, 그래서 이건성과 이원길이 아버지를 만나려고 현무문을 통과할 때 상하와 이세민이 같이 기다리고 있다가 형과 동생을 동시에 죽였다.

형과 동생을 죽인 이세민은 아버지 이연으로부터 곧바로 황제 자리를 넘겨받았으며, 아버지 이연은 일종의 가택 연금 상태에서 9년을 더 살다 죽었다고 한다. 처량한 최후였다.

오늘날에도, 가난한 집안의 형제들은 부모에게 상속받을 재산이 거의 없으니 싸울 일도 없겠지만 가령 재벌가의 상속자들은 보기 흉한 형제간 싸움을 벌이기도 한다. 하물며 중국 황제 자리라면 오죽했겠는가. 그럼에도 세 형제가 으르렁대는 상황을 당 고조 이연은 너무 안이하게 대처한 듯하다. 이건성과 이세민을 번갈아 불러 가족끼리 사이좋게 지내라고 꾸짖었다는 사실 자체가 상황의 심각성을 제대로 인식하지 못했다는 증거다. 꾸짖어서 해결될 문제가 아니었다.

또 장안을 차지했다고 해서 큰아들 이건성을 덜컥 태자로 임명한 것도 문제였다. 어차피 태자 이건성이 황제가 될 것이 뻔한 상황에서 목숨 걸고 전투에 나서야 하는 이는 동생 이세민이었다. 이연이 정말로 실리를 따지는 인물이었다면 중국 통일 과정에서 세운 공을 면밀히 헤아려본 뒤 마지막에 태자를 정했어야 한다. 반대로 만일 실리주의가 아니고 유교 사상을 고수하고자 하는 사람이었다면 이세민을 추방하거나 최소한 천책상장이라는 어마어마한 직책을 주지는 말았어야 했다.

당 고조 이연은 실리주의와 유교적 원칙주의를 섞어 쓰다가 결국 아들이 형제를 죽이는 비극을 연출하게 되었고, 본인 또한 인생의 말년을 갇혀 지냈다. 역사 속의 뛰어난 영웅 중 평생 초인적 힘을 보여주다가도 마지막에 후계자 결정에 실패하여 갈등을 불러일으키고 스스로도 어려운 처지에 빠진 경우가 상당히 많다. 예나 지금이나 자녀와 후계자 문제는 그 해법을 찾기가 매우 어려운 모양이다.

'홀드업' 문제:
누구도 인질이 되고 싶어하지 않는다
:

관계란 참으로 어렵다. 진정한 관계는 단순히 사이좋게 지내는 데서 끝나지 않기 때문이다. 예를 들어, 어떤 남성이 한 여성을 만나서 좋아하게 되었다고 해보자. 그런데 그 여성의 취미가 등산이라면 어떨까? 사실 이 남성은 이 여성을 만나기 전까지는 등산에 털끝만큼도 관심이 없었다. 하지만 이제는 상황이 달라졌다. 이 여성과 주말을 같이 보내려면 반드시 산에 올라야 하기 때문이다.

더욱이 그녀와 매주 등산을 가려면 지금까지 주말에 만나 테니스를 치던 친구들과도 작별 아닌 작별을 해야 하고, 멋쟁이 등산복과 등산화도 구매해야 하며, 코펠과 버너 같은 장비도 갖추어야 한다. 어쩌면 등산에 알맞게 자동차도 SUV로 바꿔야 할지 모른다. 물론 이런 준비를 하면서 이 남성은 행복할 것이다. 좋아하는 여성과 즐거운 시간을 보내게 되리라는 기대가 생길 테니 말이다.

이렇듯 특정한 관계를 맺기 위해서는 투자가 필요하며, 경제학에서는 이를 '특정 관계를 위한 투자(relationship specific investment)'라고 부른다. 그냥 남성과 여성이 영화를 보고 식사를 하는 데이트가 아니라 공통의 취미를 위해 등산 장비를 구매하고 같이 산에 오르는 것은 둘만의 관계를 더 각별하게 만들어주기 때문에 긴밀한 관계 유지를 위해서는 필수적인 일이며 동시에 바람직한 일이기도 하다.

그러나 그녀와 함께하고자 정성도 들이고 돈도 들였는데 몇 달 후 여성이 남성에게 헤어지자고 한다면 어떨까? 이 남성은 여성과 헤어지는 것도 슬프지만 시간과 돈을 들여 장만한 등산 장비가 모두 무용지물이 된다는 점에서 또 다른 슬픔을 느낄 것이다. 이런 이유로 등산을 좋아하는 여성을 만났다고 해서 지금까지 주말에 즐기던 테니스클럽을 그만두고 그 대신 등산 장비를 구매하는 남성은 생각보다 많지 않을 수 있다.

자동차를 생산하는 대기업이 자동차 핸들을 생산하는 중소기업에 특수한 형태의 핸들을 대량으로 만들어달라고 요청했다고 해보자. 중소기업 입장에서는 대기업에 엄청난 물량을 판매할 길이 열리므로 우선은 기쁠 것이다. 하지만 한 가지 문제가 있는데, 대기업이 요구한 특수 핸들을 제작하기 위해서는 기존의 공장 구조를 대폭 바꾸어야 한다는 것이다. 기존의 기계 설비를 모조리 버리고 새로운 설비를 들여놓아야 하고 직원들에게도 새 기술을 교육해야 한다. 게다가 이 핸들은 다른 자동차 회사에서는 쓸 수 없는 형태와 기능을 가지고 있어, 다른 자동차 대기업들과의 관계도 모두 끊어야 한다.

이 중소기업은 어떤 선택을 해야 할까? 물론 자동차 대기업과 독점적 관계를 맺을 수 있다면 이런 불이익과 비용을 감수해야 할 것이다. 하지만 이런 비용을 모두 감수하면서 중소기업이 해당 자동차 대기업만을 위한 핸들을 막상 제작해 생산하면 그때부터 이 자동차 대기업은 무리한 요구를 할 수 있다. 가령 가격을 내리라는 요구를 해올 수도 있다.

중소기업이 해당 핸들을 다른 회사에 팔 수만 있다면 가격을 내리라는 자동차 대기업의 무리한 요구를 거절할 수 있을 것이다. 하지만 이미 이 중소기업은 특수 핸들을 만들기 위해 다른 기업들과의 거래를 모두 끊은 상황이다. 또 큰 비용을 들여 기계 설비도 새로 장만했다. 핸들 납품 가격을 내리라는 요구를 거절하면 이 모든 노력이 물거품이 된다. 결국 중소기업은 대기업의 요구를 거절할 수 없게 된다. 다른 기업과의 관계를 끊고 기계 설비를 바꾼 일이 중소기업을 마치 인질로 붙잡힌 듯한 상황으로 만들어 꼼짝하지 못하게 하는 것이다.

경제학에서는 이런 상황을 가리켜 '홀드업(hold-up)' 문제라고 부른다. 좀 더 정확히 말하자면, 홀드업 문제는 중소기업이 인질로 잡히는 것이 아니라 인질로 잡힐까 두려워 대기업의 요구를 들어주지 않으리라는 것이다.

"대기업과 거래하는 건 좋지만, 이번에 당신이 요청한 특수한 기능과 형태의 핸들을 만들려면 일단 기계 설비를 교체하는 비용이 들어가고 더 나아가 다른 자동차 기업들과의 관계를 끊어야 합니다. 그럼 우리는 특정 관계를 위한 투자 때문에 인질로 잡혀 당신의 요구를 모두 들어주어야 하니 상황이 너무 불리해집니다. 따라서 그냥 예전처럼 어느 자동차에나 사용할 수 있는 일반적인 핸들만 생산하겠습니다."

만일 자동차 핸들을 생산하는 모든 중소기업이 홀드업 문제를 두려워한다면 우리는 세계의 모든 자동차가 똑같이 생기고 기능 또한 동일한 핸들을 달고 달리는 재미없는 세상을 살게 될 것이다. 또한 자동차 핸들뿐 아니라 자동차 모양도 똑같고 색상도 똑같으며 헤드라이트의 모양도 똑같은, 즉 회사가 달라도 특색이라곤 없는 동일한 자동차를 탈 수밖에 없게 된다. 이처럼 인질이 될까 두려워 사람들이 특정 관계를 위한 투자에 소극적이 된다는 것이 홀드업 문제의 본질이다.

앞의 자동차 대기업과 중소기업의 문제를 당나라 황제 이연과 둘째 아들 이세민의 당시 상황과 연결 지어 생각해보자. 아버지 이연은 능력이 뛰어난 둘째 이세민에게 전력을 다해 싸우라고 요청하겠지만, 이세민의 입장에서는 아버지 이연의 요구가 마치 앞서 예로 든 자동차 대기업의 요구처럼 느껴질 것이다. 즉, 특수한 핸들을 만들었더니 오히려 값을 내리라고 요구하는 자동차 대기업처럼 자신이 무공을 세웠으나 정작 그 혜택은 몸을 사린 큰형 이건성에게 돌아갈 것이기 때문이다. 앞으로 당나라를 차지할 태자 이건성은 안전한 후방에서 놀고 있는데, 이세민 홀로 아버지와 형을 위해 죽을 고비를 넘기며 싸울 이유가 전혀 없었다. 게다가 목숨 걸고 싸워 공을 세웠는데 나중에 형이 질투해 자신을 죽일 수도 있었다.

혹시 이세민이 자신의 아버지와 형을 위해 희생할 각오가 되어 있었다 해도 문제는 사라지지 않는다. 이세민이 중국 전체의 적을 상대로 전투를 하려면 이세민 밑에서 같이 싸워줄 인재가 많이 필요하다. 그런데 이런 인재들의 입장에서는 당나라의 황제도 아니고 태자도 아닌 이세민을 위해 싸우는 것이 의미 없는 일일 수 있다. 모든 전투에 승리하고 나서 정작 이세민이 힘을 잃으면 소위 낙동강 오리알 신세가 되어버릴 것이기 때문이다. 따라서 아버지 이연이 이세민의 지위를 보장해주지 않으면 이세민의 군대는 홀드업 문제로 인해 쓸 만한 인재들도 모을 수 없게 된다.

그래서 이연은 궁여지책으로 천책상장이라는 애매한 직책을 만들어 이세민에게 주었고, 이세민은 태자는 아니지만 천책상장인 자신이 당나라의 황제가 될 가능성이 존재한다는 것으로 받아들였다. 그 덕분에 태자도 아닌 이세민이 중국 전역을 누비며 승리의 역사를 써나갈 수 있었다.

이세민과 현무문의 변에 대한 이야기를 하다 보면 자연스레 조선의 태종 이방원이 벌인 왕자의 난이 떠오른다. 태종 이방원도 고려의 충신 정몽주를 제거하고, 사냥을 나갔다가 부상을 입은 아버지 태조 이성계를 개성으로 모셔오는 등 많은 공을 세웠지만, 엉뚱하게도 막냇동생 이방석에게 세자 자리가 돌아가는 걸 지켜봐야 했다. 그나마 당나라 이세민의 경우 태자 이건성이 아주 공이 없는 것도 아니고 자기보다 나이가 많은 형이기라도 했으나 이방원은 나이도 어리고 조선 건국에서 공이라고는 하나도 세운 게 없는 동생에게 세자 자리를 빼앗겼다. 그 역시 홀드업 문제를 뼈저리게 느꼈을 것이다.

후계자 문제, 어떻게 풀 것인가

:

태자 이건성이 첫째일뿐더러 능력도 출중하여 중국 통일에 앞장섰더라면 가장 좋았을 것이다. 하지만 둘째 아들 이세민이 황제와 태자를 능가하는 공을 세운 상황이었기에 아버지 이연에게 후계자 문제는 풀기 어려운 숙제가 되어버렸다.

　우선, 당나라가 장안의 조그만 나라에 불과했을 때 덥석 큰아들 이건성을 태자로 임명한 것이 성급한 판단이었다. 그리고 만약 태자가 된 이건성이 군대를 이끌고 중국을 누비며 공적을 세웠다면 그나마 다행일 텐데 이건성은 장안에 틀어박혀 전투에 나가지 않았으니 그 또한 안타까운 일이었다. 아마도 이건성의 마음에는 태자 자리는 이미 확보한 것이고 동생 이세민이 아무리 뛰어나다 해도 전투에서 몇 번 패배도 하고 어쩌면 목숨까지 잃을 수도 있으니 우선 자신은 안전하게 태자 자리를 잘 보전해야 한다는 생각이 있었을 것이다. 사실 이런 이건성의 계획은 확률에 입각한 판단이었다고 본다. 하지만 이세민은 이건성의 예상보다도 훨씬 출중했다. 전장에서 연이은 승리를 거두었을 뿐 아니라 목숨이 위험한 순간마다 행운이 따라 목숨을 건졌다. 그러므로 아버지 이연이 태자 임명을 서두르지 말고 이건성과 이세민 모두가 군사를 거느리고 나가 전투를 벌이도록 한 뒤 둘 중 더 큰 공을 세운 사람을 태자로 삼았다면 좋았겠다는 생각이 든다.

　아버지 이연이 내릴 수 있었던 두 번째 판단은 아무리 중국을 통일하는 데 큰 공을 세운 이세민이라도 일단 신하라는 점을 상기시켜 그가 가진 군대와 지위를 빼앗고 지방으로 보내 조용히 살도록 하는 것이다. 그랬다면 태자 이건성이 무사히 황제 자리에 오를 수 있었을 것이다. 하지만 무예가 워낙 뛰어난 이세민은 4년간 당나라를 대표해 전투를 치르면서 인재와 군사력을 키웠다. 이세민의 힘은 이미 아버지가 함부로 누를 수 있는 정도를 넘어서 있었다. 그렇다면, 어차피 이세민이 중국을 통일하는 데 엄청난 공을 세웠으니 아버지 이연도 그 현실을 인정하고 태자를 이건성에서 이세민으로 바꾸어야 했다. 태자 자리를 박탈하면 당연히 이건성의 반발이 있겠지만, 그래도 그렇게 했다면 이세민이 형 이건성과 동생 이원길을 죽이지는 않았을 것이다. 그런데 평생 실리를 좇던 아버지 이연이 유독 이 문제에서는 끝까지 큰아들 이건성을 태자로 고집하는 원칙주의를 고수한 것이 패착이었다.

그런데 후계자 문제를 슬기롭게 해결하지 못한 사람은 초대 황제 이연만이 아니다. 명군으로 칭송받은 당 태종 이세민 자신도 후계자 문제를 제대로 해결하지 못하기는 아버지와 마찬가지였다.

당 태종 이세민의 세 아들 이승건(李承乾), 이태(李泰), 이치 중 당연히 첫째 아들 이승건이 어린 나이에 태자 자리에 올랐다. 그런데 요즘으로 치면 초등학생 시절에는 착한 모범생이었던 태자 이승건이 중학생이 되자 질풍노도의 시기를 겪었던 모양이다. 공부는 하지 않고 몰래 놀러만 다닌 것은 기본이고, 자신이 황제가 되면 당나라를 돌궐족에게 바친 뒤 자신은 돌궐왕의 신하가 되겠다고 떠들고 다녔다 하니 아무리 사춘기라 해도 너무 심한 말과 행동이기는 했다. 실제로도 스스로 돌궐 옷을 입었으며, 심지어 주변의 신하들에게도 입혔다고 한다. 더 나아가서 동성연애 상대가 된 어떤 남성을 너무 사랑하자 아버지 태종이 그 남성을 죽였는데, 이에 분노하여 아버지를 죽이려 했다 하니 이 정도면 더는 태자라고 부를 수 없을 것이다.

큰아들 이승건이 방탕한 행동만을 일삼자 둘째 아들 이태가 태자 자리를 노리고 이승건과 대립하기 시작한다. 마치 또다시 현무문의 변이 일어나 형제끼리 죽일 것 같은 분위기였다. 천하를 정복한 이세민이건만, 고구려와 자식 문제는 어떻게 해도 풀기 어려운 숙제였던 것이다.

어쩔 수 없이 태자 이승건을 쫓아내고 둘째 이태를 태자로 삼으려 하자 이세민과 가까운 중신들이 나서서 이태를 반대했다. 이태는 성격이 강해 황제가 되면 형인 이승건과 동생인 이치를 죽일 것이니 차라리 성격이 착하고 소극적인 막내 이치를 태자로 삼으라고 했다. 아마도 신하들은 개혁적이고 열정 넘치는 둘째 아들 이태가 황제가 되면 늙은 신하들을 모두 쫓아낼 테니 착하고 얌전한 이치가 자신들에게는 더 유리한 황제라고 본 것 같다. 이처럼 후계자 문제에는 얽혀 있는 이해당사자가 너무도 많다.

결국 당 태종 이세민은 신하들의 의견을 받아들여 셋째 이치를 태자로 삼았지만, 죽는 날까지 이치의 여린 성격을 걱정했다고 한다. 어쨌거나 이치는 당나라 고종이 되었고, 아버지 이세민을 모시던 역전의 장군들과 관료들의 도움으로 큰 실수 없이 나라를 이끌었으며, 수 양제와 당 태종도 이루지 못했던 고구려 정복이라는 꿈도 달성했다. 하지만 아버지 당 태종이 걱정했던 여린 성격 때문에 부인 측천무후에게 휘둘려, 결국 측천무후가 실권을 쥐게 되었다.

로마의 역사에서 가장 번성하고 평화로웠던 시기가 있다. 흔히 5현제(五賢帝)시대라 부르는데, 즉 다섯 명의 현명한 황제가 연속으로 로마를 다스리던 때다. 그 다섯 황제란 네르바(Nerva), 트라야누스(Trajanus), 하드리아누스(Hadrianus), 안토니누스 피우스(Antoninus Pius), 아우렐리우스(Aurelius)를 가리킨다. 재미있게도 이 다섯 황제는 피가 섞인 부자지간이 아니었다. 네르바, 트라야누스, 하드리아누스, 안토니누스 피우스 네 명의 황제는 아들을 낳지 못했고, 그래서 자신의 신하 중 가장 현명한 사람에게 황제의 자리를 물려주었다. 이미 정부에서 일하면서 그 능력이 검증된 사람들이 연이어 황제가 된 덕분에 번성과 평화를 이어갈 수 있었던 것이다.

그런데 마지막 황제 아우렐리우스에게는 콤모두스라는 외아들이 있었고, 그가 아버지를 이어 황제가 되지만 정치는 등한시하고 매일같이 검투사 시합만 구경하다가 자신의 호위병에게 죽임을 당한다. 콤모두스는 영화 〈글래디에이터(Gladiator)〉에도 등장하는 인물인데, 자신이 직접 검투사가 되어 결투까지 했다고 하니 부왕 아우렐리우스와 너무나도 대조가 된다. 하지만 실제로 훌륭한 황제나 왕에게서 비뚤어진 자식이 나오는 경우는 결코 적지 않다. 어쨌든 5현제의 마지막 황제 아우렐리우스에게 아들이 있었던 까닭에 로마의 5현제시대는 막을 내리고 말았다.

후계자를 결정하고자 할 때는 일단 여러 후보를 경쟁시켜 능력을 검증한 뒤 최종 판단을 내리는 것이 가장 현명한 방법으로 보인다. 그런데 이를 위해서는 현재의 권력자인 황제가 절대적 권력을 끝까지 지켜야 한다. 당 고조 이연은 이세민이 중국 전체를 정복한 후 이세민을 억누를 힘이 없었고, 오히려 적의 잔당과 북쪽 오랑캐가 계속 침입하는 상황이라 이세민이 없다면 나라의 근간이 흔들릴 수 있었다. 또한 막강한 군대와 장수들과 관리들을 거느린 이세민이 아버지의 명령이라고 권력을 내려놓을 것도 아니었고 말이다. 반면, 끝까지 권력을 쥐고 있었던 당 태종 이세민은 문제가 있던 큰아들 이승건을 내치고 막내 이치를 후계자로 삼을 수 있었다.

　늙은 황제나 퇴임을 앞둔 학과장이 신하와 후배 교수들로부터 존경받지 못하는 경우를 보면 그게 비단 신하나 후배 교수만의 문제가 아니다. 거기에는 늙은 황제나 학과장이 이미 힘을 잃었다는 엄연한 사실이 존재한다. 자신이 계속 힘을 유지한다면 신하나 후배 교수들로부터 존중을 받는 것이고 반면 힘을 잃으면 무시당하는 것이다. 그럼에도 신하나 후배들 인성 탓만 하고 있다면, 답이 없다.

　자신이 직접 선택해 후계자를 정하고 싶다면 미리미리 실력과 힘을 길러 막강한 권한을 유지해야 하는 것이고, 그런 실력과 힘을 유지하는 것에 실패하면 대세를 따라 가장 힘 있는 후계자에게 자리를 내주어야 한다. 결국 '후계자 문제'란 조직의 미래를 걱정해서라기보다 계속 대접받으며 살고 싶은 이전 권력자의 욕심에서 비롯하는 것이기 때문이다.

　후계자 결정과 관련해 청나라에 매우 흥미로운 방식이 있었다. 청나라는 황제가 사망하기 직전까지 후계자를 발표하지 않고 있다가 죽기 직전에 지명하는 것이 전통이었다. 특히 황제의 갑작스러운 죽음에 대비해 황제의 집무실 뒤편 액자에 황제가 직접 후계자를 적은 쪽지를 숨겨놓고 만일 갑자기 죽는 경우 열어보도록 했다고 한다. 어쩌면 바로 이 방법이야말로 왕자들을 마지막까지 경쟁시키고, 황제는 황제대로 마지막까지 권력을 유지하게 하는 효율적인 시스템이 아니었을까 싶기도 하다.

'정관의 치'를 펼친
당 태종 이세민의 인사 정책

:

후계자 문제를 제외하면 당 태종 이세민의 정치는 정말로 훌륭했던 듯하다. 당 태종 이세민에 관해 이야기하면서 '정관의 치'라고까지 불리는 정치를 그가 어떻게 해냈는지를 잠시 소개하지 않을 수 없다.

우선, 이세민은 수나라 때 2,581명이었던 중앙정부 관리를 643명으로 대폭 감축했다. 당 태종 이세민의 철학은 무능한 관리는 오히려 방해만 되므로 조금이라도 무능력함을 보이면 언제든 내보내고 최정예의 유능한 인재들만 남겨, 한 사람에게 두세 사람의 임무를 맡기는 것이 효율적이라는 것이었다. 그리고 자신의 침실에 중요 관료들의 이름을 모두 적고 옆에 그들의 공과 과를 적어두면서 어떻게 하면 일을 더 잘 시킬 수 있을지 생각했다고 한다. 지방에 파견한 관료들에 대한 파악도 꼼꼼히 했는데, 중국 지도를 걸어놓고 각 지방에 파견한 관료들의 이름과 그들이 한 일을 옆에 적어두었다고 한다. 이렇게 관료들의 업무 수행을 잘 따져 잘못이 있으면 혼내고 잘한 일은 칭찬했다. 이는 그가 수나라의 멸망 이유 중 하나가 황제가 주변 관료들의 눈치를 보며 그들이 잘못한 경우에도 질책을 하지 않아 백성들의 마음이 떠난 탓이라 판단했기 때문이다.

이런 정치력 덕분인지, 당 태종 치하에서는 중국 역사에 길이 남을 유명 재상이 계속 배출되었다. 그중에는 당 태종 이세민과 함께 매일 밤늦게까지 일하다가 과로로 사망한 경우도 많았던 듯하다. 하지만 이런 관료들은 자신들이 좋은 정책을 제시하면, 태종이 언제라도 듣고 옳다고 판단하면 즉시 시행해주었기에 피로도 잊고 신이 나서 일하는 분위기였다고 한다.

능력 위주의 관리 채용을 기본 원칙으로 삼았지만, 당 태종 이세민은 나이와 경력에 따른 상하관계가 조직에서 중요하다는 점도 잊지 않은 것 같다. 젊고 새로운 인재가 나이 든 상관에 비해 능력이 출중하다고 판단되는 경우라도 그를 상관보다 높은 계급으로 승진시키지는 않았다고 하니 말이다. 다만 능력이 뛰어난 신인에게 상관보다 더 넓은 땅과 높은 급여를 주는 방법으로 포상했다고 한다.

아들 이치에게 황제의 자리를 물려주기 전, 당 태종 이세민은 요직에 있던 관리들을 지방의 한직으로 보낸다. 그러고는 이치에게 나중에 황제가 되면 이들을 다시 불러들여 일을 시키라고 말했다. 그래야 이들 관료들이 새 황제 이치에게 감사하는 마음을 품게 될 것이기 때문이다. 실로 세세한 것까지 생각하고 또 생각한 군주였던 것이다.

당 태종 이세민은 "한 고조 유방과 달리 나는 공신들을 죽이지 않겠다"라고 말했다고 한다. 제국을 창업한 역대 황제들은 수많은 개국 공신을 처리하는 방법이 대개 두 가지였다. 하나는 유방이 한신을 제거한 것처럼 공신들 대부분을 제거하는 방법이다. 유방도 그랬고, 후에 명나라를 세운 주원장도 공신들을 모두 제거한 것으로 알려져 있다. 또 하나는 공신들에게 금은보화를 후하게 주고 은퇴를 시키는 방법인데 후한 광무제(光武帝)가 대표적이다. 공신들의 공에 대해서는 역사에 기록해주는 한편 화려하고 편안한 삶을 보장해주었지만 절대로 정부에서 권력을 휘두르지는 못하게 한 것이다.

그렇다면 공신을 죽이지도 은퇴시키지도 않고 정사에 계속 참여시켜 일하도록 한 당 태종 이세민은 독보적 존재다. 분명 당 태종 이세민의 능력과 카리스마가 공신들을 압도했을 것이다. 그래선지 그 흔한 공신들 간의 다툼도 거의 없었다. 당 태종이 즉위하고 개국 공신 24명을 지정하여 큰 상을 내렸는데 그중 처벌받은 사람은 단 두 명이었다. 이 둘은 세운 공에 비해 포상이 부족하다든지 하는 이유로 불만을 품고 당 태종에게 반항했는데, 24명 중 두 명이라면 정말 작은 숫자라고 생각한다.

그런데 다른 한편으로 당 태종의 이 방법도 큰 문제를 내포한 것이긴 하다. 신하의 힘이 강하면 황제의 힘이 약해지기 때문이다. 즉 강력한 공신들을 그대로 쓴 탓에 당 태종은 자신의 후계자를 마음 약하고 성품 착한 이치로 결정하게 되었다. 유방이나 주원장이 공신들을 죽인 것은 후계자의 왕권을 보장해주려는 의도였다. 태종 이방원도 그런 의미에서 처남들까지 포함해 공신들을 처단한 후 아들 세종에게 자리를 물려준 것이다. 하지만 공신들을 껴안고 가고자 했던 당 태종 이세민의 계획은 결국 후계자를 약하고 착한 왕자로 임명하게 되는 부작용을 낳았고, 그 결과 먼 훗날 아들이 아닌 며느리 측천무후가 황제에 등극하는 기이한 상황이 펼쳐지게 되었다.

사실 당 고조 이연이 능력이 출중한 둘째 아들 이세민이 아닌, 첫째 이건성을 태자로 임명한 것도 이연의 측근들, 즉 나이 든 관리들의 조언 때문이 아닐까 짐작된다. 조선을 건국한 태조 이성계의 일등 참모였던 정도전 또한 능력 있고 성품이 강한 이방원보다는 어리고 착한 이방석을 왕으로 앉히고 자기가 권력을 이어나가고 싶었을지도 모른다.

제국의 후계자 문제에 있어서는 황제는 황제대로, 왕자들은 왕자들대로, 신하들은 신하들대로 목숨 건 계산을 하면서 행동한다. 그리고 많은 경우 어느 누구의 계산과도 다른 결과가 도출된다는 것이 역사의 아이러니다. 이렇게 생각하면 후계자 문제는 모범 답안이 있는 것이 아니라 여러 상황을 고려해 적합한 방식을 택해야 하는 것으로 보인다. 만일 아들이 세종대왕과 같은 인재라면 공신들을 모두 물러나게 하고 아들이 마음껏 새로운 정치를 펼치도록 여건을 만들어주는 것이 좋다. 반면, 아들이 연산군같이 횡포하며 제왕으로서 자질이 부족하다면 그나마 능력 있는 공신들을 살려두어 왕을 보좌하도록 하는 편이 나을 것이다.

　대학에서 교수로 일하고 있어서 그런지 나는 곧잘 이런 질문을 받는다. "우리 아이를 특목고에 보내는 게 좋을까요? 아니면 일반 고등학교에 보내는 게 좋을까요?" 이때 나는 이렇게 되묻는다. "자녀의 성격이 어떤가요?" 특목고에 가서 잘할 학생이 있고, 일반 고등학교 가서 더 잘할 학생이 있으니 모두에게 같은 답을 줄 수는 없어서다. 마찬가지로, 만약 지금 후계자 문제가 고민이라면 우선 후계자 후보들의 성품을 파악하는 데서 시작하는 것이 정답이다.

"
강자가 약자에게
패배하는 까닭은?
"

제
5
장

'팀에서의 도덕적 해이'
이론을 통해 본
삼국통일의 비결

현대는 경쟁 사회이다. 개인이든 조직이든 경쟁을 해야 하고 거기서 이기지 않으면 뒤처지고 도태된다. 그런데 경쟁이라는 것은 실상 내 바로 앞사람조차 따라잡기가 쉽지 않다. 왜냐면 그 역시 뒷사람에게 잡히지 않으려고 필사적으로 뛰고 있기 때문이다. 경쟁의 목표는 남보다 앞서가는 것인데, 오늘날과 같은 극도의 경쟁 사회에서는 아무리 달려도 순서가 바뀌지 않는 경우가 많다.

그러나 100년 전 기업들의 순위를 다시 확인해보면 충격을 받게 된다. 내가 아는 이름의 기업들이 보이지 않기 때문이다. 100년 전 내 할아버지에게는 너무도 익숙한 기업들이 지금은 거의 사라지고 남아 있지 않다는 이야기다. 경쟁이 워낙 치열해 그 순위가 바뀌지 않는 것 같아도, 오랜 시간을 두고 보면 바뀌지 않는 순위란 없음을 깨닫게 된다. 기업에서도 입사활 때는 간신히 합격한 사람이 나중에 보니 동기들을 모두 제치고 가장 먼저 임원이 되는 경우가 있다.

지금으로부터 1,500년 전 한반도는 고구려, 백제, 신라가 공존하며 경쟁하는 삼국시대였다. 그중 고구려가 압도적인 선두주자였고 신라가 가장 약한 나라였다. 하지만 모두가 알고 있듯 삼국을 통일한 것은 고구려도 백제도 아닌, 꼴찌 신라였다. 고구려와 백제는 어쩌다가 신라에 역전을 당한 것일까. 그 시대의 이야기가 경쟁 사회를 사는 오늘날의 우리에게 전하는 메시지는 무엇일까.

삼국통일 이전,
김춘추의 세 번의 외교 실패
:

잘 알다시피, 신라는 당나라와 연합하여 660년 백제를 멸망시키고 668년 고구려 평양성을 함락한 뒤 동맹이던 당나라와도 전투를 벌여 한반도의 중부와 남부를 차지하고 통일신라시대를 열었다.

당연한 이야기이지만, 이런 삼국통일은 갑자기 일어난 일이 아니다. 고구려, 백제, 신라에서 20년 넘는 기간 동안 내부적으로 많은 사건이 발생했을 뿐 아니라 중국에서도 수나라가 멸망하고 당나라가 들어서는 등 큰 변화가 있었다. 이런 점에서 삼국통일 이야기는 백제와 고구려가 멸망하기 약 20년 전인 641년, 즉 백제에서 무왕이 사망하고 그의 아들 의자왕이 왕위에 오르는 순간부터 시작된다고 볼 수 있다.

의자왕은 즉위하자마자 친인척과 고위 관료들을 숙청하고 권력을 독점했다. 이 과정에서 백제 지배층의 반발이 강했을 것이다. 이런 내부 반발을 이겨내는 데 가장 많이 사용되는 방법이 군사작전이다. 의자왕 역시 즉위 다음 해인 642년부터 이웃 신라의 여러 성을 공격해 큰 성과를 올린다. 그중 가장 큰 성과가 642년 대야성(大耶城) 함락이다. 백제의 위협으로부터 신라를 방어하는 요충지였던 이곳은 원래 가야연맹의 맹주 대가야가 위치한 지역이었다가 신라에 멸망당한 곳이다. 대야성이라는 이름도 어딘가 '대가야'를 연상시킨다. 신라에 흡수된 가야는 이전까지 백제의 공격을 막는 중요한 역할을 했는데, 대야성이 함락됨으로써 가야 지방의 큰 영토가 백제의 것이 되었으며, 이는 백제의 군사들이 신라의 수도 경주와 아주 가까운 곳에 주둔하게 되었다는 의미다.

대야성의 마지막 성주는 김품석(金品釋)이라는 인물로, 훗날 신라의 무열왕(武烈王)이 되는 김춘추(金春秋)의 사위다. 주지하는 바와 같이, 신라의 왕족은 본래 수도 경주가 본관으로 경주 김씨(慶州 金氏)이다. 반면 가야의 왕족은, 역시나 김씨이기는 했으나 본관은 경상남도 김해인 김해 김씨(金海 金氏)이다. 가야가 멸망하면서 신라의 경주 김씨들이 가야의 왕족 김해 김씨도 신라의 왕족으로 편입해주었는데, 이때 편입된 김해 김씨의 대표적 인물이 바로 김유신(金庾信) 장군이다. 한편, 태종 무열왕이 되는 김춘추는 신라 왕족으로서 경주 김씨였다.

대야성주 김품석은 김해 김씨였다고 하니 마찬가지로 김해 김씨였던 김유신이 자신과 절친한 사이였던 김춘추에게 소개해 그의 사위가 된 것 아니었을까 짐작이 된다. 잠시 후 이야기하겠지만, 김춘추의 아내가 김유신의 동생인 문희(文姬)이므로 김품석은 김유신과도 인척 관계가 되는 셈이다. 이런 배경에서 보자면 대야성주 김품석은 김춘추와 김유신의 우정을 상징하는 인물이며, 누가 봐도 이 두 사람의 추천으로 대야성의 성주라는 막중한 임무를 맡게 되지 않았나 싶다.

그런데 김품석은 문제가 많은 사람이었다. 역사 기록에 자신의 부하 검일(黔日)의 아름다운 아내를 빼앗았다고 나온다. 아무리 부하라 해도 그의 아내를 빼앗는 것은 도리가 아니니, 검일의 분노는 능히 짐작이 가능하다. 이때 새로 즉위하여 자신의 힘을 과시하고 싶었던 백제의 의자왕이 대야성을 공격했던 것이고, 때마침 마음속에 원한을 품고 있던 검일이 백제군과 내통하여 성내에 불을 지르면서 대야성이 함락되었다. 그런데 이와중에 일부 신라 장군은 마지막까지 싸우다가 장렬히 전사했지만 김품석은 백제군에 항복하여 목숨을 구걸하다가 잡혀 처형되었다고 하니 성주의 자질을 갖추지 못한 인물이었던 듯하다.

대야성이 함락되자 김춘추는 너무도 큰 충격을 받아 하루 종일 눈을 뜨고 있으면서도 지나가는 사람을 식별하지 못했다고 한다. 눈을 떴는데도 앞이 보이지 않았다는 말인데, 아마도 그것은 슬픔보다는 극심한 공포감을 느꼈기 때문이 아닐까 싶다. 자신이 추천해 중요한 임무를 맡긴 사위의 실수로 군사적 요충지인 대야성을 잃었으니 그 책임을 스스로에게 물어야 할 것이기 때문이다.

그런데 642년에는 대야성 함락보다 더 큰 사건이 고구려에서 일어났다. 연개소문(淵蓋蘇文)이 평양성에서 왕과 고위 관료들을 모두 죽이고 쿠데타를 일으킨 것이다. 바로 이때 김춘추가 사신이 되어 고구려로 달려간다. 백제의 공격으로 절체절명의 위기감을 느낀 김춘추는 연개소문에게 백제가 더는 신라를 공격하지 않게 설득해달라고 청한다. 연개소문은 그렇게 해주겠다면서 대신 신라가 고구려로부터 빼앗은 한강 유역을 돌려달라고 요구한다. 즉, 신라 진흥왕(眞興王)이 백제의 성왕(聖王)과 힘을 합해 고구려로부터 한강 유역을 빼앗았는데 그것을 되찾고자 했던 것이다. 서울 북한산 정상에 진흥왕순수비가 있는 것은 이런 연유다. 이 진흥왕은 김춘추의 증조할아버지였고, 김춘추가 연개소문을 찾아갔을 당시 한강 유역은 아직 신라가 점령하고 있었다.

고구려를 자기 손에 넣기는 했으나 이제 막 쿠데타를 일으킨 탓에 반대 세력이 많았던 연개소문의 입장에서는 한강 유역을 빼앗아간 신라를 조건도 없이 구해줄 이유가 없었다. 그저 다급한 마음에 김춘추가 앞뒤 상황 파악도 안 하고 연개소문을 찾아갔을 뿐이다. 김춘추는 한강 유역을 돌려달라는 연개소문의 요구를 도저히 들어줄 수 없었고, 오히려 연개소문에 의해 인질로 잡혔다. 그때 김춘추에게 조언을 해준 고구려 사람이 있었으니, 보장왕(寶藏王)의 신하 선도해(先道解)라는 자였다. 그가 '토끼의 간' 이야기를 이용해보라고 귀띔해준 것이다. 거북이에게 속아 용왕 앞에 잡혀간 토끼가 용왕 딸의 병을 치료하는 특효약이라는 이유로 간을 빼앗기고 죽게 생겼는데, 꾀를 내어 자신이 간을 육지에 놓고 왔다고 말해 용왕을 속이고 도망칠 수 있었다는 그 이야기다. 이 이야기에서 힌트를 얻은 김춘추는 연개소문에게 자기가 왕이 아니라 한강 유역에 대한 결정권이 없으나 신라로 돌려보내주면 선덕여왕에게 청해 반드시 고구려에 한강 유역을 돌려주겠다고 거짓으로 약속하여 목숨을 부지할 수 있었다.

쿠데타로 정권을 잡은 식후인지라 연개소문은 외교적 상황을 잘 파악하지 못해 신라 사신 김춘추를 가두는 실수를 한 것으로 보인다. 단순한 외교적 실수였을지 모르나 결과는 치명적이었다. 연개소문의 이 행동은 향후 김춘추와 신라의 생각을 크게 바꾸었고, 사실상 고구려가 당에 멸망하는 중요한 원인으로 작용했기 때문이다.

그 후 연개소문은 백제와의 관계를 더 중시하는 방향으로 외교를 했다. 사실 백제와 신라는 자력으로는 고구려에 어떤 위협도 줄 수 없는 작은 국가였다. 하지만 북쪽에서 당나라가 고구려를 침략할 때 남쪽에서 백제나 신라가 고구려를 동시에 공격한다면 이야기는 달라진다. 제아무리 강한 고구려라 해도 위기를 맞을 수 있는 것이다. 따라서 남쪽의 백제와 신라가 당나라와 손을 잡고 고구려를 공격하지 못하도록 하는 것이 고구려에는 중요한 외교 과제였다.

연개소문도 이 점을 잘 인식했고, 그래서 백제와 좋은 관계를 맺었던 것이다. 다만, 그는 신라를 버리고 백제를 택하는 전략을 짰다. 설사 신라가 당나라와 손을 잡고 고구려를 공격하더라도 그때 백제가 신라를 막아주면 신라는 백제군에 대항하느라 고구려를 공격할 수 없으리라는 계산이었다. 실제로 당 태종 이세민이 고구려의 안시성을 공격할 때, 신라는 당 태종과 연락해 고구려를 공격하려 했지만 백제가 신라를 공격한 탓에 당 태종을 돕지 못했으니 연개소문의 전략이 틀린 것은 아니었다.

어쨌든 첫 번째 외교 방문이었던 고구려에서 죽을 고비를 넘긴 김춘추는 그다음에는 일본으로 건너가 자꾸 신라를 침입하는 백제를 일본이 도와주고 있는데 더 이상은 돕지 말아 달라고 간청한다. 또 고구려에서의 경험으로 배운 바가 있었던 김춘추는 일본에 한 가지 제안을 한다. 일본이 만약 백제를 지원하지 않고 신라 편을 들어주면 일본 사람들이 당나라를 방문해 선진 문물을 배울 수 있도록 돕겠다고 한 것이다. 당시 당나라는 복종하지 않는 고구려와 대립 중이었고, 백제와 일본은 고구려와 동맹 또는 협력 관계였기에 일본 사람들이 당나라에 들어가기란 매우 어려웠던 모양이다. 그렇지만 김춘추의 제안에 이끌리면서도 백제와의 동맹 관계를 깨기가 힘들었던 일본은 거절을 했다고 한다.

고구려와 일본을 상대로 한 외교 협상에 모두 실패한 김춘추는 결국 당나라로 달려간다. 당시 당나라의 황제는 우리가 바로 앞 장에서 다룬 인물인 당 태종 이세민이었다. 이미 고구려 정벌 계획을 세우고 전쟁을 준비하고 있던 이세민 앞에 신라의 김춘추가 나타나서는 "당군이 고구려를 침략할 때 신라가 돕겠으니 백제가 신라를 침입하지 못하도록 도와달라"라고 말한 것이다. 아마도 백전백승을 거둔 명장 이세민의 입장에서 고구려 정벌에 작디작은 나라 신라의 힘까지 빌릴 필요는 없다고 생각했던 듯하다. 왜냐면 당나라의 깃발을 줄 테니 성에다 걸어두고 백제가 당나라 군대가 온 줄 알고 쳐들어오지 않게 해보라든지 신라의 왕이 여자라 주변 국가들이 얕잡아 보는 것이니 당나라 사람을 대신 왕으로 섬겨보라는 식의 모욕적 제안을 했다고 하니까 말이다. 한마디로 신라의 도움 따위는 필요 없다는 태도를 보이며 김춘추를 돌려보낸다. 고구려, 일본, 당나라 세 나라를 직접 찾아가 도움을 청한 김춘추의 간절한 외교 노력은 이렇듯 처절하게 실패했다.

김춘추와 이세민의 계책과
백제 · 고구려의 멸망

:

당나라를 찾은 김춘추의 청을 거절한 지 2년이 지났을 때인 645년 당 태종 이세민이 마침내 고구려로 쳐들어간다. 당시 요동성(遼東城) 등 만주의 고구려 성들을 놓아두고 곧바로 평양을 공격했다가 실패했던 수 양제를 거울삼아 당 태종 이세민은 일단 만주 벌판의 고구려 성들을 모두 함락한 다음에 평양성을 공격하기로 작전을 세운다. 역시나 백전백승의 명장답게 이세민은 수 양제가 한 번도 함락시키지 못한 요동성을 차지하고 이웃한 백암성(白巖城), 개모성(蓋牟城)도 무너뜨렸을 뿐 아니라 만주 벌판의 고구려 성들을 구원하기 위해 평양에서 연개소문이 급파한 기마부대와도 싸워 승리했다. 수 양제의 오합지졸과는 확실히 다른 당나라의 정예병이었기에 가능했을 것이다. 하지만 문제는 안시성이었다. 당나라 군이 한 달 이상을 공격했지만 오히려 큰 피해만 입고 성을 함락시킬 가능성조차 찾지 못했다. 그 와중에 겨울이 다가오자 당 태종 이세민은 고구려 정벌의 실패를 인정하고 군대를 돌렸다. 명장 이세민의 유일한 패배였다.

안시성 전투로 고구려와의 싸움에서 큰 패배를 경험한 당 태종 이세민의 마음에 변화가 일어났고, 지금까지 무시했던 신라의 제안을 다시 생각하게 되었다. 그리고 안시성 전투 패배 3년 후인 648년 김춘추가 다시 당나라를 방문한다. 당 태종 이세민이 고구려 정벌을 나섰을 때 항상 문제가 되는 것이 식량과 물자의 보급이었다. 중국에서 고구려까지 식량과 전쟁 물자를 싣고 가기에는 거리가 너무 멀고, 또 고구려의 기마부대가 곳곳에서 습격을 해서 보급에 큰 차질이 빚어졌기 때문이다. 만약 고구려에서 가까운 신라로부터 식량과 물자를 보급받는다면 이 문제를 해결할 수 있다는 인식이 있었기에, 이번에는 당나라에서도 김춘추를 환대했다. 특히 추운 겨울이 오기 전인 짧은 여름 동안 고구려 정벌을 끝내는 것은 불가능하기에 당나라 군대가 고구려 지역에서 겨울을 최소한 한 번 나면서 고구려를 공격해야 하는데 이 기간 동안 신라에서 식량을 보급받기로 김춘추와 협약을 맺었다.

김춘추와 이세민은 신라가 당나라 군대에 물자를 보급할 때마다 신라로 쳐들어와 이 일을 방해하는 백제를 먼저 멸망시킬 필요가 있다는 데 합의를 본다. 즉, 백제를 먼저 멸망시키고 그다음에 고구려를 공격한다는 작전의 큰 틀을 648년에 당 태종과 김춘추가 함께 짠 것이다. 그런데 이 작전을 실행에 옮기는 것은 그로부터 무려 12년이나 지났을 때인 660년이다. 어째서 이렇게 오랜 시간이 걸린 것일까?

그 이유는 두 사람이 합의한 바로 다음 해인 649년에 당 태종 이세민이 병으로 사망했기 때문이다. 당 태종의 아들 이치가 당 고종이 되어 정국을 안정시키고 난 연후에야 고구려 정벌 준비를 마칠 수 있었을 것이다. 그사이 김춘추는 신라의 제29대 왕으로 즉위한다.

어쨌든 12년 후인 660년 당 고종이 부하 소정방(蘇定方)을 사령관으로 내세워 백제를 공격했고, 이제는 신라의 왕이 된 태종 무열왕 김춘추가 김유신에게 군대를 주어 백제를 같이 공격했다. 우리가 잘 아는 대로, 계백 장군의 결사대와 벌인 황산벌 전투에서 김유신 장군이 고전을 했지만 결국 승리하여 백제 사비성이 함락되고 의자왕이 항복하게 된다. 의자왕은 당나라와 신라의 연합군이 쳐들어오자 수도 사비성을 버리고 바로 피란을 떠났고, 나중에 전투도 하지 않고 당나라에 투항해 포로가 되었다.

무열왕 김춘추는 백제 멸망을 목격한 이듬해인 661년 사망하고, 왕위는 무열왕의 아들인 문무왕(文武王)에게 넘어간다. 아버지의 뒤를 이어 문무왕은 외삼촌 김유신 장군과 협력하여 고구려 정벌을 준비한다.

그사이 고구려에서는 큰 사건이 벌어지는데 665년 강력한 지도자 연개소문이 사망한 것이다. 연개소문에게는 아들이 셋 있었는데 큰아들부터 연남생(淵男生), 연남건(淵男建), 연남산(淵男産)이다. 전하는 바에 따르면 연개소문은 한 아들에게 권력을 물려준 것이 아니고 세 아들이 잘 협력해 고구려를 이끌어가라고 당부했다고 한다. 그러나 안타깝게도 세 아들의 사이가 틀어져 맏형 남생이 잠시 지방으로 순시를 떠났을 때 동생 남건과 남산이 평양성을 차지하고 형인 남생을 평양성으로 들어오지 못하게 했다. 그러자 동생들의 행동에 화가 난 남생이 그 길로 당나라로 달려가 고구려를 멸망시키고 자기 동생들 또한 죽여달라고 했다.

고구려의 군사 정보를 모두 가지고 있던 남생이 당나라 군대의 선봉이 되었으니 고구려는 당연히 전세에서 크게 불리했다. 신라의 김유신 장군이 겨울 추위를 무릅쓰고 평양성까지 군량을 실어 나른 덕분에 평양성 밖에서 당나라 군사들이 겨울을 날 수 있었다는 것도 고구려에는 불리했다. 648년 당 태종 이세민과 무열왕 김춘추가 합의했던 작전이 드디어 빛을 본 셈이다. 신라의 원조로 겨울이 와도 중국으로 돌아갈 필요 없이 전투를 이어가게 된 당나라 군대는 결국 평양성을 함락해 고구려는 멸망한다. 이것이 668년의 일이다.

김춘추에게는 있었고
연개소문과 의자왕에게는 없었던 것

:

백제와 고구려는 어째서 멸망했는가? 결정적 이유는 중국이 당나라라는 군사력이 막강한 나라에 의해 통일되었다는 데 있다. 중국이 여러 나라로 갈라져 싸우던 시기였다면 중국 대륙 안에서 서로 싸우느라 바빠 고구려, 백제, 신라에 신경 쓸 틈이 없었을 것이다. 실제로 중국이 하나의 나라로 통일되기만 하면 거의 예외 없이 한반도로 공격해 들어왔다. 위진남북조시대 여러 나라로 갈라져 싸우던 중국이 수나라로 통일되던 순간 고구려·백제·신라는 긴장을 해야 했다. 아니나 다를까, 수 양제가 백만 대군을 거느리고 고구려를 침공했지만 고구려는 을지문덕 장군을 중심으로 똘똘 뭉쳐 수 양제를 물리친다. 수나라가 망하고 곧바로 다시 들어선 통일국가가 당나라다.

고구려와 백제는 당나라를 수나라와 다를 게 없는 나라라고 생각했을지도 모른다. 백제는 수 양제가 고구려를 침공할 때만 해도 수나라를 편들 것같이 행동했으나 고구려가 끄떡없이 수나라를 물리치는 것을 보고 고구려 편을 들기로 결심한 듯하다. 고구려가 중국 세력을 확실히 막아줄 테니 그러는 사이에 백제 자신은 신라를 공격해 신라가 고구려를 침공하지 못하게 만들겠다는 전략이었다. 고구려 또한 수나라와 싸워보니 백제가 신라만 막아주면 당나라는 고구려가 맡을 수 있으리라 믿었을 터이다.

세 나라는 이렇게 각자의 이익에 따라 외교 전략을 모색했다. 그리고 사실 이러한, 연맹에 의한 방어 전략이 결코 틀렸다고는 할 수 없다. 그렇지만 고구려의 연개소문과 백제의 의자왕이 미처 몰랐던 것이 있다. 당나라는 수나라보다 군사력이 훨씬 강했다는 사실, 그리고 당 태종 이세민과 신라의 김춘추 모두 탁월한 지도자라는 사실이었다.

왕자로 태어나 사실 전투 경험이 없었던 수 양제와 달리 당 태종 이세민은 스스로 군대를 이끌고 중국 전역을 누비며 백전백승을 거둔 명장이었다. 비록 안시성 전투에서는 패배했지만, 수 양제는 꿈도 꾸지 못하던 요동성과 백암성 등 고구려의 철옹성을 모두 함락할 정도로 용맹한 장수였다.

김춘추 역시 또 다른 의미에서 대단한 사람이었다. 삼국통일 과정에서 김춘추가 벌인 외교 활동은 매우 인상적이다. 김춘추가 외교를 잘해서가 아니다. 이미 앞에서 말했듯이 김춘추는 백제가 대야성을 함락해 신라가 위태로워지자 고구려, 일본, 당나라를 일일이 찾아갔으나 성과를 내지 못했다. 그렇지만 김춘추에게는 연개소문이나 의자왕과 차별되는 점이 있었다. 장차 왕이 될 사람이 이처럼 목숨 걸고 머나먼 타국을 정신없이 쫓아다녔다는 사실이다. 지금처럼 교통이 발달한 때도 아니니 집을 떠나는 그 순간부터 고생이 이만저만 아니었을 텐데도 차기 왕권의 유력 후보인 고위 왕족이 불평 한마디 없이 해외를 다닌 것이다. 당나라와 일본은 작은 배를 타고 갔을 테니 선박 기술이 발전하지 못하고 일기예보도 없었을 그 시절에 태풍이라도 만나면 바로 죽을 수도 있다는 각오로 떠났으리라.

왕위 계승 1순위였던 김춘추가 어째서 목숨까지 걸고 성과도 불분명한 외교 행보를 했던 것인가? 우선 김춘추는 신라의 영토를 넓힌 장본인인 진흥왕의 증손자로서 자랑스러운 핏줄이었다. 더욱이 성골, 진골이라는 이름으로 왕족을 다시 구별하는 신라의 신분 체계에서 가장 높은 지위였다. 하지만 김춘추에게는 아픈 기억이 있었다. 진흥왕의 아들이자 김춘추의 할아버지인 진지왕(眞智王)이 즉위한 지 4년 만에 왕위에서 쫓겨난 일이었다.

진지왕이 어째서 4년 만에 왕위에서 쫓겨나게 되었는지는 기록이 남아 있지 않다. 진지왕은 원래 진흥왕의 둘째 아들이었는데 형이 일찍 죽어 대신 왕위에 올랐다. 그런데 죽은 형에게는 어린 자식이 있었고 진지왕이 왕위에 오른 지 4년 되던 해 진지왕이 왕위에서 내려오고 형의 아들이 진평왕(眞平王)이라는 이름으로 왕위에 오른다.

짐작하건대 당시 신라는 귀족 세력의 힘이 강해 아무리 왕이라 하더라도 귀족들의 협의체인 화백회의에서 지지를 받아야 국정을 처리할 수 있었다. 김춘추의 할아버지인 진지왕이 생전에 왕위를 포기했다는 것은 화백회의에서 귀족들이 진지왕을 탄핵했을 가능성을 시사한다. 진지왕이 어떤 사람이고 어떤 정책을 추진했는지는 모르지만, 귀족들이 진지왕보다는 어린 진평왕을 세우는 것이 낫다고 판단했을 것이다.

진평왕은 슬하에 딸만 두어 선덕여왕이 왕위를 잇는다. 선덕여왕 사후에는 진평왕의 동생 김국반의 딸 진덕여왕이 왕위에 오른다 선덕여왕과 마찬가지로 진덕여왕도 후손이 없었던 관계로 선덕여왕의 자매인 천명공주의 아들 김춘추가 왕위를 물려받아 무열왕이 된 것이고 말이다.

그런데 귀족들 입장에서 김춘추는 눈엣가시였을 것이다. 왜냐면 귀족들이 몰아낸 진지왕의 손자였기 때문이다. 김춘추가 혹시라도 왕이 되면 자신들에게 할아버지의 복수를 할지도 모르지 않는가? 바로 이런 배경에서 사위 김품석의 잘못으로 대야성이 함락되었으니 당시 김준추의 고민이 이만저만 아니었으리라는 점은 능히 짐작이 가능하다. 여왕 사후 왕위를 노리면서 차근차근 실력을 쌓아가고 있는데 자신을 미워하는 귀족들에게 정말 좋은 구실을 안겨주었으니 말이다. 김춘추는 뱃길에 태풍을 만나서 죽거나 연개소문의 손에 죽는 위험을 감수하고라도 사위 김품석의 실수를 만회할 방법을 찾아내야 했다. 그래서 그토록 간절하게 고구려와 당나라와 일본을 뛰어다녔던 것이다.

김춘추가 외교 활동을 펼치는 동안 신라에 남아 내부의 적을 감시하고 군사력을 키운 사람이 김유신이었다. 김춘추만큼이나 김유신도 '간절함'이 있었던 사람이다. 왕족은 왕족이되 신라에 의해 멸망한 가야의 왕족 출신이었기에 어떤 의미에서는 가짜 왕족이라는 치명적 약점이 있었다.

김유신의 아버지 김서현(金舒玄)이 결혼할 때 이런 차별의 눈길을 이미 겪은 바 있었다. 김유신의 모친 만명부인(萬明夫人)은 경주 김씨 집안으로서 신라의 전통 왕족 출신이었다. 그런데 이 만명부인이 김유신의 아버지 김서현과 사랑에 빠진 것이다. 역시나 만명부인의 집안에서는 가야 출신으로 1% 부족한 왕족인 김서현과의 결혼을 결사적으로 반대했다. 부모로서는 당연한 일일 수 있다. 그런데 만명부인의 성격이 꽤나 대단했는지, 부모 몰래 김서현과 도망을 갔고 임신한 뒤 나타났다고 한다. 이미 김서현의 아이까지 임신한 딸을 보고 만명부인의 부모는 어쩔 수 없이 둘의 결혼을 허락했다 하니 이런 이야기를 듣고 자란 김유신 또한 한끝 모자란 왕족이라는 열등의식 콤플렉스가 있었을 것이다.

김유신 집안의 출신 문제는 김유신의 여동생 문희가 김춘추와의 결혼에 이르는 과정에서도 다시 유명한 일화를 만들게 된다. 김춘추가 김유신의 응원하에 김유신의 여동생 문희와 사귀게 되었지만 아마도 가야 왕족 출신이라는 신분상의 문제로 결혼을 주저했던 모양이다. 그러자 어느 날 김유신은 선덕여왕이 잘 볼 수 있는 곳에 장작을 쌓아 그 위에 동생 문희를 세워놓고는 불을 지른다. 아마 결혼도 하지 않고 남자를 사귀어 가문의 명예를 실추시켰다는 명목이었을 것이다. 갑자기 높이 쌓은 장작에서 연기가 피어오르자 선덕여왕이 무슨 일인지 알아보게 되었고 결국 선덕여왕이 출신을 따지지 말고 문희와 결혼하라고 김춘추에게 명령을 내렸다.

각자 약점을 안고 있던 탓에 김춘추와 김유신이 더 돈독히 맺어져 서로를 도왔던 게 아닐까 싶다. 분명한 것은 왕의 아들로 태어나 당연하다는 듯 후계자가 된 백제의 의자왕이나 쿠데타로 내부의 적을 모두 제거하고 권력을 거머쥔 고구려의 연개소문과 달리 신라의 지도자들에게는 절실함이 있었다는 것이다. 눈앞의 과업에 성공하지 못하면 자신과 가족의 목숨이 온전하지 못하리라는, 처절하기까지 한 절실함이었다.

그리고 신라에는 '절실함'에 있어서는 누구에게도 뒤지지 않을 또 한 사람이 있었다. 바로 선덕여왕이다. 신라 역사 최초로 여성이 왕이 되었고 이에 대해 국내외에서 조롱과 비판이 많았던 것으로 전한다. 선덕여왕 입장에서는 아군인 김춘추, 김유신과 연계하여 나라를 잘 운영하지 않으면 왕권이 흔들릴 수 있다는 또 다른 절실함이 있었으리라.

당시 중국은 당나라가 새로 들어섰고, 일본에서도 귀족으로 막강한 권력을 누리던 소가(蘇我) 가문을 나카노오에(中大兄) 황자가 제거하고 다시 천황이 권력을 쥐게 되는 다이카개신(大化改新)이 일어났는데, 바로 당 태종 이세민이 안시성에서 패배한 645년의 일이다. 그 조금 전 백제에서는 의자왕이 즉위하여 귀족들을 죽이거나 쫓아내며 왕권을 강화했고, 고구려에서는 연개소문의 쿠데타가 벌어졌다는 것은 이미 말한 바다. 한마디로 고구려, 백제, 신라, 일본, 당나라 5개국 모두 엄청난 변화가 일어나고 있던 시기다.

연개소문과 의자왕도 신하들의 보고를 통해서 이런 정세 변화에 대해 듣기는 했겠지만, 당 태종 이세민이나 일본의 나카노오에 황자 그리고 연개소문을 직접 만나본 김춘추에 비하면 상황 파악 능력이 현저히 부족했을 것이다. 결과적으로 신라는 국정의 최고 책임자가 직접 주변 국가들을 둘러보고 판단해서 외교 전략을 짤 수 있었던 셈이니 외국이라고는 한 번도 나가보지 않고 신하의 보고만으로 결정을 내린 연개소문이나 의자왕과는 정보의 양이나 정확성 측면에서 비교가 되지 않았을 것이다. 현대사회에서도 가장 효과적인 외교가 정상회담인데, 신라의 김춘추만 그런 정상회담을 가졌던 셈이다.

실제로 의자왕과 연개소문은 당나라가 해군력을 동원해 백제를 침공할 가능성을 전혀 예측하지 못했던 듯하다. 연개소문은 당나라가 북쪽에서 육군으로 침공할 것이라고만 생각했고, 의자왕은 고구려가 먼저 망하지 않는 한 백제는 절대로 당나라의 침공을 받지 않으리라 여겼을 터이다. 반면 김춘추는 당 태종 이세민을 직접 만나 백제를 먼저 공격해 멸망시켜야 고구려를 멸망시킬 수 있음을 이야기하고 결국 그를 설득하는 데 성공했다. 당 태종 이세민도 직접 군대를 이끌고 안시성까지 가본 사람인지라 그 패배의 경험과 김춘추의 주장을 종합적으로 고려한 결과 해군력을 이용해 백제를 먼저 멸망시키는 것이 묘수임을 깨달았을 것이다.

그렇다고 해서 당 태종과의 합의가 쉽지만은 않았다. 당 태종 이세민은 김춘추에게 어째서 신라인들은 당나라 옷을 입지 않고 신라는 왜 독자적 연호를 쓰느냐고 질책한다. 이에 김춘추는 바로 시정하겠다고 하여 당나라 복장으로 신라 관리들의 차림새를 모두 바꾸고 신라의 연호를 버리고 당나라 연호를 쓰기 시작한다. 어떤 의미에서는 비겁하다고 할 수 있는 이야기이지만, 당시 김춘추의 입장에서 생각해보면 당나라와 합의가 이뤄지지 않는 한 신라의 멸망은 시간문제라는 판단을 했을 것이다.

이렇듯 신라는 각각 치명적 약점과 이를 극복하기 위해 매 순간 절실함으로 무장했던 세 사람 곧 김춘추와 김유신과 선덕여왕이 있었기에 삼국 중 가장 약했는데도 불구하고 결국 삼국을 통일할 수 있었다.

'팀에서의 도덕적 해이'가 없어야 살아남는다

:

2016년 노벨 경제학상 수상자인 벵트 홀름스트룀(Bengt Holmström) 교수는 1982년 "팀에서의 도덕적 해이(Moral hazard in teams)"* 라는 논문

---

* Bengt Holmström (1982). "Moral hazard in teams". *The Bell Journal of Economics*. Vol. 13, No. 2, pp. 324–340.

을 발표했다. 경제학에서는 혼자서 수행할 수 없는 작업을 여러 명이 힘을 합해 할 때 남 모르게 꾀를 부리는 행위를 '도덕적 해이'라고 부르는데, 이런 도덕적 해이를 막을 방법에 대한 연구이다.

네 명의 작업자가 피아노를 배달하는 작업을 같이 한다고 해보자. 모두 피아노의 한쪽 끝을 들고 계단을 올라가거나 옆으로 세워 좁은 문을 통과하는 등 고난도 작업을 해야 피아노 운반이 가능하다. 그런데 이 상황에서 3번 작업자가 가끔 힘을 별로 쓰지 않는다고 해보자. 물론 3번 작업자는 항상 얼굴을 찌푸리고 힘든 표정을 지으며 최선을 다하는 모습을 보이지만 그건 그저 연기에 불과하고 다른 작업자들보다 힘을 덜 들일 때가 있다는 것이다.

이렇게 3번 작업자가 도덕적 해이를 보이면 다른 작업자들 셋은 3번 작업자의 몫까지 나눠서 감당해야 피아노를 운반할 수 있다. 그렇게 하더라도 작업의 속도는 더 늦어질 것이다. 네 명 모두가 동일한 노력을 쏟을 경우 보통 하루에 10개를 배달하는데 3번 작업자가 도덕적 해이에 빠지는 바람에 하루에 7개밖에 배달하지 못하는 상황이 벌어진다. 물론 작업자들은 누군가가 꾀를 부리고 힘을 덜 준다고 짐작은 하겠지만, 그것이 몇 번 작업자인지 알 수 없거나, 3번 작업자라고 짐작하더라도 증거가 없는 상황에 처할 수 있다. 문제는 이렇게 한 사람이 꾀를 부리기 시작하면 성실히 작업하던 1번, 2번, 4번 작업자도 화가 나서 꾀를 부리기 시작할 것이고 결국 이 팀은 하루에 피아노 1대만 배달하는 심각한 상황으로 치달을 수 있다는 것이다.

실제 조직 생활을 해본 독자라면 이런 문제가 결코 남의 일이 아니라는 것, 즉 우리 주변 어디서나 벌어지는 현상이라는 데 동의할 것이다. 조직에 따라서는 새로 들어온 의욕 넘치는 신입 직원이 열심히 일하면 선배가 조용히 따로 불러 쉬엄쉬엄하라고 주의를 주기도 한다. 내 경험을 잠깐 떠올리자면, 군대에서 나는 행정병이었는데 어느 날 고참이 신입 병사들을 모아놓고는 장교가 일을 시킨다고 다 하거나 너무 빨리하면 안 된다고 신신당부를 했다. 하루면 할 수 있는 일이라도 사흘이 필요하다고 보고하고는 여유를 부리던 선배 병사 입장에서 신입 병사들이 눈치 없이 하루 만에 그 일을 끝내버리면 곤란해지기 때문이었다.

능력이 다소 부족한 구성원들로 이루어진 조직이라도 전체 조직원이 최선을 다해 일하면, 구성원들이 모두 뛰어난 능력을 가졌으나 도덕적 해이가 일어난 조직을 앞지를 수 있다. 그렇기에 조직을 관리하는 리더에게 도덕적 해이를 최소화하는 것만큼 중요한 일은 없다.

벵트 홀름스트룀 교수가 이 논문에서 제시한 해답은 간단하다. 조직의 구성원들에게 한 명이라도 꾀를 부리면 조직이 망해 모든 구성원이 손해를 보게 된다는 점을 주지시키라는 것이다. 그래야만 팀에서의 도덕적 해이가 해결될 수 있다는 견해다.

그 방식의 하나로 이런 게 제시된다. 3번 작업자가 꾀를 부려 피아노 배달 작업이 지연될 때 그 원인이 3번 작업자라는 것을 밝혀내 처벌하면 문제를 해결할 수 있다. 그런데 현실에서 팀이나 조직으로 일할 때는 누가 꾀를 부리는지 알아내기가 쉽지 않고 알아내더라도 그것을 증명하여 처벌하기가 어렵다. 꾀를 부린 3번 작업자에게 열심히 하지 않는 것 같다며 주의를 준다 하더라도 그가 잘못을 인정하는 경우는 거의 없고 오히려

모함을 한다면서 펄펄 뛰는 경우가 많다.

이렇게 꾀를 부린 개인을 처벌하지 못한다면 성실히 일한 작업자까지 포함해 네 명의 작업자 전원을 처벌하는 방법을 쓸 수도 있다. 이는 아마 최후의 방법이 될 것이다. 즉, 피아노 배달 회사 사장은 네 명의 작업자 중 누가 꾀를 부린 것인지 알아내려 하지 않고 하루에 10개 미만으로 피아노를 운반하면 그날은 네 명 모두에게 급여를 지급하지 않는 방법을 쓸 수 있다. 한마디로 말해, 한 사람이라도 꾀를 부리면 단체 기합을 주는 방식이다. 그러면 3번 작업자는 자신이 꾀를 부린다는 것이 들킬 염려는 없지만 그와 상관없이 하루 일당을 못 받게 되므로 정신 차리고 최선을 다해 일할 것이다.

홀름스트룀 교수의 이런 처방을 이미 시행하고 있는 개체가 있으니 바로 인간의 유전자다. 《이기적 유전자》의 저자 리처드 도킨스(Richard Dawkins)는 어째서 부모가 자식에게 단 하나의 세포만 물려주게 되었는지를 다음과 같이 설명한다.

인간을 비롯한 동물은 여러 개의 유전자가 생존을 위해 모여 힘을 합친 결과물이라 할 수 있다. 즉, 아주 오래전 지구에서는 조그만 유전자 염색체들이 각자 생존을 위해 노력하며 살고 있었는데, 이들 간 생존경쟁이 심해지자 생존 확률을 높이기 위한 새로운 시도가 나타난다. 바로 여러 개의 유전자 염색체가 힘을 합해 다른 유전자들과 생존경쟁을 하는 방식이다. 인간의 몸에는 아버지에게서 받은 23개의 염색체와 어머니에게서 받은 23개의 염색체를 합한 46개의 염색체가 있다고 하니 최소 46개의 유전자 염색체가 동맹을 맺어 공동전선을 만든 것이다. 그리고 공동전선을 만들어 싸우는 가장 효과적인 방법은 인간과 같은 거대한 꼭두각시 로봇을 제작해 이 로봇이 자신이 유전자 염색체의 꼭두각시라는 사실도 모른 채 자손을 낳아 번식시키고자 최선을 다하게 만드는 것이다.

그런데 이런 46개의 유전자 염색체가 같이 작업을 하다 보면, 앞서 말한 '팀에서의 도덕적 해이'가 일어날 수밖에 없다. 즉, 37번 유전자 염색체가 슬쩍 놀기 시작해도 다른 45개의 유전자 염색체가 열심히 일한다면 인간이 생존경쟁에서 낙오될 확률은 거의 없기 때문이다. 문제는 이런 사실을 인식한 36번과 38번이 같이 놀기 시작할 수 있다는 점이다. 다른 염색체들은 놀고 있는데 나만 열심히 일하면 불공평하다고 느끼지 않겠는가? 그래서 인간을 구성하는 46개의 유전자 염색체들 사이에 도덕적 해이가 만연해지면 아무리 튼튼하게 만든 로봇인 인간도 힘을 쓰지 못하고 생존경쟁에서 도태된다는 것이다.

그렇다면 유전자 염색체들의 도덕적 해이를 막을 방법은 무엇인가? 인간의 몸은 평균적으로 30조 개를 훨씬 넘는 세포로 이루어진다고 하니 아빠는 35조 개, 엄마는 33조 개 정도의 세포를 몸에 지니고 있다고 해보자. 이를 돈에 비유하자면, 아빠와 엄마는 35조 원의 재산과 33조 원의 재산을 보유한 엄청난 부자인 셈이다. 그런데 이런 부자 아빠 부자 엄마가 자식에게 주는 세포는 몇 개일까? 각각 1조 개 정도 주지 않을까? 그렇지 않다. 아빠가 0.5개, 엄마가 0.5개만 줘서 두 사람의 아기는 단 하나의 세포에서 시작한다. 어째서 아빠와 엄마는 자녀에게 더 많은 세포를 물려주지 않는 것인가?

리처드 도킨스의 해석에 따르면 아빠와 엄마가 각각 자녀에게 1조 개 정도의 많은 세포를 주면 그 자녀는 태어나자마자 2조 원을 상속받는 부잣집 자식이 되는 셈인데, 그러면 자녀 안에 있는 46개의 유전자 염색체들이 '나는 부잣집에 태어났으니 좀 놀면서 게으름을 피워도 생존에는 지장에 없으리라' 짐작하고 도덕적 해이를 발생시키게 되기 때문이다. 그러다 46개의 유전자들이 너도나도 도덕적 해이에 빠지면 자식의 생존 가능성이 떨어질 테니 부모로서는 독하게 마음먹고 자식에게 세포 딱 하나, 즉 돈으로 1원만 쥐여주고 알아서 살아가라고 하는 방식을 택했다는 말이다. 이렇게 되니, 단돈 1원만 쥐고 세상에 나온 46개 유전자 염색체는 정신이 번쩍 들 것이다. 46개의 구성원 중 단 한 명이라도 게으름을 피우면 세포가 단 하나뿐인 새 생명의 목숨이 마치 떨어지는 눈이 땅에 닿아 바로 녹아버리듯 사라질 것이기 때문이다. 즉 도킨스가 제시하는 원리는, 위기 상황을 인식한 46개 유전자 염색체가 똘똘 뭉쳐 최선을 다할 테고 그럼 오히려 2조 개의 세포를 가지고 태어나는 것보다 생존 확률이 훨씬 높아진다는 것이다.

홀름스트뢲 교수의 해법과 유전자들의 해법에서 전하는 공통적 메시지는 단 한 사람의 구성원이라도 꾀를 부리고 맡은 바 임무를 게을리하면 전체 조직이 멸망하게 된다는 절실함이 있어야 구성원들의 도덕적 해이를 막을 수 있다는 것이다. 잠깐의 부주의가 모두의 죽음을 가져올 수 있다는 절체절명의 위기의식을 가진 조직은 '도덕적 해이'가 나타나지 않을 테니 경쟁에서 좀처럼 패배하지 않는다는 이야기다.

김춘추, 김유신, 선덕여왕 세 명이 구성하고 있는 신라 왕실은 각기 지닌 사연으로 팀이 붕괴하면 자신과 자식, 그리고 그 가족의 미래가 수렁에 빠지는 절실한 팀이었다. 그래서 누가 시키지 않아도 각자 열심히, 그리고 한데 뭉쳐 최선을 다한 것이다.

반면 연개소문과 의자왕은 나라도 신라보다 부강하고 신분적으로도 결함이 없어 콤플렉스를 느끼지 않았을 것이며, 한두 번의 작은 실패로 인해 권력에서 물러나야 하는 상황도 아니었다. 하지만 이런 여유 탓에 의자왕은 방탕한 생활을 하게 되었고, 연개소문의 세 아들은 서로 다투었다. 홀름스트룀의 "팀에서의 도덕적 해이" 논문에 기초해서 보자면, 고구려와 백제는 통치자의 여유가 도덕적 해이를 유발해 국가가 멸망한 경우인 것이다.

극도의 위기감으로 도덕적 해이 없이 뭉쳤던 신라에 비해 고구려와 백제에는 신라쯤이야 당나라에 붙건 말건 대세에 지장 없다고 여기는 안일함이 있었다고 본다. 만일 고구려와 백제가 당나라의 침입으로 자신들이 멸망할 수 있다고 실감했다면 신라에 땅을 더 주더라도 자기편으로 끌어들이려고 애썼을 터이다.

국가나 조직의 리더가 99일을 잘하다가도 단 하루를 방심하면 그 국가나 조직은 망할 수 있다. 그러므로 매 순간 긴장하며 임해야 하는 것이 국가나 조직의 지도자나. 결코 쉬운 일이 아니다. 그리고 이렇게 매일매일 긴장하여 국가의 정사를 돌보려면 결국 내가 오늘 정치를 잘하지 못하면 내일 나라가 망할 수 있다는 절체절명의 위기의식으로 무장해야 한다.

작은 실수 하나가
어떻게 거대한 몰락을
가져오는가?

제
6
장

가마쿠라 막부의 실수와
'레퓨테이션 게임' 전략

어느 조직이든 높은 탑을 쌓아올리기까지는 오랜 시간이 걸린다. 하지만 그 탑이 무너지는 건 한순간이다. 한 기업이 존재한다고 할 때 그 기업의 본질은 어디에 있는가. 물론 사무실과 공장 등 건물이나 기계설비처럼 눈에 보이는 자산도 가치가 있겠지만, 사실 건물과 기계 자체를 기업이라 할 수는 없다. 오랜 기간 육성해온 인재들과 대내외적으로 쌓아온 신용이야말로 그 기업의 가치를 보여주는 본질이라고 생각한다.

그러나 이런 인재와 신용은 하룻밤 사이에도 흩어져버릴 수 있는 무형의 자산이다. 어떤 이유로든 인재를 잃고 신용을 잃는다면 기업은 순식간에 무너지고 그저 텅 빈 사무실과 공장만 남을 것이다. 그런데 무서운 것은 기업이나 조직이 무너지는 계기가 아주 작은 실수일 수 있다는 사실이다. 거대조직을 이끌 책임을 맡은 이들이 편히 밤잠을 이루기가 어려운 이유다.

지금으로부터 대략 700년 전 일본은 가마쿠라 막부(鎌倉幕府)가 다스리고 있었다. 비록 '가미카제(カミカゼ: 神風)'라고 불린 태풍의 도움 덕분이기는 했으나 가마쿠라 막부는 몽골의 침입을 두 번이나 막아낼 정도로 강력했던 정권이다. 그런데 이런 가마쿠라 막부가 반란군의 아주 작은 성 하나를 함락시키지 못해 하루아침에 멸망하게 된다.

작은 실수가 어떻게 거대 조직을 순식간에 무너뜨릴 수 있는지 가마쿠라 막부의 멸망 과정을 통해 생각해보자.

가마쿠라시대,
강력한 시작과 허망한 끝
:

우리 역사에서 고려시대에 해당하는 때에, 일본에서는 미나모토 요리토모(源賴朝)가 오늘날의 가마쿠라 지역에 가마쿠라 막부를 세웠다. 당시 수도 교토에서 유명한 무사 집안 미나모토 가문이 멸망하자 어른 남성은 모두 죽었지만 어린아이였던 미나모토 요리토모는 교토에서 멀리 떨어진 곳, 지금의 도쿄·요코하마 부근으로 유배를 간다. 그런데 유배지를 다스리는 무사 중 하나이던 호조(北条) 가문이 그를 사위로 삼는다.

훗날 미나모토 요리토모는 처갓집의 도움을 받아 아버지의 원수를 갚고 일본 열도의 통치자가 된다. 하지만 그는 천황이 사는 교토가 아니라 유배지 근처인 가마쿠라에 막부를 세우고 이곳에서 일본을 통치한다.

1192년부터 1333년까지 140년간 이어진 이 시대를 가마쿠라시대라고 부른다. 가마쿠라 막부는 미나모토 가문이 세웠지만 불과 2대 만에 자손이 끊기는 바람에 미나모토 가문을 대신하여 외가인 호조 가문이 다스리게 된다. 즉, 가마쿠라시대의 일본 통치자는 호조 가문이다.

가마쿠라시대의 가장 충격적인 사건은 30년 넘게 전쟁을 벌인 끝에 고려를 굴복시킨 몽골이 두 차례 일본을 공격했다가 태풍에 배가 가라앉은 일이다. 일본에서는 이를 가미카제의 도움이라 하는데 여기서 가미는 '신'을, 카제는 '바람'을 뜻한다. 즉, 신이 보내준 바람이 일본을 몽골 대군으로부터 지켜주었다는 의미다.

몽골의 침입에 크게 놀랐다가 별 피해 없이 넘기게 된 호조 가문으로서는 이제 걱정이 없었다. 더 이상 외부로부터 침입이 없었고 일본 내에서는 압도적 군사력을 지니고 있었기에 감히 누구도 호조 가문에 도전하려는 기미를 보이지 않았다. 하지만 평화로운 겉모습 밑으로는 100년 넘게 이어진 호조 가문의 장기 지배에 따른 문제가 싹트고 있었다. 애초 호조 가문과 뜻을 같이했던 무사들이 어느새 자신들이 호조로부터 이래라 저래라 명령을 받는 신세가 된 데 대해 불만을 품기 시작한 것이다.

흔히 일본의 지배계급이 '사무라이'라고도 불리는 무사 집단이라 생각하지만, 가마쿠라 막부 이전만 해도 왕족과 귀족이 나라를 다스렸다. 무사들은 왕족과 귀족 밑에서 경호와 심부름을 맡아 하던 계급이었다. 왕족과 귀족이 끝도 없이 돈과 노동을 요구하자 무사들의 불만이 점차 쌓여갔고, 무사 집단이 무력을 바탕으로 권력을 손에 넣게 된 것이다. 그 최초의 결실이 바로 가마쿠라 막부다. 비록 미나모토 요리토모가 가마쿠라 막부를 세웠으나, 이는 평소 왕족과 귀족에게 시달림을 당해오던 무사들이 좋은 기회라 여겨 합동 반란을 일으킨 것으로 봐야 한다.

그런데 어렵사리 무사들의 세상을 열었더니 이제는 같은 무사 계급이었던 호조 가문이 다른 무사들에게 무리한 요구를 하고 명령을 내리는 상황이 되었다. 아마도 무사들은 기존의 왕족과 귀족이 호조 가문으로 바뀌었을 뿐이라고 느꼈을 것이다. 하지만 이런 불만과 상관없이 호조 가문의 힘과 권력은 영원히 지속될 것만 같았다.

그러던 중 허수아비에 불과하던 천황 자리에 고다이고(後醍醐) 천황이 즉위한다. 성격도 강하고 이상주의적 사고를 가진 인물이었다. 그는 허울로만 남은 천황의 지위를 이전처럼 실질적 권력자로 되돌리겠다는 생각을 품고 있었다. 1331년 고다이고 천황은 전국의 무사들에게 편지를 보낸다. 군사를 동원하여 가마쿠라 막부를 공격하라는 지시였다. 사실 이것은 너무나도 무모한 행동이었는데, 당시 전국의 무사들은 모두 가마쿠라 호조 가문의 부하였기 때문이다. 과연 휘하에 군사 한 명 없는 천황의 명령에 복종할 무사가 있었을까? 게다가 상대는 몽골의 대군도 무너뜨리지 못한 호조 가문이었는데 말이다.

놀랍게도 단 한 사람이 있었는데, 바로 지금의 오사카 지역에 살던 구스노키 마사시게(楠木正成)라는 인물이다. 미리 말해두자면 구스노키는 아직도 그 조상이 누구인지 모를 정도로 역사에서 갑자기 나타난 사람으로, 유명한 무사 집안 출신도 아니며, 사실 무사 신분이었는지도 명확지 않다. 휘하의 무사 수도 겨우 1,000명 정도였다. 당시 가마쿠라 호조 가문의 병력이 수십만 명이었던 데 비하면 말도 안 되게 적은 수였다. 가마쿠라 막부를 공격하라고 지시한 고다이고 천황이나 이 명령을 듣고 군사를 일으킨 구스노키 마사시게나 실로 무모했다고 볼 수 있다.

그런데 더욱 말도 안 되는 일이 벌어졌다. 고다이고 천황이 1331년 막부 토벌 지시를 내리고 2년 후인 1333년에 실제로 가마쿠라 막부가 멸망한 것이다. 게다가 토벌 지시 이후 2년 내내 전투를 한 것도 아니다.

1331년 구스노키가 아카사카성(赤坂城)이라는 곳에서 가마쿠라 막부군 20만 명에 대항하며 1개월간 성을 지키다가 식량이 떨어져 성을 버리고 도주했다. 구스노키는 이때 체포되지 않고 숨었지만 고다이고 천황은 가마쿠라 막부군에 체포되어 천황 자리를 빼앗기고 멀리 유배를 당했다.

그러다가 1333년 고다이고 천황이 유배지에서 도망치고 2월 22일 숨어 있던 구스노키가 2,000명의 군사를 이끌고 오사카 인근의 지하야성(千早城)에 들어가 전투를 시작한다. 이때 2,000명이 지키는 지하야성을 함락하고자 가마쿠라 막부는 5만 명의 군사를 보낸다. 100일간 5만 명의 군사가 공격했지만 지하야성은 함락될 기미조차 보이지 않았다. 이번에는 미리 식량과 식수를 넉넉히 준비한 구스노키가 돌과 통나무를 굴려 가마쿠라군을 공격하거나, 준비했던 기름으로 화공(火攻)을 퍼부어 가마쿠라군의 공성 장비 등을 불태우면서 매번 지략 싸움에서 가마쿠라군에 한발 앞서는 모습을 보였기 때문이다. 이와 같은 활약으로 구스노키는 차후 일본 최고의 명장이라는 칭호를 얻게 된다.

그러나 이 상황은 쉽사리 이해가 가지 않는다. 구스노키가 지하야성에서 2,000명의 군대로 5만 명의 적을 아무리 잘 상대했다 해도 결국 작은 성 하나를 가까스로 방어하는 데 불과했고, 만약 성을 나온다면 가마쿠라 막부군을 무찌를 가능성이 전혀 없었다. 사실상 가마쿠라 막부군은 20만 명을 훨씬 넘기는 병력이라 5만 명 군대가 함락된다 해도 가마쿠라 권력에 끼치는 영향력은 거의 없었기 때문이다.

그런데도 2월 22일 시작하여 5월까지 100일이 넘게 구스노키 마사시게가 지하야성을 방어하는 동안 가마쿠라 군대는 그 어떤 결정적 공격도 하지 못했고, 급기야 5월 8일에는 가마쿠라군 병사들이 지하야성에서 도망가기 시작했다. 그러다 5월 22일에는 끝내 본거지인 가마쿠라가 함락되어 호조 가문이 멸망하고 가마쿠라 막부는 역사 속으로 사라진다.*

일본 전토를 호령하던 호조 가문의 가마쿠라 막부가 불과 100일 조금 넘는 기간 만에 멸망하리라고는 고다이고 천황이나 구스노키 마사시게 자신도 아마 예상하지 못했을 것이다.

구스노키 마사시게의 계략과
또 다른 무사들과의 연합

:

오랜 시간 위세를 떨치던 가마쿠라 막부는 어째서 겨우 100일 남짓한 기간에 멸망에 이른 걸까. 이제 그 이유를 알아보자.

구스노키 마사시게가 농성전을 벌이던 지하야성은 산 정상에 위치하고

---

* 구스노키 마사시게가 지하야성에서 2월 22일부터 5월 8일까지 농성하였는데 100일이 넘게 방어에 성공했다고 한 것은 1333년에는 2월이 윤달이었기 때문이다. 2월 다음에 3월이 아니고 윤2월이 또 한 달 있었으니 구스노키 마사시게는 윤2월, 3월, 4월의 3개월이 넘는 기간 동안 성을 지켰던 것이다.

가마쿠라에 남아 있는 대불상. 가마쿠라 막부는 이렇게 거대한 불상을 만들 정도로 군사적으로나 문화적으로나 엄청난 힘을 과시했다. 하지만 140년 넘게 세력을 떨치던 가마쿠라 막부가 멸망하는 데 걸린 시간은 불과 100일이었다. (ⓒ Dirk Beyer, CC BY-SA 3.0 / Wikipedia)

있었기 때문에 지하야 성벽 아래까지만 가려 해도 가마쿠라 막부의 군사들은 험준한 산을 한참이나 기어올라 가야 했다. 한마디로 난공불락이었다. 그래도 만약 구스노키가 평범한 장수였다면 2,000명 병력으로 5만 명의 막부군을 100일 동안 막아내기란 불가능했으리라. 구스노키는 분명 지략이 뛰어난 장수였다.

　구스노키의 계략 중에 이런 것이 있었다. 구스노키 본인이 성에서 내려와 막부군의 한 지점을 공격할 것처럼 행동해 이를 본 막부의 군인들이 그 지점으로 몰려가면 곧바로 성에서 통나무나 바위를 굴렸다. 또 막부군이 지하야성의 식수를 끊으려고 수원지(水源地)를 공격하리라 예상하고 매복했다가 막부군이 오자 구스노키의 군사들이 습격하여 물리쳤다는 이야기도 전한다.

아무리 그렇다 해도, 넓은 일본 땅에서 오사카 인근의 작은 성 하나를 차지하지 못했다고 막부 자체가 멸망에 이른다는 것이 가능할까? 또 구스노키가 아무리 지략이 뛰어나다지만 일개 무사가 열심히 싸운다고 그것으로 어떻게 막강한 가마쿠라 막부를 멸망시킬 수 있단 말인가?

그것은 아시카가 다카우지(足利尊氏)와 닛타 요시사다(新田義貞) 같은 막부 쪽 장수들이 호조 가문을 배신하고 고다이고 천황 편으로 돌아섰기 때문이다. 사실 호조 가문은 지하야성이 함락되지 않자 초조해져 신뢰하는 부하 장수이자 먼 친척인 아시카가 다카우지에게 군대를 이끌고 오사카 지역으로 가서 지하야성 공격을 돕도록 한다. 그런데 오사카 지역에 도착한 아시카가 다카우지가 생각을 바꾸어 고다이고 천황에게 충성을 맹세하고 호조 가문에 대항한 것이다.

또한 가마쿠라에서 멀지 않은 곳의 영토를 다스리던 닛타 요시사다 역시 5월 8일 고다이고 천황의 지시에 따라 가마쿠라 막부를 공격하겠다고 나섰다. 애초 그는 겨우 150명 정도의 군사를 이끌고 나섰으나 불과 며칠 만에 그의 밑으로 20만 명 군사가 모여들었다. 가마쿠라 막부에 불만을 품었으나 그 막강함에 숨죽이고 있던 무사들이 5만 명의 병력으로도 2,000명이 지키는 지하야성 하나를 함락시키지 못하는 것을 보고 막부군의 무능함을 알아차린 것이었다.

닛타 요시사다의 군대는 한 번 패하기는 했지만 속속 모여드는 무사들

덕분에 거듭 승리를 거두어 가마쿠라를 포위했고 드디어 5월 22일 함락했다. 5월 8일 닛타 요시사다가 자신의 영토에서 봉기를 시작한 지 불과 14일 만에, 140년 역사를 자랑하던 가마쿠라시대를 끝낸 것이다.

최초에 가마쿠라 막부를 세울 때 호조 가문을 중심으로 한 가마쿠라 군대는 막강하였다. 하지만 140년간 표면적으로는 태평한 시기를 보냈기에 가마쿠라 막부군은 대규모 전투를 벌인 적이 없었다. 몽골군의 침입이 있었지만, 이때는 몽골군이 상륙한 지금의 규슈 후쿠오카 부근 무사들이 전투에 임했을 뿐이었다. 후쿠오카에서 멀리 떨어진 도쿄·요코하마 지역의 가마쿠라 무사들은 몽골군과 직접 싸운 적이 없다는 이야기다. 다만 압도적 규모와 뛰어난 군사력이 전설처럼 전해지고 있어 그 누구도 가마쿠라 막부군에 대항할 생각을 하지 못했을 뿐이다.

고다이고 천황이나 구스노키 마사시게가 이런 막부군의 허실(虛實)을 알았는지는 확실치 않다. 어쨌든 대단한 몽상가이면서 동시에 고집이 셌던 고다이고 천황이 불가능해 보이는 막부 타도를 지시했고, 천황의 명령에 목숨을 걸 정도로 충성심이 깊은 구스노키 마사시게가 맹목적으로 이를 따랐다가, 의외로 막부군이 약하다는 사실이 널리 알려진 것이다.

호조 가문의 명령을 받고 고다이고 천황을 공격하기 위해 교토로 향하던 아시카가 다카우지 입장에서도 아무리 이름뿐인 천황이라도 일본을 상징하는 존재를 자기 손으로 공격하고 싶지는 않았을 것이다. 그런데 돌아가는 형세를 보니 가마쿠라 막부군이 매우 약체였고, 그렇다면 오히려 천황 편에서 싸우는 게 낫겠다는 판단을 했을 것이다.

한편, 닛타 요시사다는 애초 가마쿠라 막부의 호조 가문과 별로 친하지 않아 홀대를 받고 있었었기에 그렇게 대우도 못 받고 사느니 고다이고 천황의 명령을 핑계로 가마쿠라로 쳐들어가고 싶었을 것이다. 게다가 지하야성에서 가마쿠라 막부군이 맥을 못 추고 있다는 소문에 용기를 얻어 봉기했을 것이고, 괜히 끝까지 가마쿠라 막부 편을 들었다가 혹시 그들이 패배하면 자신도 따라 망할 것이라고 생각한 다른 무사들이 닛타 요시사다 밑으로 모여들어 며칠 만에 무려 20만 대군을 형성하게 된 것이다.

20만 명을 거느린 닛타 요시사다의 군대가 가마쿠라성을 무너뜨릴 때의 일화가 있다. 원래 호조 가문이 가마쿠라를 막부의 수도로 고른 것은 이곳이 천연 요새라 믿었기 때문이다. 가마쿠라는 솥처럼 가운데가 움푹 파인 분지이고 북쪽·동쪽·서쪽의 세 방향은 산으로, 남쪽은 바다로 막힌 지형이라 7개의 고개만 병사들이 잘 지키면 누구도 쳐들어오기 어려운 지역이라는 것이었다. 그런 지형 탓인지 가마쿠라를 포위했던 닛타 요시사다의 군대 역시 몇 번의 공격이 모두 무산되곤 했다. 그러다가 가마쿠라 막부군 소속이었던 어느 무사로부터 좋은 정보를 얻었는데, 7개의 고개 외에도 가마쿠라에 들어가는 또 다른 길이 존재한다는 이야기였다. 사실 이 길은 보통 때에는 존재하지 않고 하루에 두 번 썰물 때에만 나타났으니, 바로 남쪽의 바닷길이었다. 평소에는 바닷물이 산기슭까지 가득 차 해변을 걸을 수 없지만 썰물 때는 바닷물이 빠져나가 해변이 드러난다는 것이다. 그가 제공한 정보에 따라 해변을 통해 공격함으로써 닛타 군은 가마쿠라를 함락시킬 수 있었다.

가마쿠라 막부의 멸망을 이야기하노라면 생각나는 스모 선수가 있다. 아사쇼류 아키노리(朝青龍明德) 선수다. 아사쇼류는 몽골 출신으로 몇 년간 일본 스모계에서 압도적 1위의 실력을 과시하였다.

일본의 스모는 1년에 6회 경기가 열린다. 1월, 3월, 5월, 7월, 9월, 11월에 각각 15일간 개최되는데, 스모 선수는 하루에 한 번만 경기를 치르기 때문에 각 시합에서 15번 경기를 치러 가장 많이 이긴 선수가 우승을 차지한다. 물론 스모 선수의 숫자가 수천 명이므로 실력에 따라 등급을 나누고 최고 선수들이 겨루는 등급에서 15명과 싸워 가장 많이 이긴 선수가 우승을 하게 된다. 아사쇼류는 무려 5회의 시합에서 15승 0패로 우승을 차지하였고, 한창 전성기였던 2004년부터 2006년까지 3년간 18회의 시합에서 15번 우승하였다. 특히 2005년에는 그해 개최된 6회의 시합에서 모두 우승했는데, 이는 일본 스모 역사상 지금까지도 유일한 기록이라 한다.

갑자기 아사쇼류에 대해 말하는 건 그의 놀라운 성적 때문이 아니라, 아사쇼류의 전성기가 끝났을 때 일어난 일 때문이다. 전성기 시절 아사쇼류는 앞서 나열한 성적이 보여주듯 천하무적이었다. 아사쇼류를 이길 스모 선수가 아예 없는 것 같았다. 그런데 세월에 장사 없다더니, 아사쇼류도 부상이 잦아지고 힘이 빠지는 조짐이 보였다. 하지만 아무리 그렇다 해도, 15승 0패를 하던 선수가 갑자기 실력이 나빠진다면 그건 좀 이상하다. 한동안 14승 1패를 하다가 조금 지나서 13승 2패를 하는 식으로 기량이 쇠퇴하는 게 자연스러운 것 아닐까?

하지만 아사쇼류의 성적은 어느 순간 급강하했다. 2004년부터 2006년까지 18회 시합에서 15회 우승했던 아사쇼류가 2007년에는 6회 중 2회만 우승하더니 2008년에는 1회 우승에 그친 것이다. 아사쇼류의 성적이 이렇듯 급격히 떨어진 이유는 무엇일까? 어느 날 신문 기사에서 납득이 가는 이야기를 접했다. 기자의 주장에 따르면 아사쇼류의 전성기에는 상대방 스모 선수들이 아사쇼류와 경기할 때 열심히 하지 않고 일부러 금방 쓰러져 져주었다는 것이다. 상대 선수 입장에서 아사쇼류와 전력을 다해 시합을 하더라도 이길 확률은 거의 없는데 괜히 격하게 경기를 하다 부상이라도 입으면 그 이후의 경기에 지장이 있으니 어차피 질 시합이라면 먼저 쓰러져버리자 하는 마음이었다는 것이다. 《손자병법》의 '이기지 못할 전쟁은 하지 말라'라는 말을 굳이 인용하지 않더라도 승률에 따라 상금이 크게 달라지는 스모 선수들에게 가망도 없는 아사쇼류와의 시합에 전력을 쏟느니 그저 부상이나 피하자 하는 마음이 생기는 것은 어쩌면 당연해 보이기도 한다.

그러다가 아사쇼류가 나이 들고 부상도 잦아지면서 예전만 못하다는 소문이 퍼지자 다른 스모 선수들의 마음도 달라진 것이다. 이제 아사쇼류를 이길 수 있겠구나 싶고, 그렇다면 전력으로 임해보자 하는 의지가 솟아나는 것이다. 전성기에는 상대 선수들 중 상당수가 알아서 져주어 편히 시합했던 아사쇼류 입장에서 보면 나이 들어 힘도 약해졌는데 상대 선수들은 더욱 기를 쓰고 덤벼드니 성적이 급격히 나빠질 수밖에 없었다.

가마쿠라 호조 가문의 집권 140년도 비유하자면 아사쇼류의 전성기와 같다. 가마쿠라 막부의 군대는 일본 최강이었으니 감히 덤빌 생각을 못하게 만들었으리라. 호조 가문의 명령이나 요구가 무리한 것일지라도 반항하면 죽음뿐이라는 생각에서 참았을 것이다. 그러던 중 한 줌도 안 되는 구스노키 군대가 지키는 지하야성을 100일이 지나도록 함락시키지 못하는 것을 보고는 무사들도, 마치 전성기가 지난 아사쇼류에게 덤비듯 호조 가문에 덤벼든 것이다.

한편, 지하야성의 영웅 구스노키 마사시게는 이후 어떤 삶을 살았을까. 1331년 혜성과 같이 나타나 1333년 가마쿠라 막부를 멸망시키는 데 큰 역할을 한 구스노키 마사시게는 불과 3년 후인 1336년 전투에 나갔다가 패배하고 사망하게 된다. 어찌 된 일일까. 이미 설명했듯 가마쿠라 막부를 멸망시킨 주인공은 고다이고 천황과 아시카가 다카우지다. 물론 닛타 요시사다도 있었다.

고다이고 천황은 무신들이 권력을 잡기 이전 왕이 모든 권한을 가지고 있던 수백 년 전으로 돌아가서 꼭두각시나 허수아비 천황이 아닌 실권을 가진 천황이 되고자 하는 이상을 지닌 사람이었다. 천황인 자신이 유배까지 가면서 목숨 걸고 얻은 권력이니 이를 다시 무사들과 나눌 생각은 전혀 없었다. 한편, 아시카가 다카우지의 입장에서는 가마쿠라 호조 가문의 횡포에 분노해 고다이고 천황 편을 들긴 했지만, 다시 가마쿠라 막부 이전으로, 즉 왕족과 귀족에 종속된 비천한 존재로 돌아가고 싶지 않았을 것이다. 왕족과 귀족 앞에서 고개도 못 드는 무사 신분으로 돌아가려 목숨 걸고 호조 가문과 싸운 게 아니기 때문이다.

결국 고다이고 천황과 아시카가 다카우지는 합의점을 찾지 못한다. 그래서 고다이고 천황은 자기 나름의 정치를 했으며, 그러는 동안 아시카가 다카우지는 천황을 무시하고 자신을 따라 가마쿠라 막부를 토벌했던 다른 장수들에게 영토를 나눠주고 상도 주었다. 급기야 고다이고 천황과 아시카가 다카우지 간에 전쟁이 벌어진다. 그런데 고다이고 천황이 마냥 불리하지는 않았던 것이, 닛타 요시사다와 구스노키 마사시게가 천황 쪽에서 싸워주었기 때문이다. 실제로 전쟁 초기에는 천황의 군대가 승리를 거두어 아시카가 다카우지가 규슈로 도망을 가기도 하였다. 하지만 규슈에서 다시 군사를 모은 아시카가 다카우지가 서쪽에서 교토로 진군하면서 오늘날의 고베시에서 전투가 벌어진다. 미나토가와(湊川) 전투라고 불리는 이 전투에서 아시카가 다카우지가 승리한다. 끝까지 싸웠던 구스노키 마사시게는 소규모 군사들을 데리고 몇 번이나 아시카가 다카우지의 군대를 격퇴했지만 결국에는 패배하여 자결하였다고 한다.

가마쿠라 막부를 치라는 비현실적 명령을 내렸던 고다이고 천황은 천재일우(千載一遇)의 기적으로 가마쿠라 막부를 멸망시키는 데는 성공했다. 하지만 무사 집단의 도움이 필요했던 당대 현실을 잘 이해하지 못한 채 천황 중심의 정치체제로 돌아가려는 꿈을 꾸다가 실패했다. 그리고 지략이 뛰어나고 천황에 대한 충성심 또한 컸던 구스노키 마사시게는 또 한 번 천황의 무모한 지시를 따라 전투에 나섰다가 전사했다.

'레퓨테이션 게임'의 두 얼굴

:

게임이론에 '레퓨테이션 게임(reputation game)', 곧 명망 게임이라는 것이 있다. '레퓨테이션 게임' 이론은 일단 모든 사람이 똑같지 않다는 가정에서 시작한다. 남보다 공부를 잘하는 뇌를 가지고 태어난 사람도 있고, 남보다 운동을 더 잘하는 유전자를 가지고 태어난 사람도 있다는 말이다.

또 성격이 부드러운 사람도 있고 고집이 센 사람도 있다. 문제는 처음 몇 번 만나서는 그 사람이 똑똑한지 정직한지 착한지 등을 파악하기가 힘들다는 사실이다. 그렇다고 만나는 사람마다 거짓말탐지기로 검사를 해볼 수도 없고, 개중에는 거짓말탐지기도 속이는 능력자가 있다고 하니 사람의 마음속은 이 세상에서 가장 알기가 힘든 것인가 보다.

다른 이의 마음속을 알 수 없는 또 한 가지 이유는 그 사람이 자신의 정체를 숨기고자 할 가능성이 높기 때문이다. 사기꾼의 첫인상이 나쁘지 않은 것도 아마 그래서일 것이다. 만일 그들이 험악한 인상에 뻔한 거짓말을 한다면 아무도 속아 넘어가지 않을 테니 말이다. 대부분의 능숙한 사기꾼들은 사기를 칠 대상에게 신뢰를 받기 위해 아주 정직하고 선한 사람인 척을 한다.

회사에서 신입 사원을 뽑을 때도 마찬가지이다. 신입 사원 면접에서 열심히 일하겠냐고 물으면 정말 열심히 일하겠다고 예외 없이 모두가 그렇게 대답한다. 하지만 그 말을 믿고 합격을 시킨다고 해서 과연 그들 모두가 입사 후 열심히 일할까? 말과 다른 행동을 하는 사람들이 적지 않다. 열심히 일할 마음이 없어도 정말 열심히 일할 것처럼 보이면 면접에서 쑥쑥 통과할 수 있듯이 이 세상에는 실세로는 아니디리도 좋은 인상이나 좋은 소문의 덕을 보는 경우가 많다.

전국 각지에서 가장 뛰어난 학생들을 잘 가려 뽑는다고 알려진 서울대 입학처의 전략을 예로 들어 살펴보자. 현재 대한민국의 고등학교 수는 약 2,000개이다. 문과와 이과를 구분해서 본다면 전국에서 매년 4,000명의 전교 1등이 배출되는 것이다. 내신 성직의 경우 4% 안에 들면 1등급을 받는다. 요컨대 대략 2,000개 고등학교에서 문과 전교 1, 2, 3등과 이과 전교 1, 2, 3등에 해당하는 1만 2,000명이 1등급 학생들이고 학생부상으로는 이들 중 누가 우수한지 구분이 되지 않는다. 그런데 서울대학교 모집 정원은 3,000명이고 그나마 1,000명은 수능 성적으로 들어오기 때문에 학생부로 뽑는 학생의 숫자는 2,000명이다. 결국 서울대 입학처는 (이들이 모두 서울대학교에 지원한다고 가정할 때) 학생부상으로는 모두 동일하게 보이는 1등급 학생 1만 2,000명 가운데 가장 우수한 2,000명을 뽑아야 한다. 논리적으로는 분명 불가능한 작업인데, 서울대 입학처는 귀신처럼 가장 우수한 학생 2,000명을 뽑는 것으로 유명하다. 어떻게 이런 일이 가능할까?

일단 전제를 하나 해보자. 즉, A고등학교는 우수한 중학교 졸업생을 많이 배정받아서 A고등학교 전교 1등은 정말 뛰어난 실력을 가지고 있지만, B고등학교에는 우수한 중학생들이 별로 배정되지 않아 B고등학교 전교 1등은 아주 우수하지는 않다고 해보자. 물론 학생부에는 이런 사실이 전혀 적혀 있지 않다. 그럼에도 불구하고 서울대학교는 이 사실을 어찌 알았는지 B고등학교 전교 1등은 탈락시키고 A고등학교 전교 1등은 합격시킨다는 것이다.

예컨대 서대문구에 A, B, C, D, E 5개 고등학교가 있다고 하고, 평균적으로 각 학교에서 한 명만 서울대에 합격한다고 해보자. 금년에는 D고등학교 전교 1등이 뛰어나다면 서울대가 꼭 D고등학교 전교 1등을 합격시킨다는 이야기다. 그리고 그다음 해에는 B고등학교 전교 1등이 우수하다면 또 서울대는 귀신같이 B고등학교 전교 1등을 뽑는다는 것이다. 서울대 입학처가 정말로 이런 능력이 있다면 귀신이 곡할 노릇인데 현직 고교 교사들의 증언에 따르면 이게 사실이라 하니, 대체 이들은 무슨 초능력이라도 가진 것일까?

게임이론을 하는 나의 입장에서 보면, 서울대 입학 사정관들은 초능력이 있는 것이 아니라 레퓨테이션 게임을 잘 구사하는 것이다. 즉, 그들의 비법은 '소문'에 있다. 고등학교 교사들과 학생들 사이에는 서울대 입학 사정관은 금년 어느 고등학교 전교 1등이 정말로 우수한 전교 1등인지 귀신같이 안다는 소문이 이미 퍼져 있다. 고등학교 선생님들과 지원자들 사이에 퍼진 "서울대는 어느 고등학교 전교 1등이 우수한지 귀신같이 알고 있다"라는 소문 자체가 그들의 비밀병기인 것이다.

아마 서대문구의 A, B, C, D, E 5개 고등학교 전교 1등이 모두 서울대에 지원한다면 서울대 입학처라 해도 어느 학교 전교 1등이 더 뛰어난지 알 길이 없을 것이다. 하지만 재미있는 것은 금년에는 D고등학교 전교 1등이 서대문구에서 가장 뛰어나다는 것을 알고 있는 A, B, C, E 고등학교의 담당 선생님들이 자신의 학교 전교 1등에게 서울대를 지원하지 말라고 할 가능성이 높다. 어차피 서울대에서 금년에는 D고등학교 전교 1등을 뽑을 테니 괜히 지원서를 낭비하지 말라는 조언을 하게 된다는 이야기다. 알다시피 대학 진학 시 학생부로는 최대 6회만 지원할 수 있는데 불합격이 자명한 서울대에 지원해 한 번의 기회를 낭비할 필요가 없다는 것이다. 다른 스모 선수들이 어차피 패배할 게 뻔한 아사쇼류와의 시합에서는 힘을 빼지 않는 것이 현명하다고 판단하는 것과 같은 이치다. 그래서 서대문구에서는 D고등학교 전교 1등만 서울대에 지원하는 것이고, 당연히 서울대는 그 학생을 선발한다. 그러면 다시 "진짜 공부 잘하는 전교 1등이 서울대에 들어갔다"라는 전설이 이어지게 되는 것이다.

아사쇼류나 서울대 입학처나 이런 소문, 즉 레퓨테이션을 잘 활용해 엄청난 이득을 보고 있는 셈이다. 믿음이 현실을 바꾸는 것으로, 경제학이 심리학과 통한다는 말의 근거가 여기 있다.

이번에는 대학 교수의 세계에서 유사한 사례를 찾아보자. 모 대학 모 학과에서는 최 교수가 학과의 여론을 대표한다고 해보자. 즉, 최 교수가 "이번에 총장님이 낸 정책을 우리 학과 교수들이 적극 지지하자"라고 의견을 내면 다른 교수들 대부분이 그의 의견을 따른다. 또 최 교수가 총장을 찾아가 "우리 학과 교수님들의 의견이 이러저러하니 그렇게 정책을 바꿔달라"라고 하면 이번에는 총장이 그것을 단지 최 교수 한 사람의 의견으로 여기지 않고 해당 학과 교수 전체의 의견이라고 생각하는 그런 인물이다.

최 교수는 어떻게 학과를 대표하는 오피니언 리더가 된 것일까? 일단 학과 교수들의 입장에서는 최 교수가 총장을 찾아가 의견을 내면 총장이 귀 기울여 들어주기 때문에 학과에 필요한 일이 있을 때면 최 교수에게 부탁해야 한다는 공감대가 형성되었을 것이다. 그래서 최 교수의 의견이면 다른 교수들의 의견에 비해 더 경청하고 아마 최 교수의 의견이 곧 총장님의 의견이라 짐작하여 웬만하면 따르게 되는 것이다.

그렇다면 최 교수는 또 어떻게 총장과 친해진 것일까? 총장 입장에서는 최 교수가 의견을 내면 학과 교수들 대부분이 그것을 따르는 모습을 자주 보았기에 최 교수만 잘 설득하면 해당 학과 교수들이 모두 설득된다는 믿음을 갖게 되었을 것이다. 즉, 학과 교수들은 총장과의 관계 때문에 최 교수를 따르는데 막상 총장은 학과 교수들이 최 교수를 따른다고 생각해 최 교수와 관계를 맺은 것이니, 소위 최 교수는 봉이 김선달이 대동강 물을 갖다 팔 듯 힘 안 드는 장사를 하고 있는 셈이다.

가마쿠라 호조 가문도 무사들을 대표한다는 상징성 때문에 교토의 천황에게 높은 직위를 받았을 것이고, 무사들은 교토 천황에게 인정받은 무사의 대표라는 상징성 때문에 호조 가문을 추종했다. 그런데 고다이고 천황이 이 구조를 깨버리자 호조 가문의 권력 및 상징성 또한 하루아침에 날아간 것이다. 이처럼 레퓨테이션 게임 전략은 제대로 구사하면 큰 이득을 얻지만, 레퓨테이션의 환상이 깨지면 그 순간 끝없는 나락으로 추락하게 된다는 단점이 있다. 따라서 이 전략을 구사하고자 할 때는 살얼음판을 걷듯 조심해야 한다.

명성과 힘을 가졌을 때
더욱 조심해야 한다
:

호조 가문에 반기를 든 고다이고 천황은 고집이 세고 이상주의자였던 게 분명해 보인다. 하지만 세상을 살다 보면 억울한 사람이 한둘이 아니지만 다들 참으며 살고 있지 않던가. 천황의 입장에서도 사실 무사들에게 권력을 빼앗긴 것이 이미 130년 이상 된 일인데, 어째서 고다이고 천황만이 유독 그 상황을 참지 못하고 이전의 세상으로 돌아가기 위해 목숨까지 걸었던 걸까?

이는 고다이고 천황의 가족 상황과 후계 구도를 살펴보면 이해가 가는 면이 있다. 고다이고 천황의 할아버지는 고사가 천황의 작은아들(8남)로 당시 천황이었던 형을 제치고 즉위한다. 이는 고사가 천황의 뜻이었는데 그가 작은아들을 더 사랑했기 때문이다. 이때 고사가 천황은 아들에게 양위하고 상황 자리에 있었다. 당연히 형은 이런 아버지의 결정에 불만을 품었고 더욱이 태자 자리마저 동생의 아들에게 돌아가자 형과 동생 사이에 갈등이 점점 커졌다. 그러자 고사가 상황은 누구를 천황으로 삼을지에 대해 가마쿠라 막부에 판단을 내려달라고 청했다. 이때 명목상 일본의 최고 권력자는 천황이지만 실제 권력은 가마쿠라 막부의 호조 가문에 있었기 때문이다.

그래서 가마쿠라 막부가 판단을 내렸는데 실로 말도 안 되는 것이었으니, 바로 번갈아가며 천황을 하라는 결정이었다. 어쨌든 이 결정에 따라 큰아들의 후손과 작은아들의 후손이 교대로 천황 자리에 오르게 된다. 이때 사람들은 큰아들의 후손을 지묘인(持明院) 계통이라 부르고 작은아들의 후손을 다이카쿠지(大覚寺) 계통이라고 불렀다.

고다이고 천황은 작은아들의 후손이었기에 다이카쿠지 계통이었다. 그런데 이런 이상한 승계 제도에 더하여 고다이고 천황은 또 한 가지 고민이 있었다. 고다이고 천황은 다이카쿠지 계통에서도 첫째 아들이 아닌 둘째 아들이었으나 형이 병으로 사망하여 그가 대신 천황이 된 것이었다. 그런데 형에게는 어린 아들이 있었다. 원래는 이 어린 아들이 천황이 되어야 하지만, 나이가 너무 어렸던 탓에 황실에서 어린 조카가 성인이 될 때까지만 고다이고 천황에게 자리를 맡겼던 것이다. 다시 말해, 다이카쿠지 계통의 고다이고 천황이 물러나면 다음은 지묘인 계통이 천황이 되고 그다음에는 고다이고 천황의 아들이 아니라 조카, 즉 형의 아들이 천황이 되기로 예정되어 있었던 것이다.

고다이고 천황의 입장에서는 자기 아들이 장차 천황이 된다고 하면 본인이 다소 고집 센 성격이라 해도 아들의 장래를 위해 참을 수 있었겠지만, 어차피 자기 아들은 천황이 될 가능성이 없었으니 이판사판이라는 마음으로 그런 일을 벌였던 게 아닐까.

실제로 호조 가문을 멸망시키고 나서 고다이고 천황이 맨 처음에 시행한 일은 향후에는 다이카쿠지 계통만 천황이 된다고 선포한 것이었다. 그는 당연히 자기 아들에게 황위를 물려주려고 했을 것이다. 하지만 앞서 살펴봤듯, 아시카가 다카우지가 다시 반기를 들어 고다이고 천황을 쫓아내면서 이 계획은 물거품으로 돌아갔다. 참고로 고다이고 천황을 쫓아낸 아시카가 다카우지는 고다이고 천황이 속한 다이카쿠지 계통이 천황이 되는 것을 아예 금지하고 향후 지묘인 계통에서 천황 자리를 이어가게 했다.

그렇다면 호조 가문은 어떻게 해야 했을까. 아무리 허수아비 천황이라 하더라도 명목상 일본에서 가장 높은 존재인 천황을 양쪽 계통에서 번갈아 하는 제도는 도저히 성립할 수 없다. 정확한 원칙을 세워 천황 자리를 이어가게 했어야 했다. 번갈아 왕이 된다는 것은 양쪽 계통의 끊임없는 대립과 갈등을 불러올 게 뻔하기 때문이다.

더욱이 이토록 중요한 문제를 올바른 원칙 없이 미봉책에 가깝게 처리한 호조 가문이 과연 다른 현안인들 제대로 처리했을까 의구심이 든다. 한 나라를 다스리다 보면 여기저기서 갈등이 생길 것이고 그 판결을 내리는 것이 호조 가문의 중요한 책임이었을 터이다. 기록에 따르면, 호조 가문이 부하 무사들의 땅을 빼앗는 경우가 상당히 있었고 그나마 그 일을 직접 챙긴 것도 아니고 한두 명의 신하에게 전권을 위임하고는 자기들은 유흥을 즐겼다고 한다.

두 계통이 번갈아 왕위를 계승하는 제도를 만들어놓지만 않았어도, 애초 고다이고 천황이 즉위하는 일 자체가 없었을 것이다. 설사 천황이 되었다 하더라도 자기 아들이나 손자에게 물려줄 욕심이 있었을 테니 가마쿠라 막부에 반기를 들었을 리 만무하다. 힘을 가졌을 때일수록 살얼음판을 걷듯 조심했어야 하는데, 호조 가문은 나라를 다스리는 데 신중함도, 심사숙고도 충분하지 않았던 것 같다.

명망, 즉 레퓨테이션은 형체가 없다. 집이나 보물은 형체가 있어 쉽게 사라지지 않지만 레퓨테이션은 신기루와 같아 한순간에 사라질 수 있다. 따라서 만약 그 권력 기반이 레퓨테이션에서 비롯된다면 해당 조직이나 사람은 모든 일에 조심하고 신중에 신중을 기해야 한다. 단 한 번이라도 약한 모습을 보이면 바로 멸망에 이를 수 있기 때문이다.

한편, 출중한 능력이 있으면서도 끝까지 고다이고 천황의 명령을 따르느라 아시카가 다카우지의 대군과 전투 끝에 자결한 구스노키 마사시게에 대해서는 지금도 많은 일본 사람이 안타깝게 생각하고 있다. 고다이고 천황이 아시카가 다카우지에게 패한 후 일본은 계속 무사들이 실권을 잡아 천황은 허수아비로 전락하고, 이에 따라 무사로서 천황을 위해 싸우다 죽은 구스노키 마사시게도 악인 취급을 받았기 때문이다.

그러다가 530여 년 후 무사들이 다시 천황에게 권력을 돌려주게 되는 메이지유신(明治維新, 1868년)이 일어나면서 그제야 비로소 구스노키 마사시게도 일본의 영웅으로 재평가를 받게 된다. 제2차 세계대전에서 일본의 전투기 조종사들이 자살특공대가 되어 미국 군함을 공격했고 이를 가리켜 가미카제 특공대라 부르는데, 이들이 가장 존경한 인물이 구스노키 마사시게였다는 것은 놀랍지 않다. 물론 일본이 제2차 세계대전에서 패배하면서 구스노키 마사시게의 인기는 또다시 떨어졌지만, 그는 분명한 시대를 바꾼 명장이었다.

"
믿었던 측근에게
배신당하는
이유는?
"

제 7 장

담합과 배신의
게임이론

간혹 우리가 상상도 하기 힘든 규모의 횡령 사건이 기업 내에서 벌어지곤 하여 그런 뉴스를 접할 때마다 깜짝 놀라게 된다. 우선 횡령액이 수백억 원을 상회한다는 데 놀라게 되는데, 사실 그보다 더 이해하기 힘든 것이 있다. 횡령을 한 사람은 대개 해당 금액을 책임지는 회계 담당자인데, 설마 그런 엄청난 금액을 훔쳐놓고도 영원히 들키지 않으리라 생각했을 리 없다는 점이다. 언젠가는 누군가 결국 돈이 사라진 것을 알게 될 터이고, 그 금액이 너무도 커 엄중한 형사처분을 받게 될 것이 확실하기 때문이다. 아무리 생각해보아도 그런 금액을 횡령한 회계 담당자는 순간적으로 이성적 판단을 할 수 없는 일종의 정신착란 상태에서 횡령을 결심한 것이라고밖에 이해되지 않는다.

중요한 직책에 있는 조직 구성원이 잠깐의 정신착란에서 행하든 아니면 철저한 계획에 의해 벌이든 간에 위와 같은 행위는 조직 전체에 막대한 피해를 주거나 심지어 조직을 붕괴시키기도 한다. 만약 이런 돌발적이고 어리석은 행동이 조직 내에서 일어난다면 어떻게 대처해야 할 것인가? 이는 조직 및 조직에 몸담은 개인이 항상 고민하고 주의해야 하는 일이다.

400여 년 전 일본에서 막강한 군사력을 바탕으로 일본 영토의 절반 가까이를 점령하고 있던 오다 노부나가(織田信長)는 자신이 가장 신뢰하는 심복 부하 아케치 미쓰히데(明智光秀)에게 혼노지(本能寺)라는 절에서 기습 공격을 당하여 불속에 뛰어들어 자결한다. 바로 직전까지 오다 노부나가는 아케치 미쓰히데가 자신을 공격하리라고는 털끝만큼도 생각하지 못했다. 아케치 미쓰히데는 왜 자신이 모시던 주군을 배신한 것일까? 그리고 오다 노부나가는 어째서 이런 상황에 대비할 수 없었을까?

대담한 혁신가 오다 노부나가,
그리고 그의 최후

:

호조 가문이 가마쿠라 지역에서 일본 전체를 통치하는 가마쿠라 막부를 이끌다가 멸망한 뒤 아시카가(足利) 가문이 교토에 무로마치 막부(室町幕府)를 세워 일본을 통치하였다. 그런데 무로마치 막부가 끝나갈 무렵에는 막부의 힘이 약해져, 각 지방의 무사들이 막부를 무시하고 스스로 독립적 소왕국을 세우고 서로 전쟁을 벌이는 무정부 상태, 곧 센고쿠시대(戰國時代, 전국시대)가 100년 넘게 이어졌다.

한반도에서는 많은 나라가 동시에 세워져도 3국에 불과했고, 가야까지 더해도 4개 나라였지만, 일본은 센고쿠시대 100년 동안 수십 수백 개의 소국이 난립했다. 우리나라의 경상남도와 강원도 등에 해당하는 일본의 지방자치단체는 현재 47개인데 센고쿠시대에는 그 각각이 하나의 국가이거나, 어떤 경우 오늘날 현(県)이라 부르는 지역에 여러 영주가 공존하기도 했으므로 거의 100명 가까운 소영주들이 대립하는 상황이었다.

어떤 전투든 단 두 명이 실력을 겨룬다면 단시간에 승자가 결정 나며 전쟁이 끝날 수 있지만, 수십 명의 소영주들이 진흙탕 싸움을 벌인다면 최후의 승자가 결정되기까지 아주 오랜 시간이 소요된다. 예를 들어 A라는 영주가 힘을 키워 B라는 영주와의 전투에서 승리하고 B의 영토를 차지하면 어떤 일이 벌어질까? 주변에 있던 C, D, E, F 영주들이 A를 견제하기 시작할 것이다. 그래서 이들이 힘을 모아 동시에 A 영주를 공격해 오히려 A가 영토를 잃는 일도 벌어질 수 있다. 또는 애초 A가 B를 공격할 때 뒤에서 C와 D가 A를 공격할 절호의 기회라고 생각해 쳐들어갈 가능성도 있다. 왼쪽의 적과 싸우면 오른쪽의 적이 쳐들어오는 형국이라 센고쿠시대에는 그 누구도 승리를 거두기가 쉽지 않았다. 도덕도 규칙도 없는, 만인에 대한 만인의 전쟁 상황이었기 때문이다.

그런데 이런 센고쿠시대를 종식시킨 사람이 있으니 바로 현재 나고야시에 해당하는 작은 지역 오와리(尾張)의 젊은 영주 오다 노부나가였다. 오다 노부나가는 이후 임진왜란을 일으킨 도요토미 히데요시(豐臣秀吉)가 모셨던 주군이다. 비록 작은 영지를 다스리는 영주였지만 오다 노부나가는 다음과 같은 세 가지 놀라운 일을 시행한다.

첫째, 오와리 동쪽의 영지를 다스리는 영주이자 조상 대대로 원수인 도쿠가와(德川) 가문과 화해하고 동맹을 체결한다. 이때 오다 노부나가 자신도 20대로 젊었지만 도쿠가와 가문의 주군이던 도쿠가와 이에야스(德川家康)는 10대 후반으로 더 어린 나이였다. 조상끼리 서로 죽고 죽이던 원수 사이였지만 작은 나라끼리 계속 이렇게 싸우다가는 황새와 조개가 서로 싸우다 지나가던 어부에게 잡혔다는 어부지리(漁夫之利)의 운명에 처하리라는 것을 두 젊은이가 깨달았던 것 같다.

놀랍게도 이 동맹은 끝까지 유지된다. 동쪽을 걱정할 필요가 없게 된 오다는 모든 군사를 이끌고 서쪽으로 진군했으며, 서쪽을 걱정할 필요가 없어진 도쿠가와는 전군을 이끌고 동쪽으로 진군할 수 있었다. 그리하여 이 둘은 결국 일본을 통일했다.

둘째, 오다 노부나가는 당시에는 검증되지 않은 신기술인 조총(鳥銃)에 미래를 걸었다. 서양의 배가 태풍에 밀려 일본 서남부 다네가시마(種子島)라는 곳에 좌초되고, 그 배에 탔던 선원들에 의해 일본에 조총이 전해진 것이 바로 이 센고쿠시대였다. 이렇게 조총의 위력은 알려졌지만, 당시 조총은 워낙 값이 비싼 물건이었고, 칼과 창으로 싸우던 군대에 갑자기 그것을 버리고 조총으로 싸우라고 했을 때 전쟁에서 과연 승리할 수 있을지는 확실하지 않았다. 무엇보다 조총은 총알을 장전할 때 시간이 걸리는지라 다급한 전쟁터에서 조총 한두 번 쏘고 다시 장전을 하려 하면 적의 칼이 어느 순간 목에 들어와 있을 수 있어, 대부분의 영주들은 거금을 들여야 하는 조총 구입을 망설였다. 하지만 오다 노부나가는 이 조총이 미래의 무기라고 확신했고 전 재산을 들여 3,000정의 조총을 제작해 조총부대를 만들었다. 당연히 이 조총부대는 적군의 장수와 말을 쏘아 쓰러뜨리며 위력을 발휘하였다.

셋째, 오다 노부나가는 직업군인제도를 도입했다. 당시 전쟁에서 싸우는 병사들은 평소에는 농사를 짓다가 전쟁이 일어나면 낫 대신 칼과 창을 쥐고 전투에 임하는 일종의 향토예비군이었다. 그러다 보니 일본의 전쟁은 농번기에는 거의 일어나지 않고 대개 겨울에 벌어졌다. 일하면서 싸우는 향토예비군 제도에서 한계를 느낀 오다 노부나가는 농사나 다른 일에 종사하지 않고 군인으로서 월급을 받으며 1년 365일 전투만 하는 직업군인으로 부대를 편성하였다. 그러고는 이웃 나라들이 농사로 한창 바쁠 때 주로 전쟁을 벌였다. 농번기에 한두 번은 참가할 수 있어도 그것이 반복되자 먹고살기 힘들어진 이웃 나라 농민들이 점차 전투에 나가지 않게 되었고, 오다 노부나가는 쉽게 전쟁에서 이길 수 있었다.

그런데 조총을 사고 군사들에게 월급을 주려면 돈이 필요하다. 오다 노부나가는 그 돈을 어디서 조달했을까. 우선, 오다 노부나가는 일본 제1의 도자기 생산지를 가지고 있었다. 또한 그는 세금 제도를 획기적으로 개선해 일본 전역의 상인들이 오다 노부나가의 영지에서 장사를 하려고 모여들도록 했다. 그 결과 더 많은 세금을 거둘 수 있었다고 하니 결과적으로 오다 노부나가는 경제·산업·군사 부문에서 두루 혁신적 면모를 보인 뛰어난 개혁자였다 하겠다.

그리하여 현재 나고야시 정도의 작은 지역에서 시작된 오다 노부나가의 영토 전쟁은 30년 노력 끝에 일본 땅의 절반 이상을 차지하는 것으로 결실을 맺었다. 다른 영주들이 일본 열도의 5% 이하를 차지하고 있는 상

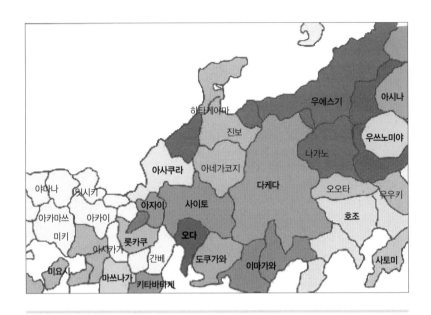

일본의 센고쿠시대 지도(1561년). 오다 노부나가의 영토 바로 오른쪽 옆에 도쿠가와 이에야스의 영토가 있다.

황에서 혼자 50%를 차지한다는 것은 일본을 통일해 최고 권력자가 되는 것도 시간문제라는 의미다. 경쟁자보다 힘이 몇 배로 강해졌으니 전쟁을 치르기도 훨씬 쉽지 않았겠는가.

이제 동서남북 사방에서 동시에 전투를 벌여야 하는 상황이 된 오다 노부나가는 자신이 직접 전투에 나서지 않고 가장 신뢰하는 부하 장수, 곧 시바타 가쓰이에(柴田勝家), 도요토미 히데요시, 아케치 미쓰히데, 다키가와 가즈마스(瀧川一益) 네 명에게 각기 다른 방면으로 진군하게 하였다. 이 네 사람은 오다 노부나가가 능력과 충성심 양면에서 가장 신뢰한 장수들이었다.

그런데 이렇게 신뢰하는 넷 중 하나인 아케치 미쓰히데가 지키는 교토 지역을 오다 노부나가가 지나던 중 그곳의 혼노지라는 절에서 숙박을 했고, 바로 그때 상상도 하지 못했던 일이 벌어진다. 아케치 미쓰히데가 대군을 이끌고 혼노지로 쳐들어와 오다 노부나가를 습격한 것이다.

17세 때부터 숱한 전투를 거듭하며 온갖 위기를 극복했고 일본 통일을 눈앞에 두고 있던 오다 노부나가는 추호도 의심하지 않았던 심복 부하의 배신으로 49세에 사망하고 만다. 더구나 후계자로 지명된 오다 노부나가의 큰아들도 함께 교토에 머물고 있어 습격을 피하지 못했다. 오다 노부나가와 그 후계자가 하룻밤 사이에 사망하는 사건이 벌어진 것이다. 대체 그들은 어쩌다 이런 비극을 맞게 되었을까?

아케치 미쓰히데는 왜
혼노지의 변을 일으켰나?
:

아마도 일본 사람에게 역사 속에서 가장 궁금한 것이 무엇인지 묻는다면 아케치 미쓰히데가 어째서 '혼노지의 변'을 일으켰는지 알고 싶다는 답변이 상당히 많을 것 같다. 만일 아케치 미쓰히데가 혼노지의 변 이후 오다 노부나가의 자리를 차지하고 일본의 최고 통치자가 되었다면 아무도 저런 의문을 품지 않았으리라. 일본의 최고 권력자가 되고 싶어서 자신의 상관 오다 노부나가를 치고 그 자리를 차지하려는 의도였을 테니까 말이다.

그러나 아케치 미쓰히데가 혼노지에서 오다 노부나가를 공격한 것이

6월 2일이고, 정확히 11일 후인 6월 13일 도요토미 히데요시의 군대에 패배해 도망치다가 그 역시 죽었다. 소위 '10일 천하'로 끝나고 만 셈이다. 게다가 그 10일간 아케치 미쓰히데는 우왕좌왕할 뿐 천하를 손에 넣고자 하는 구체적 행동을 취하지도 않았다.

글도 못 읽는 촌사람이 많았던 오다 노부나가의 부대에서 아케치 미쓰히데는 전투를 잘하는 장수일 뿐 아니라 군계일학(群鷄一鶴) 격으로 교양까지 갖춘 뛰어난 인물이었다. 오다 노부나가가 교토의 천황이나 귀족들과 외교적 업무를 해야 할 때면 그 일을 아케치 미쓰히데에게 맡겼을 정도다. 그래서 아케치 미쓰히데의 영지는 교토 바로 옆이었고, 그런 연유로 교토 혼노지에서 숙박하던 오다 노부나가를 급습할 수 있었던 것이다.

이렇게 문무가 모두 뛰어난 아케치 미쓰히데가 불과 11일 만에 자신이 죽게 되리라는 걸 알지 못하고 오다 노부나가를 암살했다는 것이 바로 혼노지의 변의 최대 수수께끼라고 할 수 있다. 아케치 미쓰히데가 오다 노부나가를 죽이는 계획만 갖고 있었고 그 이후 자신이 어떻게 일본 전체의 통치자가 될지는 생각하지 않은 채 혼노지의 변을 일으켰다고 여겨져서다.

혼노지의 변을 생각하면 연상되는 사건이 하나 있는데 바로 10·26 박정희 대통령 시해 사건이다. 당시 대한민국의 정보를 모두 장악하고 있다는 중앙정보부장 김재규가 박정희 대통령을 암살하였다. 하지만 김재규는 채 하루도 지나지 않아 체포되고, 그렇게 사태가 종결되었다. 아케치 미쓰히데와 김재규는 객관적으로는 전혀 성공 가능성이 없는 반란을 일으켰다가 최고 권력자를 죽이는 것만 성공하고 정작 자신은 비참하고 허무하게 생을 마감한 것이다.

혼노지의 변과 10·26 사태의 유사점은 여기에 그치지 않는다. 아케치 미쓰히데는 주군 오다 노부나가의 원수를 갚겠다고 멀리서 군대를 이끌고 달려온 도요토미 히데요시에게 패배해 죽게 되며, 결국 도요토미가 일본의 권력을 잡는다. 김재규를 잡은 것은 당시 보안사령관이었던 전두환이었는데, 얼마 후 전두환이 권력을 잡고 대통령이 되는 것과 닮아 있다.

혹자는 부하인 아케치 미쓰히데를 너무 믿어 군사도 거느리지 않고 혼노지에 숙박한 오다 노부나가의 방심이 문제라고 말한다. 게다가 후계자인 큰아들까지 대동했으니 사실 아케치 미쓰히데에게는 놓치기 힘든 기회로 여겨졌을 수 있다. 하지만 오다 노부나가는 아케치 미쓰히데가 자신을 죽인다고 해도 결국 도요토미 히데요시 등 다른 부하들이 나서서 아케치 미쓰히데를 죽일 테고 두뇌가 명석한 아케치 미쓰히데가 이를 잘 알고 있는데 설마 혼노지에서 자기를 공격할 리 없다고 생각했던 것 같다. 권력을 차지하기는커녕 아케치 자신도 곧 죽을 테니 자살행위와도 같은 어리석은 짓은 하지 않으리라 믿은 것 아닐까?

만일 오다 노부나가가 이런 논리로 아케치 미쓰히데가 자신을 죽이지 않으리라 생각했다면 오다 노부나가는 게임이론을 아는 사람이라고 말할 수 있다. 게임이론이란 상대방이 자신의 이익을 위해 어떻게 행동할지를 논리적 사고를 통해 예측하는 학문인데, 아케치 미쓰히데로서는 오다 노부나가를 죽이면 자기도 얼마 후 죽임을 당하리라 예상해 그를 살해하지 않는 것이 이득이기 때문이다. 그러나 인간은 안타깝게도 게임이론에서 가정하는 것처럼 늘 논리적이고 영리한 것은 아니다.

다시 10·26 사태를 생각해보자. 많은 사람이 김재규가 한때 자신의 부하였지만 어느새 자기를 무시하고 모멸감을 주는 차지철 경호실장을 극도로 증오했으며 그런 상황을 용인하고 차지철 편을 들어주는 박정희 대통령에 대해서도 원망하는 마음이 있었다고 생각하는 것 같다. 즉, 박정희 대통령 시해는 100% 냉철한 논리에 따라서 한 행동이 아닌, 박정희 대통령과 차지철 경호실장에 대한 서운함과 분노가 섞인 감정적 행동이라고 보는 것이다. 그리고 이렇듯 분노에서 나오는 감정적 행동은 게임이론에서는 다루지 않는다.

아케치 미쓰히데도 비슷한 배경 상황이 전개되고 있었다. 우선 집안만 놓고 보면 오다 노부나가보다 교양 있고 교토의 귀족들과도 연결되어 있는 아케치 미쓰히데는 내심 문화적으로는 시골 출신인 오다 노부나가보다 자신이 우월하다고 느꼈을 가능성이 있다. 그런 아케치 미쓰히데 입장에서는 눈치와 잔꾀는 뛰어나지만 출신이 천한 도요토미 히데요시 같은 자들과 나란히 앉아 회의를 하는 것조차 자존심이 상하지 않았을까? 그런데 그 촌티 나는 도요토미 히데요시가 여러 차례 큰 전투에서 이기면서 자신과 대등한 지위에 오른 것이다.

그러던 중 혼노지의 변이 일어나기 며칠 전 머나먼 최전선에서 중요한 전투를 벌이던 도요토미 히데요시가 난공불락으로 알려진 적의 성을 공격했다. 도요토미는 강을 막아 물을 채우는 수공으로 성을 포위하여 대승을 목전에 두게 되었고, 이 소식에 흥분한 오다 노부나가는 곧 일어날 큰 전투에서 도요토미를 도우라며 아케치 미쓰히데에게 군사를 이끌고 가라고 지시했다. 게다가 이 전투에서 도요토미의 명령을 받으라고 한 것이다. 고귀한 가문 출신의 교양인 아케치 미쓰히데가 미천하고 무식한 도요토미 히데요시의 부하로 전락하는 순간이었다. 이런 상황에 분노가 치민 아케치 미쓰히데는 결국 군대를 이끌고 도요토미를 도우러 가는 대신 방향을 틀어 혼노지를 공격했다.

나는 혼노지의 변의 원인은 결국 오다 노부나가에게 있다고 생각한다. 아케치 미쓰히데가 어리석은 욕심을 부린 것이든, 아니면 도요토미 히데요시 밑에서 싸우라는 지시에 감정적으로 폭발한 것이든 최고 권력자인 오다 노부나가는 이런 돌발 사태를 예측하고 대비했어야 했다. 이제 곧 일본의 최고 권력자가 될 사람인데, 수많은 부하 중 누구라도 오다 노부나가의 자리를 노리고 반란을 일으킬 수 있다는 가능성을 혼노지의 변 이전에 이미 생각했어야 하는 것이다. 더 이상 시골구석 오와리성에서 형님 동생 하던 사이가 아닌, 왕과 신하로서 적정한 관계를 맺고 필요한 제도를 갖추었어야 했다.

게임이론 전략의 모범 답안을 보여준 한나라의 유방은 이런 점에서도 뛰어났다. 항우를 물리치고 중국 천하를 차지한 유방이 어느 날 자신의 부하들과 축하 연회를 열었는데, 부하 몇몇이 술에 취하자 싸움이 붙어 서로 큰 소리를 지르더니 유방 앞에서 주먹싸움까지 벌이고 칼을 빼드는 자까지 있었다. 이전까지 유방은 그저 항우에게 대항하는 군대의 최고 책임자 정도였고 부하라고는 해도 고향 패현에서 형님 아우로 지내던 사이가 많았던 관계로 술자리가 자유롭고 편안한 분위기였던 듯하다. 하지만 이제 자신이 중국 황제 자리에 오르게 되는데, 황제 앞에서 부하들이 서로 욕하며 싸우는 건 잘못되었다 싶어 주변 참모들에게 대책을 물었다고 한다. 그랬더니 한 사람이 "유교를 공부하는 선비들은 전투는 전혀 못하지만 예의를 갖추는 방식은 제일 잘 알고 있으니 그 사람들에게 궁중의 예의범절 규칙을 만들도록 하십시오"라고 간언하기에 그에 따랐다고 한다.

그래서 예의라고는 평생 배운 적이 없던 유방의 부하 장수들이 그다음 날부터 황제가 계신 곳에 들어가고 나가는 걸음걸이부터 배웠고, 황제의 물음에 공손히 대답하는 방법도 교육을 받았다고 한다. 물론 유방은 부하 장수들의 곁에 일종의 첩자도 심어놓아 반란의 움직임이 있는지도 정탐했다. 형제와 같은 의리로 뭉쳐 천하를 얻게 되었지만 일단 천하를 얻은 뒤에는 이를 다스릴 수 있는 시스템과 규범을 제정해야 한다는 것을 유방은 잘 알았다는 이야기다.

반면 오다 노부나가는 그런 생각을 미처 하지 못했고, 이런 소홀함이 쌓이면서 아케치 미쓰히데가 엉뚱하고 어리석은 상상력을 발휘할 기회를 주게 된 것이라 생각한다. 다시 말해, 한나라의 유방은 천하를 얻은 후 부하들과의 관계에 새로운 규범을 만들어 황제의 위상을 높이는 동시에 공신들을 차례로 제거하여 반란을 미연에 방지하였는데, 1,800년이 지난 일본에서 오다 노부나가는 유방의 교훈을 얻지 못하고 혼노지의 변으로 죽은 것이다. 역사 공부가 왜 필요한지를 이 대목에서도 다시금 느낄 수 있다.

동시 게임과 동적 게임:
담합에서 배신은 언제 일어나는가?
:

게임이론에서 다루는 게임의 종류를 구분하는 데는 여러 가지 방법이 있다. 그중 하나가 게임 참가자들이 동시에 선택하여 순간적으로 게임이 종결되는 형태의 게임으로, 동시 게임(simultaneous game) 또는 일회성 게임(one shot game)이라 부르는 것이다. 가장 이해하기 쉬운 예가 '가위바위보'이다. 두 사람 또는 여러 사람이 동시에 가위바위보 중 하나를 내서 승부가 결정되면 게임이 시작과 동시에 끝나기 때문이다.

동시 게임이 아닌 또 다른 게임은 당연히 게임이 오랜 기간 계속되는 형태이다. 이렇게 게임 참가자들이 오랜 기간 상호작용을 하면서 동적 선택을 하기 때문에 이런 게임을 가리켜 동적 게임(dynamic game)이라 부르는데, 그 대표적 형태가 반복 게임(repeated game)이다. 그리고 현실에서 가장 자주 접하게 되는 반복 게임이 바로 담합(collusion)이다. 물론 담합은 법으로 금지된 것으로 경제에 해로운 행동이지만, 담합에 참여하는 당사자들은 이를 통해 높은 이윤을 얻을 수 있으므로 아마도 담합이 지구상에서 사라질 일은 없을 것이다.

어떤 마을에 구두를 파는 가게가 딱 두 곳뿐이고 철수와 영수가 가게의 주인이라고 해보자. 구두의 생산 비용은 5만 원이지만 철수와 영수는 10만 원에 팔고 있고 매일 평균적으로 각각 10켤레를 판매하여 마을 전체로 보면 매일 20켤레가 판매되고 있다. 그렇다면 철수와 영수는 각각 매일 평균 50만 원의 순이익을 남긴다는 말이다.

이 상황에서 만약 철수가 구두 가격을 9만 원으로 낮추면 어떨까? 한 켤레당 이윤은 5만 원에서 4만 원으로 낮아지지만, 지금까지 영수의 구두를 구매하던 고객들이 1만 원 저렴한 가격표가 붙은 철수의 구두를 사려 할 것이므로 9만 원에 20켤레를 판매할 수 있다는 계산이 나온다. 그럼 철수의 이윤은 한 켤레에 4만 원의 이익을 남기면서 20켤레를 팔 수 있으니 80만 원이 된다. 이전의 50만 원에 비해 훨씬 높은 이윤이다.

만일 오늘이 철수가 이 마을에서 구두를 파는 마지막 날이고 내일 다른 마을로 이사한다면 철수는 주저 없이 구두 가격을 9만 원으로 내릴 것이다. "가게 망했어요, 폐점 세일!" 이런 현수막을 내걸고 말이다. 그런데 철수가 앞으로도 이 마을에서 계속 구두를 팔고자 한다면 어떨까? 오늘은 가격을 9만 원으로 내려 80만 원의 순이익을 거둘 수 있지만 그랬다가는 내일 당장 영수가 구두 가격을 8만 원으로 더 내릴 수 있다. 그러면 철수도 어쩔 수 없이 가격을 8만 원 또는 그 이하로 또 내려야 하는데 이런 식으로 경쟁적으로 가격을 내리는 가격파괴를 하다 보면 철수와 영수 모두 순이익이 형편없이 줄어들 것이다.

"장사, 하루 이틀 하는 게 아니지 말입니다."

현명한 철수와 영수는 하루의 작은 이익을 노리기보다는 '신사적으로' 계속 10만 원에 구두를 팔기로 암암리에 약속을 할 것이며 바로 이것이 전형적 형태의 담합이다. 이런 담합이 성립하는 이유는 위에서 언급한 것처럼 앞으로도 철수와 영수는 매일매일 계속해서 구두를 파는, 즉 영원한 반복 게임을 할 것이기에 가능하다. 혹시라도 오늘 폐점을 하는 상황이 되면 게임이 갑자기 동시 게임, 일회성 게임으로 전환되어 이런 담합은 불가능해진다.

게임이론에서 담합은 중요한 주제이다. 기업들이 담합을 하면 순이익이 크게 증가하는 것도 사실이지만, 담합은 대부분의 경우 오래 지속되지 못하고 조만간 깨지게 마련이다. 철수나 영수 중 한 명이 결국 배신을 하고 가격을 내리기 때문이다. 그래서 게임이론에서는 어떤 경우에 담합이 붕괴되는지를 연구한다. 재미있게도, 담합이 가장 많이 붕괴되는 상황은 경기가 안 좋아서 구두가 잘 안 팔리는 때가 아니라 경기가 좋아 구두가 잘 팔리는 때다.

왜 그런지 보자. 지금 생산 비용이 5만 원인 구두가 매일 20켤레 팔리고 있고 만일 철수가 10만 원에 구두를 팔면 순이익은 100만 원이 된다. 그런데 갑자기 마을의 경기가 좋아져 구두가 매일 20켤레 팔리던 것이 40켤레가 팔린다고 하자. 철수가 9만 원으로 가격을 내리면 켤레당 이윤은 4만 원으로 줄지만 40켤레를 팔 수 있게 되니 순이익은 160만 원이 된다. 즉, 영수와의 담합을 깨고 가격을 내리면 그날 이윤이 60만 원이나 늘어난다는 말이다. 이와 같이 경기가 좋아 장사가 잘되면 담합의 약속을 깨고 배신했을 때 얻는 이익이 올라가므로 현실에서 이익 증대를 노린 배신이 더 많이 발생한다. 옛말에도 출세하면 조강지처를 버린다고 하지 않던가.

아케치 미쓰히데 역시 오와리 촌구석에서 오다 노부나가를 섬길 때는 앞으로 전쟁에서 이겨 영토를 넓힐 궁리만 했을 것이다. 그때 오다 노부나가를 배신해봐야 그 촌구석 영지를 차지할 뿐이니 그다지 내키지 않았을 것이다. 반면 오다 노부나가가 성공해 일본 전체의 권력자가 되자 아케치 미쓰히데의 입장에서는 오다를 배신하고 권력을 잡는다면 자신이 일본 전체를 가질 수 있으리라는 생각이 들었을 지도 모른다. 목숨을 걸고라도 해볼 만한 도박이라 여길 상황이 된 것이다.

안타까운 사실이지만, 냉철한 게임이론의 계산 결과는 어려운 시절 생사고락을 함께한 동지들이 마침내 큰 성공을 거둘 때야말로 이들이 갑자기 적으로 변할 가능성이 매우 높다고 알려주고 있다. 어떤 조직이 오랜 고생 끝에 마침내 성공을 거두었을 때 마냥 좋아하고 있을 수만은 없는 까닭이 여기 있다. 바로 그때야말로 지금까지 같이 고생한 동료들의 배신에 미리 대비해야 하는 시기인 것이다. 그리고 어쩌면 동료가 배신하기 전에 내가 먼저 배신해야 할지도 모른다.

오다 노부나가는 놓치고,
도쿠가와 이에야스는 챙긴 것
:

> 인간 50년
> 돌고 도는 세상과 비교하면
> 덧없는 꿈과 같도다.
> 이 세상에 태어나 죽지 않을 자 있으리오.

오다 노부나가가 즐겨 불렀다고 전해지는 노래다. 당시의 평균수명이 아마 50세 정도였나 보다. 무한히 이어지는 이 세상과 비교하면 50년 인생은 찰나에 불과한 허망한 것이라는 의미가 담겨 있다. 아무리 몸을 사리며 죽지 않고자 노력해도 결국 50년을 살면 죽는 것이 인간의 목숨이니 목표를 이루고자 한다면 위험도 감수해야 한다는 의미로 해석된다. 무인으로서 용기 있게 전쟁터에서 싸우다가 당당하게 20세에 전사하는 선택지를 버리고 비겁하게 전투를 피해서 기껏 치욕스럽게 50년을 살아봐야 이 세상의 무한한 시간에 비하면 20년의 삶이나 50년의 삶이나 과연 무슨 차이가 있겠느냐는 비장한 내용이다.

오다 노부나가가 이 노래를 부른 것이 남다르게 느껴지는 이유가 있다. 그가 아직 26세의 젊은 영주이던 시절 이웃하고 있던 강대국의 영주 이마가와 요시모토(今川義元)가 오다 노부나가의 영지로 쳐들어왔다. 이마가와의 군대는 2만 5,000명인 데 비해 오다 노부나가의 군대는 2,000~3,000명에 불과했다 하니 10배 가까운 대군이었다. 이마가와는 오다 노부나가에게 희망도 없는 전투로 아까운 목숨 잃지 말고 자신에게 항복하고 부하가 될 것을 요구하였다.

심지어 오다 노부나가의 부하들도 항복 외에는 방법이 없다고 느끼고 있을 때 오다 노부나가는 갑자기 갑옷을 갖추어 입고 위의 '인간 50년' 노래를 부른 후 그길로 말을 내달렸다고 한다. 이때 이마가와는 보나 마나 오다 노부나가가 항복할 것으로 생각하고 편히 막사에서 쉬고 있었고 이마가와의 진영으로 쳐들어간 오다 노부나가와 소수의 부하들은 순식간에 이마가와의 목을 베어 전쟁을 승리로 이끌었다. 이 전쟁이 일어난 장소가 오케하자마(桶狹間)라는 지역이라 이 전투를 '오케하자마의 전투'라고 부른다. 오와리 시골 지역의 젊은 영주 오다 노부나가의 이름을 처음으로 일본 전역에 알린 사건이다.

누구나 인생에서 큰 실패를 하거나 죽음을 당하는 것을 두려워하며 피하고 싶어 한다. 그러나 오다 노부나가는 한 번뿐인 인생이며 길어야 50년인 인생인데 실패의 위험이 있다 하더라도 더 높은 곳을 향해 나아가기로 한다. 단 하루를 살아도 용기 있게 산다면 역사에 이름을 남길 수도 있다고 믿었던 것이다. 이런 신념에 따라 오다 노부나가는 오케하자마 전투 이후에도 주변의 강력한 영주들과 무모하다 싶을 정도로 과감히 전투를 계속해나갔고, 죽을 고비도 여러 번 넘긴다. 하지만 그때마다 의외의 사건으로 위기를 극복해 드디어 일본의 최고 권력자가 되기 직전까지 갔던 것이다.

오다 노부나가보다 군사적으로 더 강했다고 짐작되는 영주들 중에 다케다 신겐(武田信玄)과 우에스기 겐신(上杉謙信)이 있다. 두 사람 모두 오다 노부나가에게 승리를 거두었다. 그런데 만약 이들이 승리의 기세를 몰아 더 깊숙이 쳐들어왔다면 아마 오다 노부나가는 큰 위기를 맞았을 것이다. 그런데 놀랍게도 두 강적이 모두 갑자기 병으로 쓰러져 사망한다.

승리의 가능성이 없었던 오케하자마 전투에서 기적적으로 이긴 노부나가는 아마 하늘이 자신의 편이고 "하면 된다"라는 믿음을 갖게 되지 않았을까? 이런 자신감은 그 후 몇 번의 위기를 계속해서 운 좋게 기적적으로 넘기면서 더욱 강화되었을 것이다. 그렇지만 아무리 운 좋은 사람도 주사위를 자꾸 던지다 보면 언젠가는 반드시 크게 실패하는 때가 온다는 것이 통계학의 원칙이다. 오다 노부나가는 49년간 주사위가 기적적으로 유리하게 나왔지만 마지막 혼노지에서는 그 반대의 사태가 벌어졌던 것이다. 물론 오다 노부나가가 매사 조심스럽고 신중하게 처신하는 성격이었다면 아마도 센코쿠시대를 끝내고 일본을 통일하는 영웅이 되지 못했을 것이다.

그렇다 해도 한 번쯤은 생각이나 태도를 바꾸었어야 했다. 오와리라는 작은 지역 영주였던 오다 노부나가가 동네 아우나 마찬가지인 부하들을 이끌고 일본의 절반을 차지하는 위치에 올랐을 때 방향을 조정했다면 어땠을까. 가령 20명의 직원을 거느리고 중소기업을 시작한 사장이 성공을 거듭하여 2,000명을 고용하는 중견기업을 일구었다면, 그때는 기업 내부의 회계 시스템이나 인사 시스템 등을 새로 바꾸어야 한다. 외부에서 경험 많은 회계 전문가와 인사 전문가도 새로 데려와야 할 것이다. 사장 혼자서 아이디어를 내어 제작하던 신상품도 이제는 실력 있는 공학도들을 채용하여 그들과 함께 개발하는 방식이 되어야 할지 모른다.

역사에도 오다 노부나가와 비슷한 상황에서 다른 선택을 한 사례는 있다. 먼저, 도요토미 히데요시는 성주가 된 이후 군사적 재능은 없지만 행정에는 아주 탁월한 엘리트 이시다 미쓰나리(石田三成) 같은 인물을 비서로 채용했다. 조직이 성장하는 성노에 맞추어 행정 전문기들을 영입하여 조직을 개선한 것이다. 반면 오다 노부나가가 이런 행정 전문가를 채용했다는 기록은 없다. 내부 정보 수집 및 감독을 맡은 부하가 따로 있었다면 아케치 미쓰히데의 모반 음모를 사전에 발견했을지도 모르는데 말이다.

조선의 역사에는 조카 단종을 끌어내리고 왕위에 오른 세조를 암살하고자 사육신이 계획을 세웠던 이야기가 전해진다. 사육신은 거사를 결정한 날 세조를 죽이려던 계획을 포기하고 다음 기회로 미루었는데, 거사 날짜가 미루어지자 같은 편 중 한 사람이 갑자기 불안감을 느껴 암살 음모를 세조에게 밀고해, 결국 사육신은 처형을 당한다.

어째서 사육신은 세조 암살을 미뤘던 것인가? 원래 세조가 후계자인 세자를 동반하고 연회에 참석하겠다고 하여 사육신이 세조와 세자를 한 번에 죽이고 단종을 다시 왕으로 모실 계획이었지만 마지막 순간 세조만 연회에 오고 세자는 오지 않도록 계획이 바뀌는 바람에 세조 암살을 미루기로 한 것이다. 세조를 죽여도 결국 세자가 남아 있으면 단종은 왕이 될 수 없다는 생각 때문이다. 그런데 마지막 순간에 세자의 연회 참석을 막은 사람이 바로 꾀가 많기로 유명한 한명회였다. 한명회의 생각에, 그 어떤 경우라도 현재의 왕과 후계자인 세자가 같은 장소에 있는 것은 위험한 일이었다.

만일 한명회 같은 지략가가 오다 노부나가의 부하 중에 있었다면 오다 노부나가는 후계자인 큰아들을 교토로 데리고 가지는 않았을 터이다. 그랬다면 아케치 미쓰히데 역시 오다 노부나가를 죽인다고 해서 일본이 자기 손에 들어오지는 않으리라 생각하여 혼노지의 변을 일으킬 결심을 접었을지 모른다.

좋은 물건을 잘 만들고 영업 능력이 뛰어나 중소기업을 대기업으로 키운 창업자들이 회계 부정이나 회사의 기술 유출, 또는 금융 투자에 실패하여 큰 어려움을 겪는 경우가 생각보다 많다. 기업의 규모가 커지면 주변의 시선도 달라지고, 수가 늘어난 직원들의 성품도 일일이 파악할 수가 없어 중소기업 규모에서는 생각지도 못했던 사고가 일어날 수 있다. 중소기업 시절에 아무리 능력을 펼치던 기업인이라도 기업의 규모가 커지면 거기에 맞춰 기업 경영을 새로 배워야 하고 새로운 인재를 써야 하는 것이다.

나아가, 직원이 20명이면 사고가 20번 날 것이 직원이 2,000명이 되면 사고가 2,000번 날 수 있다는 뜻이다. 사고가 20번 정도 발생했을 때 이를 모두 감당하고 처리할 수 있었던 기업인이라도 2,000번의 사고가 발생하면 처리하기가 어렵다. 즉, 조직이 커지면 위험을 줄이고 보다 조심스럽게 조직을 운영하는 방향으로 바뀌는 것이 맞다. 49세의 오다 노부나가는 26세 때 자신이 오케하자마에서 이룬 기적 같은 성공은 잊고 매사 조심하는 쪽으로 성격을 바꾸고 신중함도 갖추었어야 했다. 큰 성공을 했을 때가 부하들이 배신할 가능성이 가장 높을 때라는 걸 깨달았다면, 아마도 일본의 절반을 차지했던 바로 그 49세 때 내부 감시 제도를 도입했을 것이다.

마지막으로, 도쿠가와 이에야스의 이야기로 이 장을 마무리하자. 도쿠가와 이에야스도 젊은 영주 시절 승리의 가능성이 희박한 전투에 용감히 나섰던 경험이 있다. 도쿠가와가 30세였던 해에 이웃 강대국의 영주였던 다케다 신겐이 쳐들어왔다. 도쿠가와는 당시 일본 최강이라 알려진 다케다와의 직접 전투를 피해 성에 틀어박혀 방어를 할 수도 있었지만 젊은 혈기로 성을 박차고 나가 미카타가하라(三方ヶ原) 들판에서 다케다군과 대결한다. 하지만 유감스럽게도 도쿠가와 군대는 처참하게 패배한다. 도쿠가와 이에야스는 뒤를 쫓아오는 다케다 군사들을 피해 죽어라 말을 달려 간신히 성으로 돌아왔으나 대부분의 군사가 전사하여 돌아오지 못했다. 말이 조금만 느리게 달렸어도 도쿠가와 이에야스 역시 그날 전사했을

도쿠가와 이에야스는 다케다 신겐과의 전투에서 패하고 급히 말을 달려 도망친다. 얼마나 겁을 먹고 서둘렀던 지 바지에 실례를 한 것도 모른 채였다. 나중에 말에서 내린 뒤 도쿠가와 이에야스는 화가를 불러 그 모습을 그리라고 했고, 평생 이 그림을 방 안에 걸어놓았다고 한다.

것이 분명했을 정도로 참패를 당했다.

　도쿠가와 이에야스가 미카타가하라 전투에 패하고 성까지 얼마나 급하게 도망쳤는가 하면 도쿠가와가 말에서 내려서 보니 바지에 똥을 싼 것을 발견했을 정도였다. 그런데 도쿠가와는 바지를 갈아입지도 않고 바로 화가를 불러 전쟁에 참패하고 바지에 실례를 한 그 비참한 모습을 그리도록 했다. 그리고 그 그림을 평생 자신의 방에 걸어놓고 보았다고 한다. 최근 투자에서 엄청난 손실을 입은 일본 소프트뱅크의 손정의 회장이 실적을 보고하면서 바로 이 도쿠가와 이에야스의 패전 직후 초상화를 띄워놓고 자신도 도쿠가와와 같이 패배를 깊이 반성하고 있으며 이제 초심으로 돌아가 열심히 일하겠다는 말을 했다고 한다.

오케하자마 전투에서 세상을 놀라게 하며 기적과 같은 승리를 거둔 오다 노부나가는 대담한 전략으로 일본을 거의 통일하지만 결국 그 과감하고 대범한 성격이 하나의 원인으로 작용해 혼노지에서 죽고 만다. 반면 도쿠가와 이에야스는 미카타가하라 전투에서 참패했을 뿐 아니라 그 오만한 마음에 대한 경고의 의미로 초상화를 걸어놓고 평생 조심하며 살았다. 조심할 때와 위험을 무릅쓸 때를 잘 가려낼 수 있다면 게임이론 전략 측면에서는 그 자체로 성공한 삶이라고 말할 수 있다.

"

사람들은 왜
양다리를 걸치는가?

"

제 8 장

세키가하라 전투에서
확인하는
'밴드왜건 효과'

조직 생활을 하다 보면 종종 복지부동(伏地不動)이라는 단어를 떠올리게 된다. 물론 대부분의 조직 구성원들이 평소에는 자신의 임무를 성실히 수행한다. 하지만 두 가지 상반된 의견이 조직 내에서 팽팽히 맞설 때는 어떨까? 전문성을 갖춘 구성원이라면 이런 때 적극적으로 자신의 의견을 피력해 조직이 보다 나은 선택을 하도록 힘을 보태야 한다. 그런데 의외로 이런 경우 토론에 참여하는 구성원의 수는 매우 적다. 때로는 거의 없다. 의견을 냈다가 혹시라도 틀리면 나중에 어떤 책임을 져야 할지 몰라 두려워서다.

사실 찬반 토론 자체가 다른 구성원과 얼굴도 붉혀가며 의견 대립을 해야 하는 일일 수 있다. 그래선지 이 경우에 의견을 낸 당사자 한두 명 외에는 침묵으로 일관하는 사람이 대부분이다. 당연한 이야기이지만, 전문성을 가진 구성원들이 이렇듯 침묵하는 조직은 올바른 선택을 할 확률이 현저히 낮다. 그리고 이로써 발생하는 피해는 침묵하던 구성원들에게 돌아가 결국 조직 전체가 큰 피해를 입게 된다.

400년 전 일본의 무사들이 두 편으로 나뉘어 싸운 적이 있다. 세키가하라(関ヶ原)라는 들판에서 한판 승부를 벌인 것인데, 일본 전역에서 무사가 모였다고 하지만 막상 전투에 참여한 인원은 절반에 불과했다. 즉, 나머지 절반의 무사들은 전투 장면을 그저 바라만 보다가 돌아갔다. 전투에 직접 참여하기보다는 나중에 승리하는 쪽에 붙겠다는 마음이었던 것이다.

세키가하라 전투를 통해 어떤 이유로 사람들이 양다리를 걸치고 복지부동을 하는지, 그 결과는 어떻게 되는지 살펴보자.

도요토미 히데요시의 죽음과
세키가하라 전투
:

1592년부터 임진왜란이 7년째 계속되고 있던 1598년 9월 18일 일본의 최고 권력자 도요토미 히데요시가 향년 61세로 사망하였다. 조선은 물론이고 명나라까지 정복하겠다는 포부를 품었던 도요토미 히데요시가 사망하자 조선에 주둔 중이던 일본군이 빠르게 일본으로 복귀했다. 그리고 마지막까지 일본군을 한 명이라도 더 죽이고자 노력했던 이순신 장군이 같은 해(선조 31) 11월 19일 노량해전에서 승리하였으나 전사했다는 것은 주지의 사실이다.

조선, 명나라, 일본 세 나라가 7년이나 군사를 총동원하고 국력을 모두 쏟아가며 치른 전투였기에 임진왜란은 전쟁이 종료되고 난 후에도 관련된 세 나라에 큰 영향을 남기는 한편 정세에도 변화를 가져왔다. 우선 명나라는 임진왜란 때문에 만주 지역을 신경 쓰지 못해 그사이 청나라를 건국한 여진족에 의해 멸망하고 말았다. 그리고 선조를 비롯한 조선의 집권층은 본인들의 무능으로 국가가 전란에 휩쓸려 상상하기도 어려운 피해를 입었으나 오히려 임진왜란 종결 후 흔들림 없이 조선을 다시 통치해 나갔다.

임진왜란을 일으킨 장본인 일본은 어찌 되었을까? 일본의 도요토미 정권은 임진왜란이 끝나고 불과 2년 후인 1600년에 일본 최고 권력자 자리를 도쿠가와 이에야스에게 빼앗겼고, 도요토미 히데요시의 아들 도요토미 히데요리(豊臣秀賴)는 일본의 통치자에서 오사카 지역의 영주로 몰락하더니, 결국 1615년 도쿠가와 이에야스에 의해 죽임을 당해 도요토미 가문은 영원히 사라지게 된다.

그런데 도요토미 가문의 운명이 결정된 때는 사실 1600년 9월 15일이다. 그날 아침부터 오후까지 세키가하라 지방에서는 일본 역사상 최대의 전투가 벌어졌다. 도요토미 가문의 일본으로 계속 갈 것인가, 아니면 도쿠가와가 일본의 새 주인이 될 것인가를 놓고 일본의 거의 모든 사무라이가 한자리에 모여 결전을 벌였다.

이 전투에서 도요토미 가문이 패배하면서, 이후 265년 동안 일본 열도는 도쿠가와 집안이 다스리게 된다. 이렇게 임진왜란으로 가문이 멸망하고 후손들이 모두 죽게 되는 최대의 피해를 본 것은 임진왜란을 일으킨 당사자인 도요토미 히데요시 가문이었다.

일본 역사에서 가장 중요한 전투로 회자되는 세키가하라 전투를 이해하려면 도요토미 히데요시 집안과 부하들에 대한 이해가 필요하다. 도요토미 히데요시는 미천한 가문 출신이지만, 타고난 능력과 뛰어난 용인술로 1590년 일본 전체를 통일하고 일본의 주인이 된다.*

일본 전체의 주인이 된 도요토미 히데요시에게도 한 가지 어려움이 있었으니, 권력을 물려줄 아들이 없다는 점이었다. 도요토미의 첫 부인 네네는 도요토미가 일본 최고의 권력자가 되기까지 정치에도 적극 개입하며 큰 도움을 준 뛰어난 능력의 소유자였지만, 아이를 낳아주지는 못하였다. 그래서 도요토미는 나이 들어 두 번째 부인을 얻는데 '차차'라는 애칭으로 불린 요도도노(淀殿)이다.

차차를 두 번째 부인으로 삼은 것에서 우리는 도요토미 히데요시의 속마음을 살짝 엿볼 수 있다. 도요토미 히데요시는 원래 자신의 주군 오다 노부나가의 신발을 담당하는 부하로, 퇴근한 오다 노부나가의 신발을 잘 간수하다가 오다가 다시 외출할 때 그 신발을 꺼내놓은 일이 주된 임무였다고 한다. 정사에 기록된 것은 아니라 사실 여부는 확인할 길이 없지만, 도요토미가 미천한 신분 출신임을 짐작해볼 수는 있다.

---

* 일본의 명목상 주인은 교토의 천황이지만, 12세기 말부터 실권은 무사 또는 사무라이 중 가장 큰 힘을 가진 자가 천황으로부터 권력을 위임받아 행사하였는데, 도요토미는 천황으로부터 관백(関白, 간파쿠)의 지위에 임명받아 일본 전국을 다스렸다.

아무튼 오다 노부나가가 어느 추운 겨울날 아침, 신발을 신어보니 신발이 너무나도 따뜻했다. 추운 겨울에 어찌 신발이 따뜻한지 궁금해 도요토미에게 물어보니 도요토미가 주군 오다를 위해 밤새 품속에 신발을 껴안고 잤다고 답한다. 기특하게 여긴 오다 노부나가가 도요토미 히데요시에게 다른 역할을 맡겨보았는데, 어느 직책을 맡기든지 예상을 훨씬 뛰어넘는 성과를 내놓았다. 그렇게 차근차근 도요토미 히데요시는 2인자 자리까지 올라갔다. 그리고 혼노지에서 오다 노부나가가 다른 부하 아케치 미쓰히데에게 공격당하자, 이 기회를 놓치지 않고 아케치 미쓰히데를 죽이고는 오다 노부나가를 대신하여 일본 최고의 권력자가 되었던 것이다.

도요토미 히데요시의 둘째 부인 차차는 오다 노부나가의 여동생 오이치의 딸이었다. 당대에 미녀로 명성이 자자했던 오이치를 도요토미 역시 자주 보았을 것이다. 하지만 당시 자신의 미천한 지위로는 감히 말도 붙일 수 없었을 것이다. 그런데 신발 담당 하급 사무라이에서 일본 최고의 권력자가 되어 과거 자신이 감히 사모할 자격도 없었던 오이치 공주의 딸을 아내로 맞은 것이다. 하지만 결과적으로는 바로 이 차차와의 결혼이 도요토미 가문에 화를 불러오는 시발점이 되었다.

50세가 넘도록 후사가 없던 도요토미 히데요시는 자기 동생의 아들, 즉 조카인 도요토미 히데쓰구(豊臣秀次)를 후계자로 임명한다. 그런데 임진왜란을 일으키고 그 이듬해인 1593년 놀라운 일이 일어나는데, 둘째 부인 차차가 도요토미 히데요시의 아들을 낳은 것이다. 아들의 이름은 도요토미 히데요리이며, 당시 도요토미 히데요시의 나이는 56세였다.

한 사람의 개인으로서는 기쁜 일일 수 있지만, 한 국가의 최고 권력자에게 이런 일이 일어나는 것은 복잡한 사건이 연속으로 일어나는 계기가 되리란 걸 이제 독자들도 짐작할 수 있을 것이다. 만약 기존에 후계자로 임명되어 있던 조카 히데쓰구를 그대로 후계자로 삼아 도요토미 히데요시가 죽은 뒤 권력을 물려주면 어떻게 될까? 아마도 아주 높은 확률로 조카 히데쓰구는 히데요시의 어린 아들 히데요리를 죽일 것이다. 히데쓰구의 입장에서는 자신이 일본의 최고 권력자가 된 것은 큰아버지 히데요시 덕분인데, 그 히데요시의 아들이 어느 날 불쑥 권력을 넘기라고 하면 아주 곤란한 상황이 벌어질 것이고, 히데쓰구파와 히데요리파가 나뉘어 전쟁이 일어날 수도 있으니 가능한 한 빨리 히데요리를 제거하고자 할 것이다.

그래서 도요토미 히데요시는 히데요리가 태어나자마자 히데쓰구에게 누명을 씌워 할복을 명령한다. 이때 히데쓰구 편에 섰던 도요토미 가문의 능력 있는 부하 중 여럿이 같이 억울한 죽음을 당하게 된다. 도요토미 가문으로 봐서는 유능한 인재들을 아깝게 잃게 된 셈이었다.

이렇게 해서 도요토미 히데요시의 후계자는 갓 태어난 도요토미 히데요리로 바뀌게 된다. 이제 아버지 히데요시가 오래오래 살아 히데요리가 어른이 된 뒤 권력을 무사히 넘겨주기만 하면 아무런 문제가 없었을지 모른다. 하지만 56세에 자식을 낳은 도요토미 히데요시는 5년 후 61세의 나이로 사망한다. 즉, 이때 후계자인 도요토미 히데요리는 나이가 불과 5세였다.

아무리 부하들이 충성심이 강하다 해도 될 일이 있고 안 될 일이 있다. 다섯 살배기 어린이를 주군으로 섬길 수는 없었다. 그러다가 나라가 제대로 돌아가지 못하면 그를 따랐던 부하들의 집안도 다 같이 멸망할 것이기 때문이다. 만일 조선처럼 모든 권력, 특히 군사권이 임금에게 집중되는 시스템이었다면, 다섯 살배기라도 어머니나 외척의 도움을 받아 권력을 유지할 수 있었을지도 모른다. 하지만 일본은 1868년 메이지유신이 단행되기 이전까지는 군사권이 한 사람에게 모인 적이 없다. 각 지역마다 다이묘(大名)라고 불리는 독자 세력이 있고 이들이 쇼군(將軍)이라 불리는 중앙의 최고 권력자에게 충성을 맹세하는 방식으로 정치 시스템이 운영되고 있었다.

예를 들어 지금 일본의 서남단 끝에 있는 가고시마 지방은 시마즈(島津)라는 사무라이 집안이 수백 년간 통치했는데 도쿄나 교토의 최고 권력자가 관리를 파견하지 못했다. 자체적으로 작은 왕국이었던 것이다. 마치 고려를 건국한 왕건이 호족 세력의 도움으로 고려의 국왕이 되었듯 일본은 다이묘들을 많이 모아 지지를 받은 자가 권력을 잡고 일본을 지배했다. 그러므로 5세 어린이인 도요토미 히데요리가 일본의 통치자로 임명되었을 때 다이묘들이 지지를 철회하면 도요토미 히데요리와 함께 그를 지지하던 부하 다이묘들도 하루아침에 권력에서 쫓겨나게 되는 것이다.

그러니 다섯 살배기 어린 아들을 남기고 죽는 도요토미 히데요시의 걱정이 이만저만 아니었을 것이다. 그런 도요토미 히데요시가 궁리 끝에 생각해낸 방법이 어린 히데요리가 어른이 될 때까지 다이묘 중 가장 영향력이 센 사람 다섯이 공동으로 일본을 이끌어나가도록 하는 공동 통치 제도를 마련하는 것이었다. 이 통치자 집단을 오대로(五大老)라고 이름 짓고는 무슨 일이 있어도 히데요리를 잘 지키겠다는 약속을 문서 형태로 받아두기까지 했다. 그 오대로는 마에다 도시이에(前田利家), 도쿠가와 이에야스, 모리 데루모토(毛利輝元), 우에스기 가게카쓰(上杉景勝), 우키타 히데이에(宇喜多秀家)였다.

오대로 중에서도 최고령자이면서 지도자 격이었던 사람이 마에다 도시이에다. 도요토미 히데요시가 하급 무사이던 시절부터 동료로 친하게 지내던 인물로, 인망이 두터워 젊은 무사들이 그의 말을 잘 따랐다고 한다. 그래서 도요토미 히데요시가 1598년 9월에 사망하고 나서 자잘한 갈등이 있었으나 마에다 도시이에의 중재로 원만히 해결되었고, 그에 따라 오대로 제도가 의외로 잘 운영될 수 있다는 분위기마저 감돌았다. 하지만 도요토미 히데요시 사망 후 불과 7개월 만인 1599년 4월, 마에다 도시이에 또한 61세의 나이로 갑작스레 사망한다.

나중에 다시 언급하겠지만, 도요토미 히데요시는 나이 개념이 좀 부족했던 것 같다. 자기 자신도 56세의 나이에 덜컥 아이를 낳더니, 언제 죽을지 모르는 60세 친구 마에다 도시이에한테 자식을 부탁하고 죽었으니 말이다. 지략이 뛰어난 것으로 평생 이름을 떨친 도요토미 히데요시치고는 참으로 어처구니없는 계획을 세웠던 것이다. 역시 자식 앞에서는 아무리 똑똑한 부모도 어리석어지는 건가 싶기도 하다.

지도자 격이었던 마에다 도시이에가 사망하자 남은 사(四)대로 중에서는 당시 56세였던 도쿠가와 이에야스가 나이도 가장 위였고 군사력도 가장 강하였다. 그런데 도쿠가와 이에야스는 어린 히데요리를 섬길 마음이 전혀 없었다. 또 자신이 일본의 주인이 되고자 하는 야망을 굳이 숨기지도 않았다. 그러니 40대 초반이었던 모리 데루모토와 우에스기 가게카쓰, 그리고 나이가 불과 20대 후반이던 우키타 히데이에가 나서서 어린 히데요리를 보호하겠다고 도쿠가와 이에야스와 각을 세우고 대립할 이유가 없지 않았을까 짐작된다. 다섯 살배기 아이를 모시겠다고 도쿠가와 이에야스에게 대들다가 혹시 실패하기라도 하면 멸문지화(滅門之禍)를 입는 반면 그저 가만있으면 넓은 영지를 계속 다스리면서 살 수 있기 때문이다.

이때 어린 히데요리를 대신해서 나선 사람이 도요토미 히데요시가 총애했던 행정관료 이시다 미쓰나리이나. 요즘으로 치면 중학교 1학년 정도의 나이에 도요토미 히데요시의 눈에 들어 가까이서 그를 보좌했던 이시다 미쓰나리는 행정적으로는 거의 천재적 재능을 발휘해 도요토미 히데요시가 매우 아끼던 수석비서였지만, 이상하게도 전투에만 나가면 지고 돌아왔다. 심지어 임진왜란 당시에 행주산성 전투에서 10배나 되는 군사를 이끌고도 권율 장군에게 패배한 일본 장수들 중의 하나가 바로 그다.

그러나 앞서도 언급했듯, 군사를 징발하고 경제를 살리는 재주는 뛰어났던 모양으로 도요토미 히데요시가 죽는 날까지 가장 아끼던 인물이었다. 오랫동안 비서실장 직무를 수행해온 덕분에 오대로 중 우에스기 가게카쓰, 우키타 히데이에 등과도 친분이 두터웠다고 한다. 비유하자면, 회장 비서실의 비서실장과 주요 계열사의 사장들이 서로 도우며 친하게 지냈던 셈이다.

도쿠가와 이에야스가 어린 히데요리를 몰아내고 일본을 차지하려는 야심이 있음을 눈치챈 사람도 이시다 미쓰나리였다. 그래서 그는 히데요시가 죽고 마에다 도시이에마저 그다음 해에 사망하자 오대로 중 도쿠가와 이외의 세 사람에게 연락해 도쿠가와를 견제하자고 제안했다. 이렇게 해서 두 진영이 세키가하라 전투를 벌이게 된다. 당시 도쿠가와 이에야스는 현재 일본의 동쪽인 도쿄 지역의 다이묘였고, 이에 대항하는 이시다 미쓰나리는 서쪽인 교토 지역의 다이묘였다. 그래서 도쿠가와 진영은 동군(東軍)이라 부르고 이시다 진영은 서군(西軍)이라 불렸다. 당연히 서군에는 오대로 중 남은 세 명인 모리 데루모토, 우키타 히데이에, 우에스기 가게카쓰가 참여하였다.

불리한 전장에서 도쿠가와는
어떻게 승리를 챙겼나?
:

오대로 중 도쿠가와가 가장 강했다고 하나 다른 세 명의 대로가 이시다 미쓰나리의 편이었으니 도쿠가와의 병력은 아무래도 다소 열세였다. 어쨌든 양쪽이 각각 10만 명 정도의 군세였고 도합 20만 명의 군대가 한날 한자리에 모여 전투를 벌였다.

　그런데 당시 오대로를 다 합친 것보다 더 많은 군사력을 지닌 자가 있었다. 도쿠가와보다 몇 배의 군대를 보유했던 그는 누구였을까? 사실 그 답은 너무도 간단한데, 바로 도요토미 가문이다. 서군을 이끄는 이시다 미쓰나리도 사실 도요토미 가문에 속해 있었고, 임진왜란 때 조선을 침공한 두 명의 선봉장 고니시 유키나가(小西行長)와 가토 기요마사(加藤淸正)도 도요토미의 직계 부하들이었던 것이다. 그리고 잠시 후 소개하겠지만, 세키가하라 전투의 승패를 좌우한 고바야카와 히데아키(小早川秀秋)라는 다이묘는 도요토미 히데요시의 처조카로서 도요토미 가문의 친인척이었다. 일본의 최고 통수권자가 도요토미 히데요시였으므로 오대로를 다 합한 것보다 더 강한 군대를 가지고 있었고, 따라서 정황상으로는 이시다 미쓰나리가 이끄는 서군이 세키가하라 전투에서 유리했다.

서군이 세키가하라 전투에서 이기는 것이 논리적으로 당연한 이유는 하나 더 있다. 이시다의 서군은 높은 지형에 진을 치고 있었기 때문에 도쿠가와의 동군이 밑에서 위로 공격해 올라가야 했다. 무기를 들고 군장을 한 채 위쪽으로 달려 올라가려면 숨도 차고 속도도 느려진다. 반면 아래로 내려가면서 공격하면 속도도 빠르고 힘도 덜 든다. 총이나 화살을 쏴도 위에서 밑으로 쏘는 편이 더 멀리 날아간다. 따라서 일본의 역사를 모르는 군사 전문가에게 '세키가하라 전투 포진도'를 주고 누가 이겼을 것 같은지 물으면 거의 전원이 서군이 쉽게 승리했으리라고 답한다.

이처럼 이시다 미쓰나리의 서군은 상대보다 병력도 많고 전투 포진에서도 압도적으로 유리했다. 다시 말하면 도쿠가와가 이끄는 동군이 모든 측면에서 불리했다는 이야기다. 그런데도 서군은 어째서 도쿠가와 이에야스의 동군에 패배한 것인가? 그 원인을 다음과 같이 정리해볼 수 있다.

우선, 도요토미의 군대 중 절반이 서군이 아닌 동군으로 들어가 세키가하라 전투에 참가하였다. 예를 들어 임진왜란의 선봉장이었던 고니시 유키나가는 서군이었지만, 또 다른 선봉장 가토 기요마사는 동군이었다. 한마디로 도요토미의 부하들 사이에 파벌이 생겼고 서로 대립이 심해, 가토 기요마사 같은 장군은 이시다 미쓰나리의 지시를 받기보다는 차라리 도쿠가와 이에야스 밑으로 들어가겠다고 생각했던 것이다.

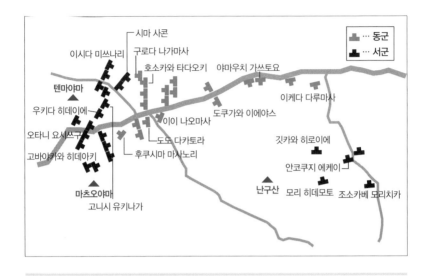

아래 지도 내 라벨:

시마 사콘
구로다 나가마사
이시다 미쓰나리
호소카와 타다오키   야마우치 가쓰토요
■ … 동군
■ … 서군
텐마야마
이케다 다루마사
우키다 히데이에
도쿠가와 이에야스
오타니 요시쓰구
이이 나오마사
고바야카와 히데아키
깃카와 히로이에
도도 다카토라
후쿠시마 마사노리
안코쿠지 에케이
마츠오야마
난구산   모리 히데모토   조소카베 모리치카
고니시 유키나가

1600년 9월 15일 벌어진 세키가하라 전투 포진도.

동군 측에서 세키가하라 전투에 참가한 장수들 절반이 사실 도요토미 가문이었다. 후쿠시마 마사노리(福島正則), 도도 다카토라(藤堂高虎), 구로다 나가마사(黑田長政), 호소카와 타다오키(細川忠興) 같은 무장이 모두 원래 도요토미 측이었지만 도쿠가와 이에야스 편에서 싸웠다. 이들은 전쟁터에서 큰 전공을 세운 이름 있는 사무라이인 자기들에게 전쟁만 나가면 패배하는 백면서생 이시다 미쓰나리가 이래라저래라 지시하고 평가하는 것이 불만이었고, 그래서 이시다 미쓰나리 쪽에서 싸울 마음이 없어 동군으로 간 것이다. 도요토미 히데요시가 죽기 전에 이런 내부 갈등의 싹을 미리 없애지 못한 것이 그 아들 히데요리에게는 실로 치명적이었다.

도요토미 히데요시의 부하 장수들 중 많은 이들이 도쿠가와 이에야스 측에서 싸웠던 데에는 또 다른 요인도 작용했다. 도요토미 집안의 무장들은 이시다 미쓰나리와 출신 지역이 완전히 달랐다. 도요토미 히데요시는 지금의 나고야 지역의 옛 이름인 오와리 출신이었으며, 도요토미를 따랐던 군인 기질의 장수들도 대부분 오와리 출신이었다. 오와리는 당시 문화의 중심지였던 교토로부터 멀리 떨어져 있어 전투 실력은 몰라도 문화적 측면에선 촌동네 취급을 받았다. 일본의 드라마나 영화를 보면 도요토미 가문의 오와리 출신 장수들은 글을 읽거나 쓸 줄 모르는 문맹으로 많이 묘사된다.

반면 이시다 미쓰나리는 문화의 중심지인 교토 인근의 오미(近江) 출신이다. 도요토미 히데요시가 중학생 나이의 이시다 미쓰나리를 처음 만난 곳도 오미의 한 불교 사찰이었다고 한다. 이시다 미쓰나리는 당시 절에서 교육을 받던 어린 생도였다. 당연히 글을 읽고 쓰는 것과 셈에 능숙해 행정적인 일을 잘 처리할 수 있었다. 당시 격렬한 전투를 벌인 끝에 촌놈들인 오와리의 군사들이 세련된 오미의 군대를 물리치고 그 지역을 점령했던 것이다. 오와리 장수들 입장에서는 분명 자기들이 오미를 이겼는데, 갑자기 이 오미 출신의 싸움도 못하는 이시다 미쓰나리가 도요토미 히데요시의 행정비서가 되어 명령을 내리는 것이 참을 수 없었으리라.

그런데 이시다 미쓰나리는 도요토미 히데요시 사후에도 ㄱ 힘이 약해지지 않았는데, 도요토미 히데요리를 낳은 도요토미 히데요시의 둘째 부인 차차가 바로 오미 출신이었기 때문이다. 도요토미 히데요시와 그 첫째 부인 네네는 분명 오와리 촌구석 출신이지만, 출세한 도요토미 히데요시가 세련된 오미 출신인 차차를 부인으로 맞았고, 그 차차에게서 낳은 자식이 바로 후계자 히데요리였으니 오와리 출신 장수들 입장에서는 뭔가 한참 잘못되었다는 생각이 들었을 것이다.

오와리 출신 장군들이 이시다 미쓰나리와 대립하도록 뒤에서 영향력을 미친 사람이 도요토미 히데요시의 첫째 부인 네네라는 이야기도 있다. 네네는 여러 면에서 출중함을 보여 단순히 도요토미 히데요시의 부인 역할에 그치지 않고 도요토미의 부하 장수들에게 마치 어머니 같은 존재였다고 한다. 어쨌든 네네 입장에서도 자기가 도요토미 히데요시를 내조하여 일본의 최고 권력자로 만들어놓았는데, 갑자기 차차라는 젊은 여자가 나타나 아들을 하나 낳더니 권력을 모두 빼앗아간 셈이다. 화가 날 만도 한 것이다.

앞에서 도요토미 히데요시의 처조카 고바야카와 히데아키가 세키가하라 전투에서 중요한 역할을 했다는 언급을 했는데, 그는 바로 첫 부인 네네의 조카였다. 고바야카와는 처음에는 이시다 미쓰나리의 서군으로 전쟁에 참여했지만 중간에 마음을 바꾸어 동군 입장에서 오히려 서군을 공격하여 세키가하라 전투의 승패를 결정짓는 데 큰 역할을 한다. 그가 도쿠가와의 동군 쪽으로 마음을 바꾼 데에는 히데요리의 모친 차차를 미워한 첫째 부인 네네의 영향력이 작용했을 가능성이 있다.

세키가하라 전투의 경과를 보면 서군은 우키타 히데이에, 고니시 유키나가, 오타니 요시쓰구(大谷吉繼), 이시다 미쓰나리의 군대와 이들을 실질적으로 지휘한 시마 사콘(島左近)의 부대만 전투에 참여한다. 우키타 이외의 오대로 중 한 명으로서 도쿠가와의 군세에 필적하는 강군을 보유한 모리 데루모토 휘하의 군대는 도쿠가와 군대의 뒤편에 진을 치고 있었는데, 만약 이 모리의 군대가 도쿠가와의 뒤쪽을 공격했다면 서군의 승리가 확실했을 것이다. 그렇지만 모리의 군대는 끝까지 구경만 하다가 결국 군대를 물려 자신의 영지로 돌아갔다.

서군의 맨 오른쪽에 자리 잡고 있던 고바야카와 히데아키의 군대도 오전 내내 전투에 참여하지 않고 구경만 했다. 고바야카와의 군사들이 동군 쪽으로 쳐들어갔다면 어땠을까? 동군으로서는 앞에 있는 서군과 싸우기도 급급한데 고바야카와 군사들까지 공격을 해 오니 꼼짝없이 패배하는 상황을 맞았을 것이다. 하지만 망설이던 고바야카와는 동군이 아닌 자기편인 서군으로 쳐들어갔다. 앞의 동군과 싸우는 와중에 아군이라고 생각했던 고바야카와의 군대가 옆에서 급습해 오자 이시다 미쓰나리의 서군은 결국 무너졌고 그것으로 세키가하라 전투의 승패는 결정되었다.

일본의 전 병력에 가까운 20만 병사가 세키가하라에서 일본의 운명을 결정했다고들 말하지만 실은 그 절반이 훨씬 넘는 병사들은 싸움에 참여하지도 않고 멀리서 구경만 하다가 고향으로 돌아간 것이다. 전투에 참여한 군사의 수가 워낙 적었던 탓에 전장의 한복판에 있던 고바야카와 군사 1만 5,000명이 도쿠가와의 동군 편을 드니 전투가 단번에 종결될 수밖에 없었다. 당시 고바야카와 히데아키의 나이가 불과 18세였으니 요즘으로 치면 고등학생 나이 젊은이가 일본의 미래를 결정지었던 셈이다.

세키가하라 전투가 벌어지고 있을 때 도쿠가와 이에야스와 이시다 미쓰나리는 전투를 방관하고 있던 여러 다이묘에게 전령을 보내 협상하느라 바빴다고 한다. 이들 다이묘들은 자기들이 싸워주면 나중에 영토를 얼마나 더 늘려줄지를 두고 이시다·도쿠가와와 흥정을 했다고 하니 이쯤 되면 용맹한 사무라이가 아니라 시장의 상인과 같은 부류라고 할 수 있겠다.

정치인들도 두 후보가 선거운동을 한다고 할 때 낮에는 1번 후보의 회의에 참여하고 밤에는 2번 후보의 회의에 참여하는 식으로 양다리를 걸친다는 이야기를 들은 적이 있다. 세키가하라 전투에 참여한 다이묘들도 그 절반 이상은 서군과 동군에 모두 참여하겠다고 약속하며 양다리를 걸쳤다. 그러고는 끝까지 어느 쪽에도 참여하지 않았다. 다만 미묘하게 세키가하라 들판의 한복판에 자리를 잡게 된 고바야카와만이 더는 기다릴 수 없는 상황을 만나 도쿠가와 쪽으로 돌아섰던 것이다. 전하는 이야기로는 아무리 넓은 영토를 약속해도 계속 망설이기만 하던 고바야카와에게 화가 난 도쿠가와가 자신의 병사들에게 고바야카와를 향해 사격을 명령했다고 한다. 다정하게 부탁하던 도쿠가와가 오히려 자신에게 총을 쏘자 그제야 정신을 차린 고바야카와가 서군을 공격했다고 하니, 도쿠가와는 사람 심리를 읽는 데도 능했던 게 아닌가 싶다.

　전쟁이나 선거에서 완전히 어느 한쪽 편에 서서 죽을 각오로 싸우는 사람은 거의 없다. 대부분은 양다리를 걸친다. 양다리를 걸치다가 한쪽이 이기면 그쪽으로 달려가 붙겠다는 얄팍한 생각을 한다. 그게 인간의 속성이다. 다만 세키가하라 전투에서 동군의 도쿠가와는 수많은 양다리 무사들 가운데 고바야카와라는 단 한 사람의 마음을 더 얻어 승리할 수 있었던 것이다. 참고로 고바야카와 히데아키는 세키가하라 전투가 끝나고 도쿠가와로부터 많은 영토와 상을 받지만 불과 2년 뒤인 1602년에 갑자기 병이 들어 20세의 나이로 사망했다.

그날 무사들의 마음에 작용한
'밴드왜건 효과'

:

미래의 자동차는 아마 환경친화적 자동차일 것이다. 그리고 그 선택지는 전기차와 수소차 두 종류인 것으로 보인다. 만일 당신이 지금 신차를 구입하려 하고 친환경차를 생각하고 있다면 어떻게 하겠는가? 먼저 당신은 전기차와 수소차를 비교할 것이다. 그럼 전기차와 수소차의 어떤 성능을 아는 것이 중요할까? 전기차의 배터리나 수소차의 수소 탱크에 화재 발생 위험이 있으니 안정성을 먼저 비교해보겠는가? 아니면 같은 거리를 운행할 때 들어가는 비용을 따져보겠는가?

나라면 앞으로 어느 쪽이 대세가 될지를 가장 먼저 볼 것이다. 99%의 사람이 전기차를 타고 다니는데 나만 수소차를 탄다면 어떨까? 아무리 수소차의 성능이 우수하다 해도 불편함이 클 것이다. 왜냐면 전기차 배터리 충전소는 많이 있지만 수소 충전소는 거의 없을 테니까 말이다. 수소차가 1%뿐인 상황에서 수소 충전소를 차리면 손님이 거의 없어 이윤을 내기 힘들 테니 전기차 충전소를 차리는 경우가 더 많지 않겠는가. 자동차를 수리할 때도 문제이다. 대부분의 자동차 수리점이 전기차 위주로 부품을 준비할 테니, 수소차 수리를 해줄 전문 기술자가 매우 부족하거나 부품 또한 구하기가 어려울 수 있다. 요컨대 전기차와 수소차 중 어느 쪽이 더 좋은가를 결정하는 데 있어 가장 중요한 요인은 두 차종의 가격이나 성능이 아니라 사람들이 둘 중 어느 쪽을 더 많이 타고 다니느냐다.

게임이론에서는 이를 '밴드왜건 효과(band wagon effect)'라고 한다. 밴드왜건은 위가 뚫린 버스 형태의 마차 또는 자동차를 가리킨다. 과거에 정치인들이 선거운동을 할 때 밴드왜건 위에서 신나는 음악을 연주하며 다니면 음악소리에 이끌려 사람들이 그 뒤를 따라다녔다. 밴드왜건 효과에 따르면, 좋은 공약을 내세운 정치인보다 밴드왜건을 몰고 다녀 더 많은 사람이 그 뒤를 따르는 정치인이 당선 가능성이 높다. 세세하게 공약을 따질 필요 없이 선거에서 이길 것 같은 후보, 즉 이미 많은 사람이 지지하는 후보가 정답이라는 것이다.

따라서 선거에서 중요한 건 후보의 인품이나 공약의 훌륭함이 아니다. 당선 확률이 높은 게 중요하다. 유권자들에게는 물론 좋은 정책도 중요하겠지만 더 중요한 것은 자기가 지지하는 후보가 당선되는 것이다. 그래야 개인적으로도 이득을 챙길 수 있기 때문이다. 아무리 훌륭한 후보라도 선거에서 지면 아무 소용이 없다. 반면 아무리 엉터리 같은 후보라도 선거에서 이기면 그를 지지한 유권자는 이득을 볼 수 있기 때문에 결국 "될 사람을 찍어주자"라고 생각하게 되는데, 이것이 바로 밴드왜건 효과라는 이야기다.

세키가하라 전투와 같은 상황에서도 그렇다. 다이묘들이 단지 전투를 구경만 한 게 아니라 동군과 서군 중 어느 쪽이 더 많은 다이묘를 자기편으로 끌어들여 궁극적으로 이길지 보고 있었던 것이다. 즉, 망설이면서도 내심 밴드왜건의 크기를 재고 있었다는 이야기다. 그래서 동군의 도쿠가와가 일단 승기를 잡자, 관망 중이던 다이묘들도 일제히 서군을 공격했던 것이다. 도쿠가와가 승리하고 있는데 도쿠가와를 공격하는 것은 자살행위이므로 당연한 선택이다.

개인용 컴퓨터(PC)가 처음 생산되던 1980년대에 애플의 스티브 잡스는 당시로서는 획기적 성능의 제품인 매킨토시 컴퓨터를 제작, 판매하기 시작했다. 이전에는 컴퓨터를 이용하려면 모든 것을 타자로 쳐서 지시해야 했고, 타자를 치다가 철자가 틀리거나 줄 바꾸기 오류가 나면 프로그램이 작동하지 않는 일이 잦았다. 그런데 매킨토시 컴퓨터는 마우스가 있어 원하는 곳을 클릭하면 컴퓨터가 작동하는 시스템이었다.

이후 마이크로소프트의 빌 게이츠도 매킨토시를 본떠 윈도우 PC를 제작했으나 기술적 측면에서 매킨토시를 따라가지 못했다. 그런데도 애플의 매킨토시가 아닌 마이크로소프트의 윈도우가 세상을 지배하게 된 까닭은 무엇일까? 빌 게이츠가 윈도우 프로그램을 무료로 배포했기 때문이다. 무료라는 말에 컴퓨터 사용자들이 윈도우 PC를 더 많이 샀고 그렇게 대다수 사람이 매킨토시보다 윈도우 PC를 쓰기 시작하면서 밴드왜건 효과가 나타난 것이다. 다들 전기차를 쓰는데 자기만 수소차를 쓰면 불편하듯 친구들이 모두 윈도우를 쓰는데 자기만 매킨토시를 쓰면 함께 숙제하기도 어렵고 여러모로 불편할 것이다. 그래서 새로 컴퓨터를 구입하는 소비자 입장에서도 컴퓨터의 성능 자체를 비교하는 것이 큰 의미가 없게 되고 그저 친구들이 많이 사용한다는 이유에서 윈도우 PC를 사게 되었던 것이나.

당연한 귀결이겠지만, 이런 방식으로 경쟁사 애플을 압도적으로 눌러버린 마이크로소프트는 그 후 윈도우 프로그램을 상당한 가격을 받고 팔기 시작했다. 소비자들이 그 가격을 내기 싫다고 윈도우를 쓰지 않으면 친구들과 소통이 어려우니 어쩔 수 없이 윈도우라는 밴드왜건에 올라타는 것이다. 도쿠가와 이에야스나 빌 게이츠 모두 밴드왜건 효과를 활용해 사람들을 모으는 재주가 있었다고 볼 수 있다.

한편, 빌 게이츠가 나중에 윈도우 프로그램을 돈을 주고 팔았듯 도쿠가와 역시 자기편으로 들어온 다이묘들 모두에게 넓은 영토를 주지는 않았다. 도쿠가와 집안의 가신, 즉 조상 대대로 도쿠가와 집안의 직속 부하였던 사람들에게는 넓은 영토로 포상을 했지만, 도요토미 쪽이었다가 세키가하라에서 노선을 바꿔 도쿠가와를 위해 싸운 사람이나 전투에 참여하지 않고 구경만 했던 다이묘들에 대해서는 오히려 영토를 회수하거나 몇분의 1 수준으로 축소해버렸다.

서군에서 가장 강력했지만 도쿠가와가 영토를 보장해준다고 약속하여 전투에 참여하지 않았던 모리 데루모토는 영지의 크기가 쌀 120만 석에서 36만 석으로 축소되었다. 뒤늦게 영토를 보장한다는 약속을 지키라고 항의했지만 이미 도쿠가와의 세상이 된 다음이었다. 이제 도쿠가와의 명령을 거역할 수 없게 된 모리 데루모토는 영지의 4분의 3을 포기할 수밖에 없었다. 다른 다이묘들에게도 처음에는 영지를 주었다가 온갖 핑계를 대고 다시 회수하는 등 결국 대부분의 영지를 빼앗아 왔다. 양다리 사무라이들의 비극이었다.

이시다 미쓰나리를 위한
더 나은 선택지는 무엇이었을까?

:

이시다 미쓰나리는 호불호가 분명한 성격이었던 것 같다. 세키가하라 전투에서 몇몇 다이묘는 끝까지 이시다 미쓰나리 편에서 싸우다가 죽어갔는데, 이시다 미쓰나리와 진짜 우정으로 맺어진 사람들이었다고 전한다. 즉, 성격이 잘 맞는 사람에게는 최고의 친구였던 것이다. 하지만 도요토미 히데요시 밑에서 같이 일한 또 다른 장수들은 이시다 미쓰나리가 미워서 도요토미 가문을 버리고 도쿠가와 편이 되기도 했다. 한마디로 그는 완벽한 친구와 완벽한 적이 있을 뿐 중간이 없었던 사람이었던 듯하다.

이시다 미쓰나리 입장에서 세키가하라 전투는 마지막 순간에 고바야카와가 배신만 하지 않았어도 이기는 싸움이었다. 그러하기에 전투를 감행한 것 자체는 잘못이라고 말하기는 어렵다. 하지만 전투의 승패를 떠나 이시다 미쓰나리가 선택하면 좋았을 확실한 전략이 있었다. 게임이론에 입각해서 보면, 사실상 그는 전투를 피하는 것이 승리 확률을 높이는 방법이었다. 다시 말해 전투를 피하면서 계속 기다렸어야 했다.

1600년 세키가하라 전투가 벌어졌을 때 도쿠가와 이에야스는 58세였고, 이시다 미쓰나리는 40세였으며, 도요토미 히데요리는 불과 7세였다. 모든 정보를 가지고 있는 현재 시점에서 보면 도쿠가와 이에야스는 당시로서는 정말 오래 살았다고 할 수 있는 나이인 74세까지 장수하고 1616년에 사망한다. 만일 이시다 미쓰나리가 1600년에는 일단 전투를 피하고 도쿠가와 이에야스 아래로 굽히고 들어갔다면 어땠을까? 도쿠가와 이에야스에게 굽히는 대신 자신과 절친한 다이묘들을 모두 살려달라는 조건을 내걸었다면, 1616년 도쿠가와 이에야스가 사망할 때까지 도요토미 히데요리의 생명을 지켜냈을 가능성이 충분히 있다고 생각한다. 도쿠가와가 사망한 시점에서 56세의 이시다 미쓰나리와 23세의 도요토미 히데요리가 살아 있었다면 다시 도요토미의 세력을 모아 도쿠가와의 후손들을 내쫓고 일본을 차지할 수 있지 않았을까?

승부의 세계에서 가장 확실하게 이길 수 있는 방법이 있으니 적을 제거하거나 적이 죽어 사라지는 것이다. 너무 당연한 이치라 게임이론이라는 학문의 세계에서는 굳이 이런 작전을 연구하지 않는다. 게임이론은 얼마나 더 기발한 전략으로 적을 속일 수 있느냐를 연구한다. 하지만 현실에서는 다르다. 가령 마피아는 적을 암살하는 방법으로 가장 확실하게 승리를 가져온다. 물론 암살은 바람직하지 않고 실패하면 치명적 결과를 가져올 수 있다. 그런 점에서 더 확실하고 정정당당한 방법이 있으니 적이 늙어서 죽을 때까지 기다리는 것이다. 도쿠가와 이에야스와 대적할 때 이시다 미쓰나리는 젊었고 도요토미 히데요리는 한참 어렸으니, 패배할 경우 목숨을 잃는 전투를 일단 피한 다음 늙은 도쿠가와 이에야스가 천수를 누리고 사망하는 날까지 기다리는 것이 안전하면서도 확실한 방법이었다.

사실 이 작전을 가장 잘 활용한 장본인이 도쿠가와 이에야스이다. 도요토미 히데요시가 일본의 최고 권력자가 되었을 때 자신의 지위를 위협하는 존재가 도쿠가와 이에야스라고 생각했고, 그래서 당시의 중심지였던 교토 부근 영지를 모두 반납하고 머나먼 미개척지 도쿄로 이주하라고 명령을 내렸던 것이다. 대대로 조상들이 목숨 걸고 지켜온 땅을 포기할 수 없다며 차라리 싸우다 죽겠다는 부하들을 설득해 도쿠가와 이에야스는 도쿄로 이주한다. 목숨만 남아 있다면 언젠가는 다시 기회가 올 것이라고 말하면서 말이다.

그 후 도요토미 히데요시는 61세에 죽었고, 도쿠가와 이에야스는 74세까지 살아 결국 일본을 차지했다. 세키가하라 전투에서 도쿠가와는 자신의 나이를 고려해 더 빨리 끝내야 한다는 조급함이 있었던 것 같다. 그렇지 않았다면 적이 함정을 파놓은 것 같은 불리한 지형을 가진 그 지역으로 제 발로 걸어 들어갈 이유가 없기 때문이다. 점점 늙어가는 도쿠가와는 불리한 위치에서라도 전투를 개시하여 승패를 가르고 싶었던 것이다. 도쿠가와에게는 지형의 불리함 이전에 속전속결이 더 중요했던 것이다.

살다 보면 격렬하게 싸우는 것보다 기다리는 것이 훨씬 어려울 때가 많다. 강태공이 평생 바늘 하나 없이 낚시를 하면서도 때가 오기를 기다렸다고 하지 않던가? 도쿠가와 이에야스보다 나이가 적었던 이시다 미쓰나리는 그 점을 자신에게 유리하게 활용할 수 있었다. 인내심을 가지고 승률이 가장 높아지는 때를 기다리는 전략을 선택했다면 역사는 달라졌을지도 모른다.

"
퍼스트 무버가 될 것인가,
세컨드 무버가 될 것인가?
"

제
9
장

게임 순서가 좌우한
오사카성 전투의 승패

예전에는 비교적 단순했던 보이스 피싱이 요즘은 온갖 종류의 교묘한 방식으로 진화하고 있다. 어떤 의미에서는 보이스 피싱 사기꾼들도 참 열심히 연구해 새 아이디어를 개발하고 있다는 생각마저 든다. 그럼에도 이토록 많은 사람이 여전히 보이스 피싱 피해를 당하고 있다는 사실이 때로 믿기지 않는다. 조금만 생각해보면 보이스 피싱 사기꾼들이 하는 이야기가 논리에 맞지 않는다는 것을 알 텐데도 불구하고 속기 때문이다. 이렇게 우리 주변에는 남의 말을 잘 들어주고 잘 믿어주며, 심지어 속아 넘어가는 사람들이 있다. 그런데 거짓말에 잘 넘어가는 사람은 자칫 소속 조직에도 큰 피해를 입힐 수 있다. 도요토미 히데요시의 아들 도요토미 히데요리는 너무도 뻔한 거짓말과 책략에 속아 목숨을 잃었다. 도요토미 히데요리의 이야기를 통해 거짓말에 대처하는 방법을 생각해보자.

겨울과 여름,
오사카성에서 벌어진 두 번의 전투
:

1600년 세키가하라 전투에서 승리한 도쿠가와 이에야스가 일본의 통치자가 되었다. 그리고 이때 도요토미 히데요리는 패배했으나 살아 있었다. 물론 더 이상 일본의 최고 통치자는 아니었지만 여전히 오사카 지역의 영주 자리를 유지하며, 이제는 도쿠가와 이에야스의 부하 신분이 되어 있었다. 아직 도요토미 가문에 충성하는 신하가 많이 있었고 도쿠가와 이에야스 입장에서도 도요토미 히데요리를 죽일 힘까지는 없었기 때문이다. 사실 세키가하라 전투에서 도요토미 히데요시의 신하 중 절반이 도쿠가와의 동군 쪽에서 싸웠는데 이들이 이시다 미쓰나리를 싫어해 동군에 가담은 했으나 어린 히데요리는 살려주는 조건으로 도쿠가와를 도왔기 때문에 도쿠가와 이에야스로서도 이들의 요구를 무시할 수 없었다.

그로부터 14년이 흐른 1614년, 도요토미 가문의 신하로서 도요토미 히데요리를 옹호하던 영주들이 하나둘 세상을 떴다. 어느덧 72세가 된 도쿠가와는 밤이나 낮이나, 아직도 오사카 지역을 다스리는 도요토미 히데요리를 어떻게 제거할지 그 생각만 한 것 같다. 사실 도요토미 가문은 일본을 통일한 집안이고 아버지 도요토미 히데요시가 살아 있을 때 영주들을 잘 대접해주었기에 세키가하라 패전 이후에도 마음속으로는 도요토미 가문을 받드는 영주가 많았다. 더욱이 도요토미 히데요시가 어린 아들 히데요리의 앞날을 걱정해 오사카성에 많은 재물과 무기를 쌓아놓고 죽었기 때문에 재력 또한 대단했다고 한다.

도요토미 가문을 따르는 사무라이들이 일본 전국에 많이 남아 있는 상황에서 재정적으로도 풍족한 도요토미 히데요리를 살려놓으면 향후 그가 반란을 일으켜 도리어 도쿠가와 가문이 멸망당할지 모른다는 두려움이 일었을 것이다. 그래서 도쿠가와 이에야스는 일단 히데요리에게 쇠락한 사찰 호코지(方廣寺)를 재건하라는 지시를 내린다. 전쟁 중에 불탄 절을 다시 이전처럼 복원하려면 막대한 돈이 들어가니, 히데요리의 재산을 사찰 복원에 강제로 쓰도록 함으로써 영향력을 약화하려는 계산이었다.

이제는 도쿠가와의 부하 신세가 된 도요토미 히데요리는 그의 명령대로 호코지를 재건하였다. 그런데 문제가 발생한다. 호코지를 재건하면서 큰 범종을 새로 만들었는데 여기에 '国家安康(국가안강)', '君臣豊楽(군신풍락)'이라는 문구가 들어가 있었다. "국가가 안전하고 강령하다", "임금과 신하가 풍요롭고 즐겁다"라는 뜻으로 언뜻 봐서는 문제 될 게 전혀 없는 내용이었다. 그러나 무슨 억지를 부려서라도 도요토미 히데요리를 제거하고자 했던 도쿠가와 이에야스는 바로 이 문구를 트집 잡는다. 그의 억지 해석에 따르면 이 두 문구에 '도쿠가와 가문을 멸망시키고 도요토미 가문이 일본을 차지하고자' 하는 소망이 담겨 있다는 것이다. 어째서 그런지 그의 설명을 한번 들어보자.

일단 도쿠가와 이에야스의 이름 '이에야스'의 한자 표기가 '家康'인데 범종에 새긴 문구 '국가안강(国家安康)'을 보면 이에(家)와 야스(康) 사이에 안(安) 자를 끼워 넣은 것으로, 이는 곧 이에야스를 둘로 갈라 죽인다는 음모로 풀이된다는 것이다. 도저히 말이 안 되지만 일단 그렇다 치고, 그 다음 문구는 또 왜 문제가 되는지도 들어보자. 도요토미라는 성을 한자

호코지 재건 시 만든 범종의 명문. '国家安康(국가안강)'과 '君臣豊楽(군신풍락)'이라는 문구가 새겨져 있다.

로 쓰면 '豊臣'인데, '군신풍락(君臣豊楽)'이라는 범종 문구를 보면 도요토미를 거꾸로 적은 '토미(臣)도요(豊)'가 들어가 있으니 곧 도요토미 가문을 가리키고, 그 앞의 글자 君은 임금을 의미하므로 도요토미가 임금이 되어 즐거워한다(楽)라는 비밀암호라는 것이다.

과연 도요토미 히데요리가 호코지의 종에다 이런 암호를 비밀리에 새겨놓고는 도쿠가와 이에야스를 죽인 뒤 일본의 임금이 되려 했다고 믿는 사람이 있었을까? 지금도 그렇지만 당시에도 이런 도쿠가와의 억지 주장을 믿는 사람은 거의 없었을 것이다. 하지만 일본의 최고 권력자였던 도쿠가와 이에야스는 이런 주장을 하면서 도요토미 히데요리에게 오사카성을 내놓으라고 요구했다. 성을 내놓고 도쿠가와 가문이 지배하는 도쿄로 와서 일반인으로 살라고 한 것이다. 누가 보아도 도요토미 히데요리를 죽이겠다는 생각이었다.

당시 생존해 있던 친모 차차와 아들 도요토미 히데요리는 도쿠가와 이에야스의 이 요구를 거절하고 전쟁 준비에 들어간다. 이때 도요토미 가문의 신하들 중에는 도쿠가와의 요구가 아무리 터무니없는 것이라 할지라도 일단 받아들이자는 사람도 있었다. 대신 오사카성을 몇 년에 걸쳐 천천히 내놓고, 도쿄로 이사를 가더라도 집을 새로 단장하고 이삿짐을 꾸리느라 시일이 걸린다면서 몇 년 끌다 보면 도쿠가와 이에야스도 언젠가는 죽으리라는 이야기였다. 하지만 도쿠가와 이에야스가 한때 자기의 신하에 불과했다며 자존심을 부리던 히데요리와 그 모친 차차는 이런 주장을 하는 신하들은 모두 배신자라며 내쫓고, 강경파를 중심으로 전쟁 준비를 시작했다.

한편, 도쿠가와 이에야스는 반드시 히데요리를 제거하고 싶었기 때문에 자신의 군대만이 아니라 일본 전역의 모든 영주에게 군대를 오사카성으로 보내라고 명령했다. 한두 명을 제외하고는 거의 모든 영주가 도쿠가와의 명령에 따라 오사카성을 공격했으며, 공격에 동참하지 않은 그 한두 명은 결국 도쿠가와 가문에 의해 영주의 지위를 잃었다.

도요토미 가문은 일본 전역에서 들이닥친 약 20만 명의 도쿠가와 측 군대에 대항하여 오사카성을 방어해야 했다. 도요토미 히데요리는 한때 아버지 히데요시의 부하였던 영주들에게 도움을 청했다. 도쿠가와 가문이 두려워 외면한 경우가 많았으나 부름을 받고 달려온 군사 또한 10만

명이나 있었다고 하니 놀라운 일이다. 다만 그들 대부분은 세키가하라 전투에서 패배한 후 모시던 다이묘 가문이 멸망하여 더는 정식 사무라이 신분을 유지하지 못하던 일종의 무소속 사무라이, 즉 낭인(浪人)이었다. 또한 세키가하라 전투 이후 영지를 잃은 영주급 사무라이도 있었는데, 대표적 인물이 사나다 유키무라(眞田幸村)다. 적군인 도쿠가와의 병사들조차 "일본 제일의 군인"이라고 극찬한 사나다 유키무라에 대해서는 잠시 후 다시 이야기한다. 어쨌든 신분 고하를 막론하고 자신의 가문이 다시 사무라이 신분을 얻을 마지막 기회라 생각한, 낭인 무사들이 도요토미의 오사카성으로 몰려들었다.

이렇게 해서 1614년 12월 초, 도쿠가와 군대가 오사카성을 완전히 포위하고 공격을 시작한다. 하지만 오사카성을 공략해본 결과 막대한 사상자만 발생할 뿐 함락 가능성이 전혀 없다는 판단을 하게 된다.

여기서 잠깐, 전투력이 뛰어나기로 유명했던 도요토미 히데요시와 도쿠가와 이에야스를 비교해보자. 도쿠가와 이에야스는 넓은 벌판에서 양쪽 진영으로 나뉘어 치르는 전투에 매우 능했다. 대표적 예가 바로 세키가하라 전투다. 반면 도요토미 히데요시는 꾀가 많은 장수였기에 성을 공격하여 함락시키는 재주가 일본 최고였다고 한다. 밤에 몰래 높은 성벽을 타고 오른다든지, 강을 막았다가 한 번에 둑을 터뜨려서 성을 물에 잠기게 한다든지 하는 방법으로 도요토미 히데요시는 난공불락이라 불리던 일본의 성들을 여럿 함락했다.

이런 도요토미 히데요시 본인이 직접 쌓아올린 성이 바로 오사카성이다. 높고 가파른 성벽은 물론이고, 일단 성으로 들어가는 길이 미로 같은 데다 곳곳에 함정이 있어 공격하기도, 함락시키기도 어려운 성이었다. 가장 큰 특징은 성을 두 겹으로 둘러싼 해자(垓字)였다. 해자라 함은 성벽 밑을 깊이 파고 물을 끌어들여서 성 주위를 일종의 연못으로 만든 것이다. 오사카성에는 이런 해자가 바깥쪽과 안쪽으로 두 겹이 있었다.

즉, 오사카성을 공격하려면 총이나 칼 같은 무기를 들고 넓은 해자를 헤엄쳐 건넌 다음 발 디딜 곳 없는 물속에서 가파른 성벽을 기어올라야 했다. 특히 총은 물에 닿으면 무용지물이 되니 머리 위로 받쳐 들고 헤엄을 쳐야 하는데 대관절 이런 동작이 가능이나 한지 모르겠다. 그리고 해자가 두 겹이니 이런 행동을 두 번 해서 모두 성공해야 성에 접근할 수 있는 것이다. 물론 이런 공격을 수행하는 동안 성벽 위의 적군들은 총과 화살을 쏘아댈 테니 이 또한 피하며 해자를 건너고 성벽을 기어올라야 한다.

사실 도요토미 히데요시가 오사카성을 짓고 나서 "오사카성은 내가 공략해도 함락시킬 수 없도록 지었다"라고 말했을 정도로 자신이 전장에서 평생 동안 쌓은 경험을 바탕으로 축성한, 말 그대로 난공불락의 성이었다. 아마 도쿠가와 이에야스도 오사카성을 하루 이틀 공격해보고는 그냥 돌격해서는 승산이 없음을 깨달았을 것이다. 그래서 공격을 계속하겠다는 부하들을 만류하며 대포만 쏘라고 명령했다.

이는 도쿠가와 이에야스의 '심리전' 전술이었다. 당시 21세 히데요리가 명목상 오사카성의 성주였지만, 히데요리의 모친 차차가 오사카성의 실세라는 점을 노린 것이다. 차차는 밤낮으로 대포가 터지니 공포감에 잠을 못 이루고 안절부절못하다가 도저히 불안해 못 살겠으니 도쿠가와 측과의 휴전을 권유했다고 한다. 그리고 21세 청년 히데요리는 어머니의 말

난공불락의 오사카성은 특히 성 공략에 능하기로 이름났던 도요토미 히데요시가 직접 쌓아올린 성이다. 높고
가파른 성벽과 두 겹으로 둘러싼 해자가 성을 지켰다.(ⓒ Getty Images Bank)

에 따랐으니, 참으로 안타까운 일이다. 그가 효자라는 인정은 받았을망
정, 전쟁에 관해서는 전혀 아는 바가 없는 모친의 말에 따라 전투의 방향
을 정했으니 말이다. 한마디로 히데요리는 지도자가 될 자질은 없었던 것
으로 보인다.

　이때 도쿠가와 이에야스가 내건 휴전의 조건이 하나 있었으니 바로 바
깥 해자를 메우는 것이었다. 바깥 해자만 메우면 히데요리를 그대로 오
사카성 성주로 인정하고 전쟁을 끝내겠다고 했다. 순진한 히데요리와 모
친 차차는 그것이 당장이라도 누명을 씌워 자신들을 죽이려 했던 도쿠가

와가 많이 양보한 것이라 생각했는지도 모르겠다. 더구나 도쿠가와 이에야스는 해자를 메우려면 힘이 들 테니 도쿠가와 군대를 시켜 해자를 메워주겠다고 너무도 친절한 제안을 한다. 그래서 오사카성의 겨울 전투라고 불리는 이 전투는 대략 2주 만에 종결된다.

문제는 도쿠가와의 직속 군대가 바깥 해자를 메우기 위해 오사카성에 왔다가 번개같이 안쪽 해자까지 메워버렸다는 사실이다. 아주 무거운 돌과 흙으로 꽉꽉 다져 채워 넣었다고 한다. 물론 도요토미의 군대는 안쪽 해자는 메우지 말라고 했지만 도쿠가와 군대는 휴전 조건에 분명히 해자 두 개를 다 메우는 것으로 되어 있으니 확인해보라고 큰소리를 쳤고, 그들이 확인하는 동안 해자를 마저 다 메웠다고 한다. 그러고는 나중에 자신들이 실수로 안쪽 해자까지 메웠다고 정중히 사과를 했다.

이제 독자들도 그다음에 무슨 일이 일어났을지 짐작이 갈 것이다. 해자를 메우고 불과 4개월밖에 안 지난 시점인 1615년 5월 도쿠가와 이에야스는 다시 20만 대군을 이끌고 오사카성으로 쳐들어왔고, 해자가 사라진 오사카성은 끝내 함락되었다. 히데요리와 모친 차차도 이때 자결했다.

오사카성이 함락된 전투를 오사카성의 여름 전투라고 부르는데, 사실 쉽게 이길 줄 알았던 이 전투에서 용감한 사나다 유키무라 등의 도요토미 쪽 장수들이 최후의 힘을 다하여 도쿠가와 이에야스의 본진으로 쳐들어갔고, 죽음을 각오한 그들의 기세에 눌린 도쿠가와의 군대가 한동안 패배를 거듭해, 잠시지만 도쿠가와 이에야스의 목숨도 위태로웠다는 이야기가 전한다.

도요토미 히데요리의 선택과
사나다 유키무라의 선택

:

해자를 매우고 휴전을 하기로 한 히데요리의 결정은 더 말할 필요조차 없이 어리석다. 이 정도의 순진한 판단력으로는 일반인이라도 온갖 사기를 당해 패가망신을 할 것이 분명하다. 그런데도 그를 총사령관으로 모시고 전쟁에 나간 10만 명의 부하를 생각하면 안타까운 마음이 절로 든다.

오사카성에서 전투가 벌어지기 전, 앞서 언급한 대로 히데요리에게는 결정적 순간이 한 번 있었다. 호코지의 종에 새긴 문구로 도쿠가와 이에야스가 생트집을 잡아서 오사카성에서 나오라고 했을 때 그 요구를 들어주지 않은 것이다. 나중의 일이지만 도쿠가와 이에야스는 오사카성을 무너뜨리고 히데요리를 죽인 다음 해인 1616년 봄에 사망한다. 도요토미 히데요리가 1년만 시간을 끌었다면 그사이 도쿠가와 이에야스가 병으로 죽었으리라는 이야기이다. 도요토미 히데요리가 오사카성을 나오겠다고 일단 말한 뒤 이런저런 핑계를 대며 한 1~2년만 시간을 끌었다면 도쿠가와 이에야스의 사망으로 모든 일은 흐지부지되었을 가능성이 크다. 하지만 태어날 때부터 일본 최고 지배자의 아들이었던 히데요리에게는 그런 행동이 맞지 않았을지 모른다. 그리고 무엇보다 죽기 전에 반드시 히데요리를 제거하기로 마음먹고 생트집을 잡았던 도쿠가와 이에야스가 시간을 끄는 지연작전을 과연 그대로 받아들였을지도 의문이기는 하다.

이제 또 하나의 중요한 결정에 대해 이야기해보자. 주인공은 앞서 잠깐 언급한 사나다 유키무라다. 적들 사이에서도 일본 제일의 군사라는 극찬을 받았던 사나다 유키무라는 오사카성 전투에서도 맹활약을 했다. 오사카 성벽 바로 바깥에 스스로 흙을 쌓아올려 작은 언덕을 만들었고, 성벽보다 만만한 이 언덕으로 모여드는 도쿠가와 이에야스의 군대를 향해 일제 사격을 연거푸 가하여 막대한 사상자를 발생시켰다. 사나다가 만든 언덕을 공격하다 많은 병사를 잃은 직후 도쿠가와 이에야스는 정면공격으로는 도저히 오사카성 함락이 불가능하다는 판단을 하게 되었다고 한다.

하지만 도쿠가와 이에야스가 누구인가? 그는 사나다 유키무라에게 몰래 사신을 보내 넓은 영토를 하사할 테니 도요토미 히데요리를 배신하라고 유인했다고 한다. 사실 사나다 가문이 도요토미 가문과 깊은 인연이 있는 것도 아니었다. 당시에는 사무라이들이 충성심보다는 자신과 가족의 목숨을 보전하고 영주가 되기 위해 싸우던 시대였기에 혹시 사나다 유키무라가 도요토미를 배신한다 해도 큰 비난을 받지는 않았을 것이다. 사나다보다 훨씬 전부터 도요토미 가문을 섬기던 사무라이들이 도쿠가와 진영에 가담해 오사카성을 공격하던 상황이었으니까 말이다.

그런데 사나다 유키무라가 도쿠가와의 이 제안을 단칼에 거절한다. 구차하게 목숨과 이익을 구하기보다 장렬히 싸우다가 죽겠다는 것이었다. 그렇게라도 역사에 이름을 남기겠다는 마음이었을까. 결국 사나다 유키무라는 오사카성의 여름 전투에서 패배하여 전사한다.

사실 우리는 이쯤에서 진정한 전략이란 무엇인지를 다시 생각해볼 필요가 있다. 그저 목숨을 부지하고 돈을 많이 벌고 세속적으로 성공하면 전략과 전술에 뛰어난 것인가?

아테네 시민 소크라테스는 철학을 가르치면서 젊은이들을 잘못된 길로 이끈다는 억울한 누명을 쓰고 재판을 받아 독배를 마시고 죽었다. 하지만 당시에는 재판에서 독배를 마시는 판결을 받은 사람이 독배를 마시는 대신 아테네를 떠나는 것이 허용되었고, 따라서 독배를 마시는 사람은 거의 없이 다들 망명의 길을 택했다고 한다. 하지만 소크라테스는 자신이 망명하면 스스로 죄를 인정하는 것이고 그렇게 되면 자신이 가르쳤던 철학 사상이 모두 잊히리라고 생각했을 것이다. 그래서 당당히 독배를 마셨고, 그 결과 2,000년이 넘도록 전 세계 사람들에게 기억되고 있는 것이다. 자신의 생명까지 희생해 신념을 지키는 것이 어쩌면 최고 경지의 전략일 수 있다.

이런 측면에서 보면 넓은 영토를 다스리는 영주라는 지위 대신 역사에 이름을 남긴 사나다 유키무라의 선택도 최고의 선택이라 할 수 있지 않을까? 당시 사나다 유키무라보다 더 많은 전투 경험을 가지고 더 많은 공을 세웠던 일본의 장수가 많았으나 그들 대다수는 현재 그 이름이 기억되지 못한다. 반면 거의 모든 일본 사람이 장렬하게 죽어간 사나다 유키무라의 이름은 안다.

온갖 수단을 동원해 손가락질을 당하면서도 승진하고 이익을 쟁취하는 것도 물론 좋은 전략이다. 하지만 조직에서 승진이 밀리고 사업에서 손해를 보더라도 누구에게나 당당하게 자기 신념을 지켰다는 칭찬을 받는다면 그 또한 좋은 전략이며, 어쩌면 더 나은 전략일 수도 있다. 어느 쪽을 택할 것인가는 개인의 판단이라고 생각된다.

퍼스트 무버 vs. 세컨드 무버

:

게임이론에서 중요시하는 것 중 하나가 게임을 하는 순서이다. 바둑이나 체스를 둘 때도 누가 먼저 두느냐가 중요한데, 그 외에도 많은 게임이 누가 먼저 선택하고 누가 나중에 선택하느냐에 따라 게임의 결과가 완전히 달라진다.

《이솝 우화》의 "사자와 농부" 이야기를 아는지 모르겠다. 어떤 사자가 인간 아가씨를 보고 첫눈에 사랑에 빠졌다. 그래서 그 아가씨가 사는 집으로 가서 문을 두드렸다. 그 아가씨의 아버지인 농부가 나왔고, 사자는 농부에게 딸과 결혼하게 해달라고 청했다. 난데없이 사자가 나타나 딸을 달라고 하니 농부는 깜짝 놀랄 수밖에 없었다. 어느 아빠가 귀한 딸을 사자에게 주고 싶겠는가마는 거절하면 사자가 난동을 부려 가족이 다 죽을지도 모르는 난처한 상황이었다.

순간 농부가 꾀를 내서 말했다. "늠름한 사자를 사위로 삼는 것도 나쁘지는 않지만 같이 살다가 자네의 날카로운 이빨과 발톱에 가족들이 다칠까 걱정이네." 그러자 순진한 사자는 그런 것쯤이야 문제없다며 곧바로 자신의 이빨과 발톱을 모두 뽑아버렸다. 이빨과 발톱이 없는 사자가 딸과 결혼을 시켜달라고 다시 청하자 농부는 가족을 불러 모아 사자를 때려죽였다. 이빨과 발톱이 없는 사자는 무서울 게 없다면서 말이다.

도요토미 히데요리가 《이솝 우화》를 읽고 나서 오사카성 전투에 나섰다면 아마도 그 결과가 달라지지 않았을까. 히데요리의 이빨과 발톱이 바로 오사카성을 둘러싼 두 개의 해자였으니 말이다.

게임이론으로 분석하면, 이런 게임은 먼저 움직이는 퍼스트 무버(first mover)가 불리하고 나중에 움직이는 세컨드 무버(second mover)가 유리한 게임이다. 《이솝 우화》에서 사자에게 자신의 이빨과 발톱을 먼저 뽑아야 결혼을 허락하겠다고 말한 농부는 사자에게 퍼스트 무버가 될 것을 요구한 셈이다. 자연히 농부는 세컨드 무버가 되는데, 이때 세컨드 무버는 퍼스트 무버의 행동을 보고 대응할 수 있기에 한결 유리하다.[*]

그럼 도요토미 히데요리는 어떻게 했어야 할까. 《이솝 우화》를 다시 생각해보자. 농부가 이빨과 손톱을 뽑아야 결혼을 허락하겠다고 제안했을 때 사자는 다음과 같이 답했어야 했다. "물론 가족을 위해 저는 이빨과 발톱을 바로 제거하겠습니다. 다만 결혼식에서 신랑인 제가 이빨과 발톱이 없으면 너무 보기 흉할 테니 일단 결혼을 시켜주시면 결혼식이 끝나자마자 이빨과 발톱을 뽑아버리겠습니다."

물론 결혼을 하고 나서도 이빨과 발톱을 뽑으면 안 된다. 결혼까지 했는데 이빨과 발톱을 뽑을 이유란 더더욱 없기 때문이다. 도요토미 히데요리도 그런 식으로 대응했어야 한다. 도쿠가와 이에야스가 해자를 메우면 휴전에 응하겠다고 했을 때 이에 동의하는 대신 군대를 먼저 철수시키면 그때 해자를 메우겠다는 식으로 역제안을 했어야 하는 것이다.

퍼스트 무버와 세컨드 무버를 따지는 게임이론의 원리는 2,000년 전 《이솝 우화》에도 나올 정도로 상식적인 것이지만, 이 뻔한 전략에 넘어가

---

[*] 반대로 세컨드 무버가 불리하고 퍼스트 무버가 유리한 게임도 있는데, 대표적인 것이 배수의 진 게임이다.

불쌍한 사자처럼 죽임을 당한 경우가 역사 속에 의외로 많다. 어쨌거나 게임이론은 현재 상황에서 퍼스트 무버가 되는 것이 유리한지 아니면 세컨드 무버가 되는 것이 유리한지를 반드시 따져보고 결정하라고 조언한다. "사자와 농부" 이야기에서는 세컨드 무버가 유리했지만, 반대로 퍼스트 무버가 유리한 게임도 존재하기 때문이다. 퍼스트 무버가 유리하면 자신이 먼저 행동을 취하고 세컨드 무버가 유리하면 상대에게 먼저 움직이라 권하고 기다리면 된다.

도쿠가와 이에야스가 가지 않은 길을 간 또 다른 영웅들

:

오사카성 전투의 결말만 놓고 보면 도쿠가와 이에야스는 천재적 전략가임에 틀림이 없다. 세키가하라에서 일생일대의 전투를 벌여 일본을 통치하게 되었을 뿐 아니라 자신이 죽기 전에 저항 세력을 모두 제거하였으니 말이다. 만일 도요토미 히데요리를 제거하지 않고 도쿠가와 이에야스가 죽었다면 10만 명의 낭인들을 모아 도요토미 히데요리가 도쿠가와 가문을 멸망시킬 가능성이 충분히 있었다.

　이렇게 생각하면 도쿠가와의 전략보다 더 중요했던 것이 도쿠가와가 74세까지 장수했다는 사실이다. 전쟁에서 대장이나 주요 장수가 사망하면 그쪽 편은 크게 불리해진다. 만일 오다 노부나가나 도요토미 히데요시가 74세까지 살았다면 도쿠가와 이에야스의 세상은 영원히 오지 않았을 것이다. 하지만 오다 노부나가는 49세에 죽었고, 도요토미 히데요시는 61세에 병으로 사망했다. 그 덕분에 이들보다 훨씬 오래 산 도쿠가와 이에야스가 일본을 집어삼킬 수 있었다.

이처럼 결과 자체는 도쿠가와 이에야스에게 유리한 방향으로 전개되었으나 한 가지 짚고 넘어갈 게 있다. 1614년 도쿠가와 이에야스가 호코지 절의 범종에 새겨진 문구를 가지고 생트집을 잡아 기어코 오사카성 전투까지 몰아간 것은 과연 현명한 행동이었는가. 사실 어리석은 도요토미 히데요리가 휴전을 제의하고 오사카성의 해자를 메우는 데 동의했기에 망정이지, 난공불락의 오사카성에서 몇 개월이고 방어전을 펼쳤다면 도쿠가와의 나이를 고려할 때 그의 가문 또한 중대한 위기에 빠졌을 수 있다.

게다가 오사카성에는 사나다 유키무라와 같은 내로라하는 명장들이 진을 치고 있었고 그들의 군사력은 매우 강했다. 하마터면 오사카성을 함락시키기도 전에 도쿠가와 이에야스가 병으로 죽을 수도 있었고, 실제로도 사나다 유키무라 결사대의 공격으로 오사카성 전투에서 도쿠가와 이에야스의 목숨이 위태롭기도 했으니 말이다. 한마디로, 오사카성 전투는 이미 일본의 최고 통치자 지위에 오른 도쿠가와 이에야스가 그 자리를 다시 내놓고 도박을 한 것이나 마찬가지다. 물론 도박에는 성공했지만, 과연 꼭 했어야 하는 도박이었는지 의문스럽다. 아마도 히데요리를 살려놓은 채 자신이 죽기라도 하면 도쿠가와 가문이 멸망할지 모른다는 염려가 확신에 가까울 정도로 컸던 것 같다. 비밀정보를 입수했을 수도 있고 74세의 경험 많은 베테랑 군인의 감이었는지도 모른다. 그런데 도박하듯 인생을 살다 보면 반드시 실패하는 때가 온다. 그러므로 '지금이 도박을 해야 할 때인가, 아닌가' 하는 판단이 정말 중요한데, 신기하게도 도쿠가와 이에야스는 세키가하라 전투와 오사카성 전투라는 두 번의 목숨 건 도박에서 모두 이겨 역사에 발자취를 남기게 되었다.

게임이론을 바탕으로 보자면 세키가하라 전투는 분명 도쿠가와 이에야스에게 필요한, 해볼 만한 도박이었던 것으로 분석된다. 하지만 오사카성 전투는 조금 무리한 도박이었고 얻을 것보다는 잃을 게 많은 도박이었다. 결과적으로야 오사카성 전투 덕분에 모든 위험 요소가 제거되어 도쿠가와 가문이 일본을 장기 집권하게 되지만, 나는 도쿠가와가 오사카성 전투에서 잃은 것이 하나 있다고 생각한다. 호코지의 범종을 가지고 트집을 잡았던 일, 오사카성의 바깥 해자만 메우기로 하고는 안쪽 해자까지 메운 일 등의 이야기를 당대의 일본인이라면 다 보고 들었을 게 아닌가. 한마디로 도쿠가와 이에야스는 도덕 개념이라고는 없는, 거짓말을 밥 먹듯이 하는 인물로 세간에 알려졌으리라는 이야기다.

그래서인지 일본 사람들은 도쿠가와 이에야스보다 사나다 유키무라를 더 좋아하는 것 같다. 지금도 도쿠가와를 상징하는 동물로 속을 알 수 없는 너구리 비유가 자주 등장하는데, 왕조 창업에 비견될 만한 위업을 이룬 인물이 너구리에 비유되는 경우가 또 있는지 모르겠다.

도쿠가와 이에야스가 사망하고 130년 정도 지난 뒤 일본에 한 가지 사건이 발생한다. '주신구라(忠臣蔵)'라는 이름으로 알려진 이 사건의 내용은 다음과 같다.

오늘날의 고베시 서쪽에 위치했던 아코번(赤穂藩) 지역의 영주 아사노 나가노리(浅野長矩)가 도쿄의 도쿠가와 막부의 관리였던 키라* 요시히사

(吉良義央)와 시비가 붙어 칼까지 빼들고 싸웠다고 한다. 전하는 바에 따르면, 키라가 아사노에게 뇌물을 요구했는데 젊은 아사노가 거절하자 키라가 아사노를 괴롭혔고 이에 흥분한 아사노가 칼을 빼서 키라를 친 것이다. 사실 뇌물을 요구한 키라도 잘못하고 아무리 그렇다고 칼로 막부의 관리를 친 아사노도 잘못한 일인데, 도쿠가와 막부는 키라는 용서하고 아사노에게는 할복자살을 명했다. 그리고 아코번을 아사노 가문으로부터 빼앗아 다른 사람에게 주었다. 아코번의 사무라이들 입장에서는 졸지에 주군이 억울하게 죽고 영토도 잃게 된 데다 정식 사무라이가 아닌 낭인으로 전락한 것이다. 짐작건대 이 사건을 도쿠가와 막부는 당시 소금 산지로 유명해진 덕분에 많은 돈을 벌어들이고 있던 아코번을 빼앗을 절호의 기회로 삼았던 것 같다. 도쿠가와 가문은 도요토미 히데요리를 죽인 이후에도 소규모 영주들을 억지스러운 이유를 들어 쫓아내고 그 영토를 도쿠가와 가문 사람에게 나누어 주는 일을 반복했는데 아코번도 유사한 사례인 것이다.

그런데 이번 사건은 좀 특이했다. 왜냐하면 아코번의 사무라이 47명이 주군의 복수를 위해 키라의 저택으로 쳐들어가 키라를 죽였기 때문이다. 47명의 사무라이는 그의 목을 가져다가 죽은 아사노의 묘에 제사를 지낸 다음 막부에 자수했다고 한다. 도쿠가와 막부의 법을 어김으로써 일종의 반항을 한 것이지만, 억울하게 죽은 주군의 원수를 갚는다는, 한편

---

* 일본 영화를 보면 가끔 등장인물의 이름이 키라인 경우가 있는데 모두 악역이다. 아마도 주신구라에 등장하는 키라가 일본인들이 싫어하는 인물이기 때문일 것이다.

으로는 사무라이로서 너무도 당연한 행동을 한 것이다. 이에 따라 아코번의 충신 47명을 어떻게 처리할지를 두고 찬반 논란이 일었다. 물론 대부분의 일본인들은 그때나 지금이나 아코번의 충신 47명을 도쿠가와 쪽 사람들보다 훨씬 더 좋아한다. 결국 충신 47명은 죽음을 명령받는데 죄인에게는 허용되지 않는 명예로운 할복자살의 방식으로 죽는 것을 허락받았다고 한다.

같은 시기, 조선의 고위 관료들이 유학을 통치 철학으로 삼아 형식적으로나마 원리원칙에 따른 공명정대함을 추구하던 것과 달리 도쿠가와 막부는 그런 윤리적 기준이 전혀 없는 통치 권력이었다. 가문의 시작인 도쿠가와 이에야스가 앞서 말한 대로 비겁하고 치졸한 행동을 벌인 마당에 그 후손들이 정정당당한 정치를 표방한다는 것이 애당초 어불성설이다.

훗날 서양 세력이 아시아로 들어왔을 때 조선은 조국을 구하겠다는 의병 활동이 곳곳에서 일어났지만, 일본은 지방의 영주들이 도쿠가와 막부를 버리고 서양 세력과 결탁하는 모습을 보였다. 물론 조선의 의병들은 전투에서 패배한 반면 일본은 서양 문물을 빨리 받아들여 근대화에 성공했으나, 그런 이유로 조선왕조 및 그 통치자들에 비해 도쿠가와 막부의 통치자들은 백성들로부터 손경을 받지 못했던 것이 아닌가 한다.

사나다 유키무라와 주신구라의 47인은 비록 패자가 되거나 죽임을 당했으나 역사와 일본인들의 기억 속에서는 영웅이 되었다. 반면, 도쿠가와 이에야스는 현실에서는 도박에 성공했을지 몰라도 역사적으로는 존경받지 못하는 인물로 남았다. 과연 누가 성공하고 누가 실패한 건지 판가름하기가 어렵다.

"

오른손잡이 권투선수가
오른손을 썼는데
왜 실패했을까?

"

제
10
장

인조와 조선이 놓친
경우의 수와 '혼합전략'

정직하고 성실하게 매일매일 열심히 노력하면 성공할 수 있을까? 성공까지는 아니더라도 실패는 모면할 수 있지 않을까? 만약 완벽하게 계획하고 그 계획을 100% 실행하는 사람이라면 위 질문에 대해 그렇다고 답할지도 모르겠다. 그렇게 정말로 열심히 노력하면 실패를 피할 수 있을지 모른다. 그러나 대개의 사람들은 90% 정도 노력하고는 최선을 다했다고 믿는 경향이 있다. 사실 90% 정도의 노력을 들였다면 칭찬받을 만큼 노력했다고 볼 수 있다. 그런데 인간 사회에는 경쟁이 존재하고 내가 90% 노력을 했다 해도 나의 경쟁자가 95% 노력을 한다면 나는 결코 성공할 수 없는 것이 현실이다. 달리 표현하면, 이 정도면 충분하다고 생각하는 순간 큰 실패를 맛볼 수도 있는 것이다.

　그런데 이것이 비단 현대 사회의 원리이기만 할까? 조선의 역사에서 가장 치욕적인 순간을 꼽는다면 어떤 사건을 이야기할 수 있을까? 아마 대부분의 사람이 병자호란 때 국왕 인조가 청나라 황제를 향해 세 번 절하고 아홉 번 머리를 조아린 일〔삼궤구고두례, 三跪九叩頭禮〕, 즉 삼전도의 굴욕을 이야기할 것이다. 그 순간 조선이 망했어도 조금도 이상한 일이 아닐 정도로 그 사건은 굴욕적이기 때문이다.

임진왜란 7년 동안 일본군의 공격을 견디어냈던 조선인들이 어째서 그로부터 불과 40년밖에 안 지난 시기에 왕이 머리를 조아리는 치욕을 당한 것일까? 과연 조선의 국방 시스템은 어떤 면에서 부족했기에 국가가 멸망의 위기에 처할 정도로 붕괴하고 말았을까? 병자호란을 통해 과연 '최선의 노력'이 어떤 의미를 지니는지 생각해보자.

인조는 왜
남한산성으로 가야 했을까

:

임진왜란이 끝나고 29년 후인 1627년 정묘호란이 일어났다. 당시 후금(後金)이라 불리던 청나라를 자극하지 않으려고 노력하던 광해군이 반정으로 물러나고 명나라의 은혜를 잊지 않는다는 원칙을 천명한 인조가 1623년에 즉위하여 조선과 청의 관계가 악화하고 있었다. 그러던 중 조선에 대해 완화적 태도를 보이던 청의 초대 황제 누르하치〔天命帝〕가 사망하고 1626년 조선에 강경한 태도를 보여야 한다고 주장해왔던 그의 아들 홍타이지〔崇德帝〕가 황제에 즉위하자마자 이듬해에 조선을 침공했다.

이 정묘호란에서 조선군은 청나라 군대에 계속 패배하여 후퇴하지만 인조는 강화도로 피신하여 사로잡히는 것을 면했고, 전국 각지에서 청나라 군대를 공격하며 저항을 계속하였다. 그러자 조선에서 발목이 잡힐까 두려웠던 청나라 군대는 청나라를 형님의 나라로 모시겠다는 약속을 받고 조선에서 군대를 철수시킨다. 그런데 그로부터 9년 뒤인 1636년 청나라가 다시 조선을 침공했으니, 이것이 바로 병자호란이다.

여담이지만, 병자호란은 음력으로 병자년(丙子年)인 1636년 12월부터 정축년(丁丑年)인 1637년 1월까지 50일간 일어난 전쟁이다. 병자년이 거의 끝날 때 일어난 전쟁인데 이는 우연이 아니다. 기마부대가 주력군인 청나라로서는 말을 배에 태워 강을 건너기가 어렵기에 조선의 강이 모두 얼어붙어 말이 달려 건널 수 있는 한겨울을 기다렸던 것이다.

그런데 놀랍게도 국왕이 사로잡혀 '삼궤구고두례'의 치욕을 맛본 병자호란은 겨우 50일 만에 끝이 났다. 여몽전쟁에서 전 세계를 정복한 몽골군에 대항하며 30년 넘게 버티면서 한 번도 국왕이 포로가 된 일이 없었고, 임진왜란에서 일본군 수십만 명이 침공해서 7년간 전투를 했지만 역시 국왕이 사로잡힌 적이 없었는데, 병자호란은 겨우 50일 만에 국왕이 사로잡히면서 조선이 무릎을 꿇은 것이다.

잘 알다시피 몽골이나 여진족처럼, 해군이 없는 대륙의 적들이 쳐들어오면 고려나 조선의 왕들은 항상 강화도로 피난하여 포로가 되는 것을 면하였다. 몽골이나 여진족이 바다에 약할 뿐 아니라 조선의 군대는 일본의 해군을 이순신 장군이 격파한 후 40년이 채 지나지 않았던 1636년에도 여전히 아시아 최강의 실력을 뽐내고 있었으니 강화도로 피하기만 하면 절대로 잡히지 않을 자신이 있었던 것이다.

그러나 정묘호란 때 강화도로 피신했던 인조는 병자호란 때는 남한산성으로 피신하게 된다. 청나라 군대가 어느새 쳐들어와 한양에서 강화도로 가는 길을 막아버렸기 때문이다. 청나라 군대는 압록강을 넘은 지 6일 만에 조선의 수도 한양에 도달해 있었던 것이다. 그 시절에는 압록강변 의주에서 한양까지 제일 빠른 파발마를 보내면 간신히 3일 만에 도착했다고 한다. 아마 한양에 있던 인조는 첫날 청나라 군대가 압록강을 건너 쳐들어온다는 보고를 듣고, 둘째 날에는 청나라 군대가 평양에 도착했다는 보고를 들은 후, 셋째 날에는 청나라 군대가 개성 근처까지 왔다는 보고를 들었을 것이다. 부랴부랴 강화도로 가려고 짐을 싸는데 청나라 군이 이미 한양에 들이닥쳤을 것이다. 정신이 하나도 없었을 테고 거의 귀신에 홀린 기분이었을 것이다.

요즘은 서울에서 강화도까지 자동차로 1시간 정도 거리이지만, 정묘호란 때 인조가 한양에서 준비해 강화도까지 가는 데는 3일이 걸렸다고 한다. 그런데 청나라 군대는 저 멀리 압록강에서 한양까지 6일 만에 도착했으니 당시 조선의 조정에서는 상상도 해보지 못한 속도였다. 어쩔 수 없이 인조는 남한산성으로 들어갔고, 거기서 비교적 청나라 군대를 잘 막아냈다. 하지만 인조를 구하기 위해 한양으로 올라오던 조선 각지의 지방 군사들은 모두 청나라 군대에 패배했다. 더 이상 구하러 올 군사가 없는 상황이 되자 인조는 항복했다.

그런데 다른 한 가지 기막힐 일이 있었다. 인조 자신은 강화도로 가지 못했지만, 인조의 가족은 미리 강화도로 피신해 있었기에 그들만큼은 안전하리라 생각했을 것이다. 그런데 그 강화도가 남한산성보다 먼저 함락되었다. 청나라 군대가 막강한 조선의 수군을 따돌리고 강화도에 상륙해 점령해버렸기 때문이다. 왕의 가족은 모두 포로로 잡히고 말았다.

강화도가 그렇게 함락되고 국왕도 적에게 항복했으니 병자호란은 완벽한 참패였다. 그나마 다행은 50일 만에 항복을 받은 청나라 황제 홍타이지가 주둔 부대를 남기지 않고 아무 조건 없이 철수했다는 사실이다.

조선이 참패와 굴욕을 당한 이유
:

조선이 이렇게까지 참패한 이유로 가장 쉽게 생각할 수 있는 것이 무능한 임금과 신하가 청나라의 침공에 아무런 대비도 하지 않았을 가능성이다. 조금이라도 청나라의 침공에 대비했다면 이런 식으로 무참하게 패배했을까 의문이 드는 것이다. 그런데 조선의 군대가 의외로 신속하게 움직였다는 증거들이 있다. 우선 압록강변 의주에서 한양까지 3일 내에 파발이 도착해 청나라의 침공을 알렸다. 매우 빨리 적의 침공을 파악한 것이다. 그리고 청나라 군대가 침입하면 임금이 강화노로 피신하고 육지의 조선군은 남한산성에 모여서 청나라군과 전투를 한다는 계획 또한 세워두었다고 한다. 그 계획에 따라 남한산성을 잘 정비해놓았기에 그나마 몇십 일 동안이라도 청나라군의 공격을 막을 수 있었던 것이다.

또한 강화도 수비를 위해 조선의 수군이 강화도 부근으로 집결했다 하니 조선이 전혀 준비가 되지 않았었다고는 말하기 어렵다. 청나라의 침공에 대비해 제법 철저한 계획을 세운 상태였고 그에 따라 신속히 행동을 취했기 때문에 병자호란에서 참혹한 패배를 당했다는 역설적 주장이 어쩌면 더 진실에 가까운 듯하다. 이것이 무슨 이야기인가 하면, 조선은 정묘호란 때 청나라 군대가 보여준 움직임을 보고 병자년에도 청나라 군대가 똑같이 행동할 것이라는 가정하에 군사 계획을 세웠던 것이다.

우선 정묘호란 당시 청나라 군대는 압록강을 넘어와 평안도의 성들을 공격하고 하나씩 함락시키면서 전진하였다. 이렇게 조선의 중요한 성들을 함락시키면서 전진하다 보니 진격 속도가 느려질 수밖에 없었다. 그래서 인조는 청나라 군대가 황해도까지 들어왔다는 보고를 받고 나서 그때 강화도로 이동을 시작해도 되었다. 인조의 행차가 한양에서 강화도까지 3일이나 걸렸지만, 조선의 군사들이 성안에서 청나라 군대의 공격을 며칠 씩 막아준 덕분에 인조는 시간 여유를 가지고 강화도로 이동할 수 있었다. 이런 정묘호란의 경험을 바탕으로 9년간 조선군은 압록강에서 한양에 이르는 중요한 성들의 성벽을 튼튼히 다시 쌓고 군량미도 넉넉히 준비해 청나라 군대의 공격에도 오랫동안 농성전을 벌일 수 있도록 하였다. 그리고 청나라 군대가 압록강을 넘으면 조선의 모든 군대가 곧바로 가까운 성으로 들어가서 방어 준비를 한다는 작전을 세워 실제로 병자호란 때 이를 완벽하게 시행했다.

그러나 병자호란 때의 청나라 군대는 정묘호란 때와는 완전히 다른 작전을 썼다. 홍타이지가 직접 이끈 청나라 군대는 조선의 성들은 거들떠보지도 않고 전속력으로 말을 달려 한양으로 진격했다. 조선의 모든 군사가 이미 세워둔 작전에 따라 성안으로 들어가 있었던 탓에 청나라 군대의 진격을 막을 사람이 하나도 없었다는 뜻이다. 무인지경(無人之境)을 청나라의 기마부대가 달려간 셈으로 그 덕분에 불과 6일 만에 한양을 점령할 수 있었고, 이전의 정묘호란만 생각하고 느릿느릿 강화도로의 이동을 준비하던 인조는 길이 막혀 뜻을 이루지 못했던 것이다.

인조 바로 전의 국왕이었던 광해군 때만 해도 청나라 군사들이 성을 공격하지 않고 곧바로 한양으로 진격할 가능성에 대해서도 준비를 했다는 기록이 있는데, 정묘호란에서 성을 공격하는 청나라 군대를 본 이후에는 그저 성을 방어하면서 인조가 강화도로 갈 수 있도록 시간을 끌어준다는 계획만 세웠다고 하니 한심하다면 한심한 일이다. 그러므로 병자호란은 조선의 군사들이 게으르거나 전투 의지가 없었던 게 아니라 조선의 국왕과 최고 지휘관들이 청나라 군대의 작전을 간파하지 못해 전략 측면에서 청나라에 완패를 당한 전쟁이었던 것이다.

강화도 함락도 비슷하다. 수군이 없는 청나라에 비해 거대한 배를 많이 보유한 조선의 수군은 강화도에 청나라 군대가 들어오지 못하도록 막을 자신이 있었다. 조선 수군의 대형 판옥선에 비하면 작은 조각배 수준의 배를 가진 청나라 수군은 상대가 되지 않았기 때문이다. 하지만 청나라 군대는 조선의 군함이 대형이라는 섬에 주목했다. 대형 군함은 바다에 얼음이 떠다니거나 썰물로 바다가 얕아지며 조류가 강하게 흐르는 때에는 섬 가까이로 접근하기가 어렵다는 점을 이용한 것이다. 반면 작고 가벼운 청나라의 소형 배는 떠다니는 얼음 사이로 빠르게 움직일 수도 있고 썰물로 바다가 얕아져도 운행이 가능하다는 장점이 있었다. 그래서 청나라는 작은 배에 군사들을 싣고 조선의 대형 군함들이 강화도 인근으로 들어오기 어려운 시기를 잡아 빠르게 바다를 건너 강화도에 상륙한 것이다.

이와 관련해서도 광해군 당시 사간원에서 왕실의 피난처로 강화도만 믿어서는 곤란하다는 주장이 제기되었다고 한다. 몽골의 침입을 피해 강화도에 들어가 방어하던 때로부터 400년이 지난 지금의 상황은 다르다는 이야기였다. 이제는 몽골이나 여진족도 수군의 중요성을 깨달아 그동안 수군을 육성하는 데 노력해왔으므로 강화도에만 들어가면 안전하다는 사고방식은 위험하다는 것이었다.

전쟁이 아니라도 모든 경쟁에는 상대방이 있기 마련이다. 그리고 나만 최선을 다하는 게 아니라 상대방도 최선을 다하기는 마찬가지라는 이야기다. 이 점을 고려하지 못한 채 그저 최선의 노력을 다하기만 해서는 경쟁에서 승리하기가 매우 어렵다.

권투 선수의 게임이론, '혼합전략'과 교란

:

오른손잡이 권투 선수는 시합에서 오른손을 더 많이 사용할까, 아니면 왼손을 더 많이 사용할까? 오른손잡이 권투 선수는 왼손보다 오른손의 힘이 더 셀 것이다. 힘이 센 손으로 상대를 쳐야 시합에서 이길 확률이 높아지지 않을까? 그러니 오른손잡이 권투선수는 시합에서 오른손을 더 많이 쓸 것이라는 생각이 자연스럽다. 하지만 권투를 조금이라도 아는 독자라면 오른손잡이 권투 선수가 왼손을 더 많이 사용한다는 것을 알고 있으리라. 가볍게 왼손을 툭툭 자주 뻗어 상대 선수를 때리다가 강력한 한 방이 필요할 때 오른손을 써서 공격하는 것이다.

이런 전략을 쓰는 건, 생각해보면 간단한 이치인데 권투는 상대가 있는 경기이기 때문이다. 권투 시합은 혼자서 하는 것이 아니다. 만일 혼자서 샌드백을 놓고 치는 경기라면 그저 오른손으로 세게 때려 좋은 점수를 받으면 된다. 하지만 권투 시합의 상대방은 샌드백이 아니라 생각을 하는 사람이다. 내가 오른손으로 때린다는 것을 알면 상대는 나의 오른손을 피하거나 막을 것이다. 나의 오른손이 아무리 강하다 해도 상대가 피하거나 막아 가격이 되지 못하면 하나도 쓸모가 없는 것이다. 오히려 상대가 나의 오른손에만 신경을 쓰고 있을 때 내가 왼손을 뻗어 치면 상대를 맞힐 확률이 높아진다. 강하지만 상대를 맞힐 수 없는 오른손보다는 약하지만 상대를 맞힐 가능성이 높은 왼손을 쓰는 것이 유리하기 때문에 오른손잡이 권투 선수들은 왼손을 더 자주 뻗는다.

경제학의 게임이론에서는 권투 선수의 이런 행동을 '혼합전략(mixed strategy)'이라 부른다. 오른손 또는 왼손만 쓰는 것이 아니라 오른손과 왼손을 번갈아 써서 상대방이 어느 쪽을 막아야 할지 혼란스럽게 만드는 전략이다. 그런데 혼합전략을 쓸 때 주의할 점이 있다. 내게 유리한 쪽을 생각하기보다는 상대가 예상하지 못하는 쪽을 생각해야 한다는 점이다. 상대가 내 오른손을 예상하고 있을 때 왼손을 써야 한다는 의미다.

제2차 세계대전의 중요한 국면으로 노르망디 상륙작전을 이야기한다. 사실 영국에서 출발한 연합군이 가장 상륙하기 좋은 곳은 칼레 지역이었다. 독일군도 이를 알고 칼레 지역에 독일군을 집중 배치해 방어하고 있었다. 바로 그런 이유로 연합군의 사령관 아이젠하워(Dwight David Eisenhower) 장군은 상륙이 더 편한 칼레가 아니고 상륙이 상대적으로 어려운 노르망디로 갔다. 상륙이 좀 어렵다고 해도 방어하는 독일군의 숫자가 적었기에 노르망디 상륙작전은 성공을 거두었다.

병자호란 당시 청나라의 홍타이지가 쓴 전략은 아이젠하워의 전략만큼이나 훌륭한 것이었다고 평가할 수밖에 없다. 성안에 틀어박혀 지키는 조선군의 전략을 완전히 무력화하는 작전을 펴 6일 만에 수도 한양에 들어올 수 있었고 결국 국왕 인조를 사로잡았기 때문이다. 반면 청나라가 정묘호란 때와는 완전히 다른 전략을 선택할 수 있다는 가능성을 전혀 고려하지 않았던 인조와 조선의 군대는 성을 튼튼히 정비하는 일에만 최선을 다하다가 준비한 것들이 모두 무용지물이 되어 너무도 허무하게 최악의 패배를 맞았다.

경제학에서 아주 중요하게 쓰이는 단어 중 컨틴전시(contingency)라는 용어가 있다. 한국어로 번역하자면 '경우의 수'라는 의미가 가장 비슷하다고 할 수 있다. 다시 말하면 발생 가능성이 조금이라도 있는 모든 상황을 의미한다. 조직의 전략을 세우는 사람들은 모든 경우의 수를 다 생각해 보아야 한다. 혹시 경우의 수가 너무 많아 일일이 고려하기가 불가능하다 하더라도 그것을 최대한으로 상상해서 고려해야 한다. 불확실한 세상사에서 내게 어떤 일이 닥칠지는 그 누구도 알 수 없으며, 특히 혼자 살아가는 세상이 아니고 상대 또는 경쟁자가 있는 세상이기에 이런 불확실성은 더 크다.

조선군은 넓은 평야에서 청나라 군대를 상대하면 청나라의 강한 기병에게 이길 가능성이 거의 없다고 판단해 성벽 뒤에서 청나라와 싸운다는 작전을 세웠다. 자기 자신에게 유리한 국면만을 상정해둔 것이다. 마치 권투선수가 자신의 오른손이 강하다고 오른손만 뻗는 식이다. 문제는 그 넓은 벌판에서 청나라 군대와 싸우기를 회피하여 성안으로 들어가면 청나라 군대는 거칠 것 하나 없이 말을 달려 한양으로 진입할 수 있다는 점이다. 내게 유리한 것이 무엇인지만 따진 결과 어리석은 선택을 하고 마는 것이다. 그러므로 상대가 어떤 행동을 할지 예상해 작전을 짜는 것이 매우 중요하며, 병자호란의 패배는 바로 이 지혜를 되새기게 한다.

상상력이라는 전략이 필요하다

:

모름지기 조직의 리더나 지도자라면 유연한 사고를 갖고 상상력을 펼칠 수 있어야 한다. 그저 명령을 받아 일하는 입장이라면 성실하게 열심히 노력하는 것만으로 충분할 수 있다. 자기가 맡은 임무만 목적에 맞게 잘 실행하면 되기 때문이다. 하지만 최고 책임자에게는 완선히 나른 자질이 요구된다. 앞에서도 언급했듯 이 세상은 불확실하며 예상하기 어려운 일 또한 계속해서 일어나니까 말이다. 과거에 이미 일어난 일이 똑같이 다시 일어나리라 예상하고 그에 대비하는 것은 비교적 쉬운 일이다. 하지만 아직 일어나지 않은, 불확실하고 새로운 일에 대비하는 것은 아무나 할 수 없는 어려운 작업이다.

우선, 어떤 일이 일어날지 알 수 없다는 점에서 그렇다. 그래서 최고 책임자는 항상 어떤 일이 일어날 수 있는지에 대해 상상의 나래를 펴고 미리 생각해봐야 한다. 상상력이라면 상상력이고 창의성이라면 창의성인 자질이 요구된다는 이야기다. 나의 경쟁자는 지금도 새로운 방법을 모색하고 있다. 나 역시 새로운 방법을 찾아야 한다. 한발 더 나아가, 나의 상대가 어떤 새로운 방법을 찾을지까지 상상해봐야 한다.

병자호란에서 청나라 군대는 압록강을 건넌 후 6일 만에 한양에 도착했다. 혹시 인조가 청나라 군대가 성을 공격하지 않고 밤낮으로 말을 달려 진격해오는 경우를 상정했다면 그 대책 또한 곧바로 실행할 수 있었을 것이다. 하지만 그런 가능성을 전혀 고려하지 않았기에, 그리고 청나라 군대가 압록강을 건넜다는 파발마의 보고를 받고 얼마 안 되어 청나라 군대가 한양에 나타났기에 대책을 마련할 시간이 없었던 것이다. 사건이 터지기 전에 미리미리 가능하면 많은 '경우의 수'를 생각해야 하고, 그 경우의 수에 대해 일일이 대책을 마련하는 노력이 필요한 이유다.

한편, 청나라 기마부대가 조선을 침공하기에 가장 좋은 계절이 겨울이란 점은 능히 예측이 가능한 사안이었다. 그러니 겨울에 청나라가 공격할 것에 대비해 왕이 서둘러 한양에서 벗어날 수 있도록 하는 훈련도 미리미리 해둘 필요가 있었다. 다시 말해 비상사태를 위해 짐을 싸놓는 대비 태세도 갖추었어야 했다. 그래봐야 매년 겨울 2개월 동안만 준비하면 되는 일이니 말이다. 또한 피난지로 강화도만 고집해서도 안 되었다. 우리나라에 섬이 강화도만 있는 것도 아니며, 강화도는 더군다나 서울보다 살짝 북쪽에 위치한 섬이 아닌가. 강화도보다 남쪽에 위치한 섬을 제2의 피난처로 준비했다면, 청나라 군대가 강화도로 가는 길을 막았을 때 인조는 제2의 피난처인 다른 섬으로 갈 수 있었을 것이다.

사실 청나라의 강력한 대군을 맞아 싸우는 것이 애당초 불가능한 일이라는 생각이 들었을 수도 있다. 하지만 당시만 해도 청나라는 중국의 명나라와 대결하는 중이었다. 즉, 청나라 입장에서는 명나라 군대의 침입에도 대비해야 했기에 조선에서 오래 전투를 할 수 있는 상황이 아니었다. 그런 이유로 인조를 잡아서 삼궤구고두례를 받고서는 다른 요구는 전혀 없이 재빨리 군대를 철수시켰던 것이다. 병자호란이 50일 만에 끝난 건 청나라가 조선에 주력군을 주둔시킬 수 있는 기간이 그 정도뿐이었기 때문일 것이다. 그러므로 인조가 어딘가 난공불락의 장소에 숨어 청나라의 공격을 3개월 이상 버티어낼 수 있었더라면 청나라는 정묘호란 때처럼 스스로 철수했을 가능성이 크다.

겨울에 언제라도 피난할 수 있도록 대비하는 것과 강화도 피난이 어려울 때를 대비해 제2의 섬을 요새화하는 등의 대책만 미리 세웠어도 병자호란은 그렇게까지 비참한 결말은 보지 않았을 것이다. 그런 한편으로, 목숨을 바쳐서라도 유교의 가르침을 지키겠다고 생각하던 당시 조선의 지도부에게 유연한 사고와 상상력을 요구하는 것 자체가 무리라는 생각도 들기는 한다.

개인은 물론 한 조직의 책임자라면 미래에 발생할 수 있는 다양한 가능성을 미리 머릿속에 그려보는 상상력과 지혜가 반드시 필요하다. 바로 그런 이유에서 현대의 첨단 기업들은 구성원들이 자유롭고 새로운 사고를 할 수 있도록 막대한 비용을 들여 노력하고 있는 것이다.

> "
> 어째서 아랫사람에게
> 권한을 주는 조직이
> 성공하는가?
> "

제
11
장

나폴레옹을 통해 보는
'대리인 문제'와 승리의 조건

30년 넘게 경제학을 공부해왔다. 오랜 시간 공부를 해보고 나서 내 나름으로 경제학에서 가장 중요한 것이 무엇인지 결론을 내릴 수 있었는데, 바로 조직 구성원의 '주인의식'이다. 구성원들이 주인의식을 가진 조직과 그렇지 않은 조직이 경쟁하면 보나 마나 주인의식이 있는 쪽이 크게 이긴다. 일하는 척하고 월급만 받으려는 사람은 모든 일이 자기 일이라 생각하고 최선을 다하는 사람을 결코 이길 수 없다. 그 경우, 경제학에서 흔히 쓰는 용어로 '대리인 문제(agency problem)'나 '도덕적 해이' 같은 심각한 비효율이 발생하기 때문이다.

따라서 경제학의 가장 큰 화두는 구성원들에게 주인의식을 불어넣는 일이다. 물론 이는 단지 경제학의 화두에 그치는 게 아니고 모든 조직의 화두일 것이다. 그렇다면 어떻게 조직의 모든 구성원에게 '내가 이 조직의 주인'이라는 의식을 불어넣을 수 있을까? 그 힌트를 프랑스대혁명에서 찾아보고자 한다. 프랑스대혁명은 국가의 주인이 왕과 귀족에서 모든 국민으로 이양되는 의미 있는 역사적 사건이다. 프랑스대혁명을 통해 주인 의식을 가진 프랑스 군대가 나폴레옹의 지휘 아래 유럽을 정복하기에 이른다.

프랑스대혁명과
나폴레옹의 프랑스 대육군
:

1789년 프랑스대혁명이 일어났다. 프랑스 왕 루이 16세(Louis XVI)가 단두대의 이슬로 사라지고 더 이상 왕이나 귀족이 지배하는 나라가 아닌 국민이 주인인 나라가 탄생했다. 하지만 새로 태어난 프랑스 공화국은 사방이 적으로 둘러싸인 상황이었다. 당시 유럽의 다른 나라들은 여전히 왕국이었고, 루이 16세가 단두대에서 처형되었다는 소식은 유럽의 왕과 귀족들에게 큰 충격이었다. 프랑스에서 시작된 공화주의가 주변으로 퍼져나가면 다른 국가의 왕과 귀족의 운명 또한 위태로워지리라 느꼈기 때문이다.

그런 한편, 프랑스 내부에도 왕과 귀족 세력이 남아 있었다. 이들은 프랑스의 공화파를 무력으로 공격하여 파리의 일부 지역을 점령하기도 하였으며 심지어 혁명 세력의 무능에 실망한 프랑스 국민들이 국회의원 선거에서 왕정복고를 지지하는 왕당파에 표를 주어 한때 왕당파가 국회를 장악하기도 했다. 국민이 주인임을 선언하며 탄생한 프랑스 공화국이 과연 내외부 적들을 모두 이기고 살아남을 수 있을지 불확실한 시기였다.

이때 혜성처럼 나타난 군사적 천재가 있었으니, 바로 나폴레옹 보나파르트(Napoléon Bonaparte)이다. 우리에게는 나폴레옹으로 잘 알려져 있으나 사실 나폴레옹은 이름이고 성이 보나파르트이니 아마도 부하 병사들은 '보나파르트 장군'이라고 불렀을 것이다. 하지만 오늘날 우리가 그를 나폴레옹이라는 이름만으로 기억하는 이유는, 나중에 나폴레옹 보나파르트가 프랑스 황제가 되는데 왕이나 황제가 되면 성을 빼고 이름만 부르는 전통이 서양에 있기 때문이다. 영국의 엘리자베스 2세 여왕이나 그 뒤를 이은 찰스 3세 모두 엘리자베스와 찰스가 이름이고 사실 성은 윈저이지만 윈저라는 말은 붙이지 않는다.

당시 군인들은 대부분 귀족 출신이었기에 왕정을 선호하는 측, 즉 왕당파였다. 하지만 프랑스 변방의 코르시카라는 섬 출신이었던 나폴레옹은 왕정체제하에서는 출세를 하기가 어려웠기에 계급주의를 타파하고 능력주의를 주창한 프랑스 공화국을 지지했다. 비록 20대 중반의 어린 장교였지만, 국민이 주권을 갖는 프랑스 공화국을 공개적으로 지지하는 몇 안 되는 군인이었기에, 나폴레옹은 프랑스대혁명의 와중에 군사적 요직을 차지할 수 있었고, 실제로 모두가 놀랄 만한 성공을 거둔다. 프랑스 국내에서 기세를 올리던 왕당파 군대를 모두 섬멸한 것은 물론, 왕당파를 지원하기 위해 외국에서 프랑스로 향하던 군대들도 모두 패배시킨 것이다. 더 나아가 1799년에는 프랑스대혁명 성공 후 공화정이 들어섰음에도 의외로 선거에서 승리하여 국회에서 다수파를 차지한 왕당파 의원들을 자신의 군대를 보내 모두 쫓아낸 뒤 그 자리를 공화파 의원들로 채워 넣는 브뤼메르 쿠데타를 일으켰다. 이런 과정을 통해 나폴레옹은 프랑스 공화국 건설의 기반을 다졌다.

그런 다음, 여전히 프랑스 공화국의 존재에 위협을 느끼는 오스트리아 제국, 러시아제국, 프로이센왕국, 영국 등과 전쟁을 치른다. 언뜻 생각하기에도 강대국인 국가들을 동시에 네 개나 상대해 전투를 벌인다는 것이 어떻게 가능할까 싶지만, 나폴레옹은 정말로 군사적 천재였는지 지금의 독일 영토에서 오스트리아, 러시아, 프로이센을 모두 상대해 완벽한 승리를 거둔다. 우선 1805년 10월 울름 전투에서 오스트리아군을 패배시키고, 1805년 12월 아우스터리츠 전투에서 러시아와 오스트리아 연합군을 패배시키며, 1806년 10월에는 예나 전투에서 프로이센군을 패배시켰다. 불과 1년 만에 유럽 대륙을 모두 차지한 것이다.

물론 프랑스는 해군 전력이 약해 넬슨 제독의 영국 해군에게 트라팔가르 해전에서 패배하였으나 나폴레옹과 프랑스군은 러시아 침공에서 추운 겨울 날씨를 이기지 못하고 후퇴하게 되는 그 순간까지 적의 육군을 상대로 한 전투에서는 한 번도 패배하지 않고 매번 완벽한 대승을 거둔다.

프랑스대혁명 직후 나폴레옹은 청년들을 모아 철저히 훈련시켰고 그렇게 해서 탄생한 프랑스 정예 육군을 대육군(Grand Army)이라 불렀다. 짐작하건대 요즘 대한민국의 논산 훈련소에서 1~2개월 실시하는 방식의 훈련을 전 프랑스 육군에 시행한 것으로 보인다. 사격, 행군, 제식훈련 등 논산 훈련소에서 실시하는 훈련이 대단하지 않은 것으로 보일 수 있지만, 그런 훈련을 전혀 받지 않은 부대와 그런 훈련을 받은 부대 사이의 격차는 매우 크다.

예를 들어 나폴레옹의 프랑스 대육군은 20일 동안 600킬로미터를 이동했다. 이는 하루에 30킬로미터씩 20일을 계속 걸은 것으로, 당시로서는 상상도 할 수 없는 일이었다. 논산 훈련소에 다녀온 사람이라면 마지막에 완전군장을 하고 30킬로미터 행군을 한 기억이 있을 것이다. 개인이 홀로 하루 30킬로미터를 걷는 건 아주 어려운 일이지만, 수백 명이 줄을 서서 일정 속도로 행군을 하면 이상하게도 단 한 명의 낙오자도 없이 30킬로미터를 걷는 것이 가능하다. 실제로 해보면 누구나 공감할 것이다.

그 단순해 보이는 행군을 프랑스 병사들에게 숙달시켜 작전을 수행했으니, 적군 입장에서는 프랑스군이 동에 번쩍 서에 번쩍 나타나는 것과 같은 효과를 냈으리라. 프랑스 대육군은 바로 이런 이유만으로도 전투에서 연이은 승리를 구가할 수 있었다. 울름 전투에서도 오스트리아군이 프랑스와 국경을 마주하는 서쪽에서 프랑스군이 공격할 것으로 생각하고 방어하고 있었는데, 밤새 행군을 해서 적의 뒤쪽으로 빙 돌아 번개같이 동쪽에서 오스트리아군을 공격해 대승을 거두었다.

군대에는 사단(師團)이라는 단위가 있다. 1만 명 넘는 규모의 병사들을 하나의 사단으로 편성해 사단장 지휘하에 독자적으로 움직이도록 하는 시스템이다. 즉, 육군 총지휘관인 육군참모총장은 수십만 명의 징병에게 일일이 지시하는 것이 아니라 수십 명의 사단장들에게 지시를 하는 것이고, 그러면 그 사단장들이 육군참모총장의 지시에 따라 자기 사단을 거느리고 독자적으로 작전을 수행한다. 또한 이러한 사단들이 모여 군단(軍團)을 이루니, 곧 군단이란 하나의 전투를 독자적으로 수행할 수 있는 규모의 부대를 말한다. 사단과 군단 조직을 처음 도입한 것이 바로 나폴레옹의 프랑스 대육군이다.

　다른 나라의 군대들은 함께 다니며 전투를 하는데 나폴레옹의 지시를 받은 프랑스 대육군은 6~7개 군단으로 나뉘어 그 각각이 독자적으로 전투를 수행할 능력을 갖추고 있었기에 오스트리아, 러시아, 프로이센, 영국 등 다수의 적에 대해 동시에 대응할 수 있었던 것이다.

나폴레옹의 대육군, 강력함의 비밀
:

나폴레옹의 프랑스 대육군이 강할 수밖에 없었던 이유로 대다수 분석가들은 세 가지를 든다. 첫째, 나폴레옹을 비롯해 당시 프랑스 대육군 장교들의 수준이 매우 높았다는 점이다. 둘째, 프랑스 병사들의 사기가 다른 국가에 비해 매우 높아 전투력이 상승했다는 점이다. 셋째, 당시 프랑스의 인구가 유럽에서 가장 많은 편이었기에 충분한 병사 숫자를 확보하는 것이 가능했다는 점이다.

　우선, 첫째 이유로 프랑스 장교의 수준이 높았던 것은 18세기 프랑스군이 군사 방면에서 여러 혁신적 방법을 적극 연구했던 것도 하나의 요인이 되었겠으나, 소수 귀족 가운데 장교를 선발하던 과거의 전통을 깨고 프랑스 국민 전체에서 우수한 인재를 선발해 장교로 임관시킨 것이 주효했다. 자신도 귀족 출신이 아니었기에 나폴레옹은 신분과 무관하게 뛰어난 능력을 지닌 인재들을 고급 장교로 임명했고, 실력 위주로 선발된 군 지휘관들은 귀족 출신으로 한정해 선발하던 상대국의 장교들보다 당연히 출중했다.

다음으로, 셋째 이유를 먼저 살펴보자. 프랑스대혁명 당시 대략적으로 파악된 유럽 주요 국가의 인구는 다음 표와 같다.

국가	러시아	오스트리아	프랑스	스페인	영국	프로이센	스웨덴	네덜란드
인구 (만 명)	3,000	2,700	2,600	1,000	1,000	600	500	200

놀랍게도 프랑스의 인구가 러시아에 견주어도 크게 뒤지지 않으며, 스페인이나 영국과 같이 영토의 크기에서 별 차이가 없는 나라들과는 비교도 되지 않을 정도로 인구가 많았다. 이때 오스트리아는 독일의 남부와 지금의 헝가리, 슬로베니아, 그리고 이탈리아 일부까지 점령해 매우 넓은 영토를 보유하고 있었는데, 인구는 프랑스와 비슷했다.

인구는 경제적 생산력과 밀접한 관련이 있다. 특히 산업혁명이 일어나기 이전이던 당시의 경제적 생산력은 인간과 가축에 의존할 수밖에 없었는데, 프랑스의 인구가 이렇게 많았다는 건 그만큼 경제적 생산력이 우수했으리라는 추정을 가능케 한다. 하지만 인구와 경제적 생산력의 관계보다 더 중요한 사실은 인구가 곧 군사력이라는 점이다. 그런데 의외로 중세에는 인구가 곧바로 군사력을 의미하지는 않았다.

군사훈련을 전혀 받지 않은 농민들에게 곡괭이나 호미를 들고 기사와 싸우게 하면 어찌 될까? 중세 유럽의 기사는 온몸을 철갑으로 감싼 갑옷을 입었고, 어려서부터 무거운 갑옷을 입고 창과 칼을 휘두르는 기술을 연습한 귀족계급이었다. 농민들이 곡괭이나 호미를 아무리 휘둘러도 기사의 갑옷을 뚫을 수는 없었을 테니 기사의 능숙한 칼과 창에 모두 쓰러졌으리라. 이런 이유로 중세에는 허겁지겁 사람들을 모아 무기를 주고 싸우게 해도 소수 정예의 기사들을 이길 수가 없었다.

십자군전쟁 기록 또한 이슬람 병사들이 온몸을 갑옷으로 둘러싼 유럽의 기사들을 공격하기가 어려웠음을 전하고 있다. 그랬기에 지극히 적은 수의 기사들이 십자군전쟁에 참전했지만, 이슬람의 군대들과 대등하게, 때로는 더 우세한 전투를 벌일 수 있었던 것이다. 즉, 중세의 전투는 갑자기 소집된 병사의 숫자가 아니라 갑옷을 입고 능숙하게 무기를 다룰 수 있는 기사의 숫자가 승패를 좌우했다.

그러나 프랑스대혁명이 일어날 무렵에는 이런 양상이 완전히 바뀌었는데 바로 우수한 성능의 소총이 발명된 덕분이다. 기사의 갑옷은 칼이나 창은 막을 수 있었지만 총알은 막지 못했다. 괜히 무거운 갑옷을 입고 어슬렁거렸다가는 총 맞아 죽기 십상인 상황이 된 것이다.

또한 칼과 창을 능숙하게 사용하려면 오랜 훈련이 필요하다. 아무리 건장한 청년이라도 처음 칼을 주고 싸우라고 하면 전투 경험자를 이기기 힘들다. 하지만 소총은 다르다. 논산 훈련소에서 하루 정도 총을 쏘아보면 처음 총을 잡는 훈련병이라도 10미터 거리에 떨어진 사람을 쏘아서 맞힐 수 있다. 평생 무술을 연마하며 살았고 비싼 갑옷과 말을 지닌 기사들이, 하루 정도 소총 쏘는 훈련을 받고 투입된 농부들의 총에 맞아 죽는 상황이 된 것이다. 다시 말해, 이제는 소총을 들고 쏠 수 있는 정도의 힘을 가진 국민의 숫자가 많은 쪽이 전쟁에서 이기게 되었다. 인구가 많은 프랑스는 그 점에서 유리했다.

　그렇지만 수많은 청년들을 마구잡이로 징집하여 병사로 만든다고 그 병사들이 최선을 다해 전투에 임한다는 보장은 없다. 병사들이 탈영을 하거나 기껏 전쟁터로 나가서는 바위 뒤에 숨은 채 적을 향해 총을 쏘지 않는다면 이길 방법이 없는 것이다. 사실 귀족 영주들 밑에서 신분 상승의 기회 없이 억압받고 살던 서민 계층의 인재들은 전투에 임해서 승리를 거둔다 해도 달라질 것이 없었다. 전투를 하다 죽으면 남은 가족의 생계가 막막해진다는 큰 문제가 생기는 반면, 설사 전투에서 승리한다 하더라도 출세하거나 재물을 얻는 것은 왕이나 귀족일 뿐 일반 병사는 아무런 이득도 얻지 못했다. 당연히 일반 병사들은 왕과 귀족들을 위한 전투에 적극적으로 임할 이유가 없었다. 이겨도 얻을 것 없는 전투에서 중요한 것은 다치지 않고 무사히 고향으로 돌아가는 것이므로 틈만 나면 몸을 사리고 후퇴할 생각뿐이었을 것이다.

　그러나 앞서 말한 대로 프랑스대혁명으로 이러한 시대적·사회적 상황이 바뀌었다. 더 이상 왕이나 귀족의 국가가 아닌, 일반 국민이 주인인 공화정체제가 되었기에 프랑스의 군대에서 복무하는 병사들은 자신들이 참가하는 전투가 남을 위한 것이 아니라 다시는 왕이나 귀족들에게 프랑스를 빼앗기지 않기 위한, 스스로를 위한 전투였다. 게다가 능력을 인정받으면 장교로 승진도 할 수 있었다. 이렇듯 프랑스 대육군은 국민이 주인이 되는 나라, '공화국'을 방어하겠다는 뚜렷한 목표의식으로 전투에 임했기에 군사들의 사기가 이웃 나라의 군사들, 즉 억지로 끌려온 오스트리아, 러시아, 프로이센의 병사들보다 월등히 높았다.

정리하면, 소총의 발명으로 소총을 든 군인 수가 많은 쪽이 전쟁에서 유리한 상황이 되었는데, 특히 프랑스는 혁명 이후 병사 한 사람 한 사람이 내가 주인인 나라를 지킨다는 투철한 주인의식을 가지고 전투에 적극적으로 임했으며, 신분의 한계로 출세하지 못했던 평민 출신 인재들이 뛰어난 장교가 되어 군대를 지휘하였다. 그래서 나폴레옹의 프랑스 대육군은 유럽 전체를 제패할 수 있었다.

현대의 조직에서도 이러한 원리는 변하지 않는다. 직원들이 최선을 다하여 열심히 노력하는 기업이나 직장은 잘될 수밖에 없는데, 그러기 위해서는 조직의 구성원들 모두가 주인의식을 가져야 한다. 이는 쉽지 않은 일이다. 일단, 자신의 아이디어와 생각을 펼칠 여건이 마련되지 못하고 위에서 시키는 일만 맹목적으로 해야 하는 조직에서는 구성원들이 주인의식을 가지고 열심히 일하기를 기대하기 어렵다. 상관이 자신의 권한을 적절히 이양해야 부하 직원들의 사기가 올라간다.

상관의 눈에는 경험 없는 부하 직원들이 어설퍼 보이고 일도 제대로 하지 못하는 듯 보일 수 있다. 실제로 그렇기도 하다. 하지만 조직의 책임자라면 부하들이 각자의 능력을 최대한 발휘하도록 이끌어야 하며 그것이 가장 중요한 역할이다. 이를 위해서는 업무 측면에서 약간의 비효율이 발생하더라도 부하 직원들에게 일정 정도 권한을 이양해 자율적으로 일할 수 있도록 해주어야 하는 것이다.

어떤 역사학자는 나폴레옹을 가리켜 "선거에 의해 선출된 독재자"라고 말했다. 사실 프랑스대혁명을 완성시킨 나폴레옹은 나중에는 스스로 황제가 되어 막강한 독재 권력을 휘두르게 된다. 하지만 프랑스 국민들은 자신들이 투표로 뽑은 황제였기에 기꺼이 그의 지휘하에 전투에 나가 목숨을 걸고 싸웠다. 프랑스 국민들은 국가의 주인인 자신들이 나폴레옹을 뽑아 정치를 맡겼기에 나폴레옹이 황제가 되어 독재를 하더라도 용인할 수 있었고, 나아가 나폴레옹이 지휘하는 전쟁에 자발적으로 참여했던 것이다.

'대리인 문제'와
불완전 정보 아래에서의 조직 운용
:

다른 사람에 대해 완벽한 정보를 알 방법이 미래에는 발명될지도 모르겠다. 만일 그런 기계가 발명되어 다른 사람의 마음을 완전히 읽을 수 있다면 경제학 분야도 아마 적지 않은 타격을 입을 것이다. 수많은 경제학자가 연구 중인 주제 '대리인 문제'가 사라질 것이기 때문이다.

대리인 문제는 혼자서 모든 일을 처리할 수 없는 주인, 또는 조직의 책임자가 다른 사람에게 자기 업무의 일부를 위임했을 때 생기는 문제이다. 주인 또는 책임자가 해당 업무에 전문성이 부족하다든지, 주인 또는 책임자가 할 수는 있지만 다른 업무가 너무 많아 시간이 모자라면 다른 사람을 고용해 위임할 수 있다. 문제는 이런 위임을 받은 대리인이 주인의 마음에 쏙 들게 일하는 경우가 드물다는 점이다. 대리인이 열심히 업무를 해서 조직이 잘된다 해도 그 이익과 명성은 대부분 주인이 가져가기 때문에 대리인은 그렇게까지 열심히 할 의욕이 생기지 않는 것이다.

대리인 문제의 핵심에는 불완전 정보가 자리하고 있다. 주인이 대리인의 행동을 정확히 파악할 수 없다는 말이다. 업무를 위임받은 부하 직원이 최선을 다했지만 불가항력으로 실패했다고 보고할 때 주인은 정말로 불가항력의 일이 발생해 실패했다고 생각할 수도 있겠지만, 어쩌면 그건 그저 핑계에 불과하고 사실 대리인이 최선을 다하지 않은 것으로 의심할 수 있다. 문제는 주인으로서는 대리인이 정말로 최선의 노력을 다했는지, 아니면 핑계를 대는지에 대해 완벽한 정보를 가질 수 없다는 것이다. 물론 기업은 성과급이나 승진 등을 조건으로 직원들의 노력을 최대한 끌어내려 한다. 하지만 반대로 대리인인 직원들 입장에서는 막상 최선을 다해 업무를 성공시켰을 때 회사가 약속을 제대로 지킬지 의심할 수 있다. 이 역시 불완전 정보의 문제다.

그래서 법적 구속력이 있는 계약서를 쓰기도 한다. 하지만 자세히 보면 이 계약서 또한 불완전한 서류이기는 마찬가지이다. 계약서의 문구를 자의적으로 또 교묘히 해석해 약속을 지키지 않고 법망을 빠져나가기도 하고, 대놓고 계약을 위반하기도 한다. 사실 계약을 위반한 사람을 대상으로 법적 소송을 걸면 이길 수 있다 하더라도 대부분의 경우 그 비용과 시간의 낭비를 고려해 참고 넘어가는 경우도 많다. 주인이나 책임자는 대리인인 부하를 의심하고 부하는 반대로 상관이나 주인을 의심하는 이런 상황이라면 같이 일을 해서 성공시킬 확률은 급격히 떨어지게 된다.

경제학은 불완전 정보하에서 대리인들을 열심히 일하도록 만들 수 있는 완벽한 승진 제도나 보너스 제도를 아직 찾아내지 못했다. 법학 역시, 일단 서명하면 반드시 원래의 의도대로 약속을 지키게 만드는 계약서를 못 만들고 있다. 따라서 현재 우리는 대리인 문제의 해법을 승진이나 연봉 또는 계약서에서는 찾을 수 없다. 결국 고리타분한 해법밖에 내놓을 수 없는데, 그것은 바로 의견 교환과 믿음의 형성이다. 주인이나 조직이 어떤 방향으로 나아가고자 하며, 어째서 그런 방향이 옳은가에 대해 직원 또는 대리인과 적극적으로 이야기를 나누고, 직원들의 의견을 청취해 좋은 의견은 받아들여야 한다. 결코 쉬운 일이 아니다. 정성을 다해 설명했는데도 믿어주지 않거나 믿는 척하면서 완전히 다른 행동을 하는 경우 또한 많기 때문이다.

다시 내가 속한 대학사회를 예로 이야기해보자. 대학의 중요한 결정은 기본적으로 교수 회의에서 내리는 것이 원칙이며, 교수 회의에서 결의된 사항은 학장이나 총장이 함부로 바꿀 수 없다. 그러므로 교수 회의를 하기 전에 교수들이 삼삼오오 미리 모여 결의할 사항에 관해 충분히 이야기를 나누고 관련 정보를 공유해야 한다. 그런데 이 일이 말처럼 쉽지 않다. 수십 명의 교수가 모두 논의할 사항을 사전에 잘 이해하고 회의에 들어오지는 못하는 것이 현실이기에 그렇다.

결국 중요한 결정 사항이 있는 경우에는 그 점을 인지한 몇몇 교수가 일일이 교수들을 찾아다니면서 취지를 설명하는 작업이 선행되는데 이렇게 하다 보면 오히려 무슨 개인적 이익을 노리고 교수 회의의 결과를 자기가 원하는 방향으로 유도하려 한다는 오해를 살 수 있다. 하지만 이 모든 어려움과 오해에도 불구하고 정성을 들여 해당 사안을 설명하고 그 사안에 대해 교수들의 의견이 다르면 다시 만나 조정하는 등의 설득 작업을 하면 교수 회의에서 훨씬 좋은 결론을 도출할 수가 있다.

물론 이렇게 논의와 재논의를 거듭하는 방식은, 예컨대 군대처럼 신속한 행동이 필요한 경우에는 전혀 적합하지 않은 업무 추진 방식이다. 하지만 아무리 신속한 판단과 행동이 필요한 상황이라 하더라도 구성원들의 이해가 부족하고 지도자에 대한 믿음이 없다면 역시 궁극적으로는 성공하기 힘들다. 전쟁터의 군인은 명령에 죽고 명령에 산다지만, 자신이 이 전투에 왜 목숨까지 걸고 나서야 하는지 납득이 되지 않는다면 군인의 사기는 떨어지고 전투력은 저하될 수밖에 없다.

그러므로 불완전 정보하에서는 비용과 시간의 낭비가 다소 발생한다 하더라도 구성원 모두가 현재 추진되고 있는 업무에 대해 이해하고 공감하도록 하는 일이 매우 중요하다.

유럽 나라들이
나폴레옹에게 등 돌린 까닭
:

확실히 프랑스대혁명을 거치면서 프랑스 국민들은 자신들이 국가의 주인이라는 의식을 갖게 되었으며, 이에 따라 스스로 나서서 목숨 걸고 조국과 민주주의를 지킨다는 생각까지 품었다. 그리고 나폴레옹은 주인의식이 투철한 프랑스 대육군을 잘 통솔함으로써 유럽의 강적들과 싸워 승리했다. 하지만 나폴레옹이 실패한 것이 있었으니 다른 국가들의 동의를 얻어내는 일이었다.

오스트리아, 프로이센, 러시아 등 강대국과의 전투에서 승리한 나폴레옹은 마지막으로 영국마저 굴복시키고자 많은 노력을 기울였다. 하지만 해군력이 약한 프랑스로서는 섬나라 영국을 침공하기가 어려웠다. 국민들에게 소총 한 자루씩만 들려주면 금방 강력한 군대를 편성할 수 있는 육군과 달리 해군은 군함을 만드는 생산력은 물론이고 그 군함을 자유자재로 조정하는 기술을 가진 군인들이 필요한데 이는 일반인들을 모아 며칠 훈련시킨다고 가능한 일이 아니기 때문이다.

영국에 대한 군사적 정벌이 어렵다는 것을 깨달은 나폴레옹은 유럽 대륙의 모든 나라에 '영국과의 교역 금지'라는 봉쇄령을 내린다. 영국은 섬나라이니 봉쇄령을 내리면 경제적 타격을 입으리라는 계산이었다. 하지만 이는 영국 경제에만 타격을 주는 것이 아니라 영국과 무역을 해왔던 유럽의 여러 국가에도 타격을 준다. 값싸고 품질 좋은 영국 제품을 포기하고 비싸고 품질 나쁜 다른 나라 제품을 써야 하기 때문이다. 결국 불만이 쌓일 수밖에 없었다. 그래서 러시아 등 많은 국가가 나폴레옹의 봉쇄령을 어기고 영국과의 교역을 계속했으며 이를 알게 된 나폴레옹이 러시아를 응징하기 위해 침공했다가 매서운 겨울 날씨에 무릎을 꿇게 된다.

프랑스에 공화정을 도입하여 국민 스스로 전투에 참여하게 만든 나폴레옹이지만 러시아, 오스트리아, 프로이센 등 나른 국가들과의 관계에서는 마치 봉건 영주나 귀족이 자기 영지의 농노들에게 명령을 내리듯 행동했던 것이다. 당연히 그들 나라로부터는 진정한 합의와 동의를 끌어낼 수 없었다. 왜 영국을 혼내주어야 하는지, 그 후 나폴레옹이 유럽 대륙을 어떻게 살기 좋은 곳으로 만들어갈 것인지에 대한 설득과 의견 수렴 없이 다짜고짜 영국 제품은 무조건 사지 말고, 영국인들에게는 무조건 물건을 팔지 말라고 하니 유럽 다른 나라의 국민이 쉽게 동의할 리 없었다.

나폴레옹은 비록 프랑스가 주도하지만 다른 모든 유럽 국가가 프랑스의 주도하에서 안정과 번영을 누릴 수 있다는 비전을 제시하고 널리 알려 설득했어야 했다. 하지만 이런 설득 과정이 없으니 프랑스에 대한 반감만 커졌고 그 결과 나중에 워털루 전투에서 나폴레옹이 영국군과 싸우게 되었을 때 유럽 각국의 군대가 모두 영국 쪽에 가담했다. 민주적 의견 수렴은 국내 정치에서만 중요한 것이 아니라 국가 간 외교 관계에서도 중요한 것이다.

이제 약간 다른 이야기로 이 장을 마무리하고자 한다. 앞서 살펴본 바와 같이, 프랑스는 고성능 소총의 발명으로 많은 인구가 병사가 되어 전투에 적극 임하게 됨으로써 군사 강국이 되었고 그와 함께 프랑스대혁명이 일어나 나폴레옹의 성공을 이끌었다. 일반 평민이 조국을 지키기 위해 전투에 자발적으로 참전하려면 프랑스 공화국과 같이 모든 국민이 나라의 주인이라는 민주주의적 정치체제가 필요했던 것이고 그리하여 200년이 지난 현재는 세계 대부분의 나라가 민주주의를 기본 사상으로 하는 정치체제를 갖추게 되었다.

그런데 최근 인공지능이 발전하고 인간을 대신할 수 있는 각종 로봇이 등장하면서 소총 든 병사들의 숫자가 전쟁의 승패를 좌우하는 기존의 상황은 다시 변화하기 시작했다. 조종사 없는 드론 전투기가 하늘을 날고 사람이 아닌 로봇 경비견이 건물을 지키는 세상이 되었다. 소총을 든 인간 병사가 아무리 많다 해도 인간보다 전투력이 강한 인공지능 로봇이 많은 국가를 전투에서 이길 수 있을까?

미래의 기업 조직에서도 비슷한 상황이 발생할 수 있다. 지금까지는 모든 직원이 한마음 한뜻으로 뭉쳐서 조직의 목표에 공감하고 열심히 노력하는 기업이 더 많은 이익을 내며 성공해왔지만, 앞으로는 뛰어난 인공지능을 탑재한 기계들이 생산을 하는 시대가 올 수 있다. 그리고 사장의 지시에 아무런 불만도 표출하지 않고 명령에 무조건 복종하며 밤낮으로 생산 작업을 해내는 그 기계들에게는 굳이 조직의 목표를 설명해가며 일일이 공감을 얻어낼 필요가 없다.

어쩌면 100년쯤 후에는 공감이나 소통이 도리어 생산에 방해가 되는 것으로 취급될지도 모른다. 즉, 프랑스대혁명으로 민주주의 체제를 처음 받아들이고 이를 바탕으로 국민의 지지를 받은 프랑스 대육군이 유럽 최강의 군대로 부상했던 것과 정확히 반대 현상이 일어날 수도 있다는 이야기다. 미래에는 민주주의를 포기하고 소수의 인간이 인공지능 기계를 이용하여 생산 작업을 하고 전투에 임하는 시스템을 더 빨리 받아들이는 국가가 세계 최강대국으로 부상할 가능성이 있기 때문이다. 다시 갑옷을 입은 소수의 기사들이 중요해지는 시대가 될 수도 있다는 의미이다. 인류는 프랑스대혁명 이후 또 한 번의 대격동을 겪게 될 것인가. 자못 궁금하다.

"

명장으로 이름난 그는
어쩌다 최악의 전략을
선택했나?

"

제
12
장

남북전쟁으로 살펴보는
'데드라인' 문제

놀라운 능력을 발휘하며 위대한 업적을 남긴 인물들의 공통점 중 하나는 자기만의 분명한 목표를 갖고 있다는 것, 그리고 그 목표가 보통 사람들은 엄두도 내지 못할 정도로 높은 목표라는 것이다. 나아가 이들은 자신의 높은 목표를 성취하기 위해 최선을 다하며, 그래서 주위 사람들로부터 좋은 평판과 존경을 받는다.

그런데 한편으로 이 뛰어난 능력자는 다른 사람들에 비해 더 자주 더 쉽게 조바심을 느낄 수 있다. 보통의 경우 사람들은 어떤 목표를 설정한다 하더라도 그 목표를 꼭 이루지 못해도 괜찮다는 생각이 없지 않기 때문에 죽을힘을 다해 목표를 향해 가지는 않는다. 하지만 아무리 어려운 목표라도 달성해내고야 마는 사람은 바로 그러한 이유로 매 순간 전력을 다하고, 그러다 보니 스스로를 채찍질하며 순간순간 조바심을 내는 경우가 많다.

그러나 사람의 일이 최선을 다한다고 해서 언제나 성취와 성공이 따라오는 것은 아니다. 게다가 여럿이 힘을 합해 일해야 하는 조직에서는 혼자 아무리 열심히 해도 때로는 실패로 귀결될 수도 있다. 또 우리 조직 구성원들만 열심히 하는 것이 아니라 우리의 경쟁자도 최선을 다하기 때문에 매번 성공을 장담하기는 어렵다.

문제는 너무 조바심치고 성공에 목을 맨다면 극한 상황에서 기적과도 같은 작은 확률을 믿고 무리를 하게 될 수 있다는 것이다. 특히 최고 지도자가 이런 조바심을 가지고 조직을 이끌면 상식 밖의 실수를 하는 경우가 생긴다.

150년여 전 미국 남북전쟁 당시, 남군의 뛰어난 사령관 로버트 리(Robert E. Lee) 장군이 게티즈버그 전투에서 북군에 크게 패한다. 단순한 패배에 그쳤다면 그나마 다행인데 로버트 리 장군은 패배가 명백했음에도 불구하고 적진을 향해 돌격 명령을 내렸고 그 결과 남군은 돌이킬 수 없는 피해를 입게 된다.

게티즈버그 3일간의 전투에서는 대체 무슨 일이 벌어졌던 것일까. 남군의 최고 사령관 로버트 리 장군의 어떤 결정이 이렇듯 최악의 결과를 가져온 것인지 같이 이야기해보자.

남북전쟁에서
북부가 승자가 된 이유
:

1860년 미국에서 대통령선거가 있었다. 새로 창당한 공화당은 일리노이주 하원의원 출신의 정치 신인 에이브러햄 링컨(Abraham Lincoln)을 대통령 후보로 내세웠다. 가난한 집안에서 태어나 학교 교육이라고는 선교사에게 몇 개월 글을 배운 것이 전부이고 오로지 독학으로 공부한 에이브러햄 링컨은 정치에 입문한 후 하원의원을 딱 한 번 해본 것 외에는 선거에서 이겨본 적이 없는 사람이었다. 물론 유머가 넘치면서도 깊이 있고 귀에 쏙쏙 들어오는 명연설로 이름을 날리고는 있었지만, 정치 입문 후 두 번째로 승리를 거둔 선거가 대통령선거라니 참으로 이례적인 일이었다.

1860년 선거에서 공화당 후보 에이브러햄 링컨이 획득한 표는 약 186만 표였으며, 반대편의 민주당이 획득한 표는 약 222만 표였다. 그럼에도 불구하고 링컨이 당선된 것은 민주당이 두 명의 후보를 내세우는 바람에 표가 분산된 탓이다. 당시 노예제도에 반대하던 공화당에 비해, 기본적으로는 노예제도를 찬성하던 민주당은 미국 전역에서 노예제도가 허용되어야 한다는 남부 민주당원과 현재의 노예제도가 시행되고 있는 지역에서는 계속 허용하더라도 다른 지역으로 확장하지는 말자고 주장하는 북부 민주당원들이 대립하여 각각 후보를 내세웠다. 이런 이유로 공화당의 링컨이 적은 표를 얻고도 미국 대통령에 당선된 것이다.

그렇지만 남부의 강경한 노예주들은 링컨의 대통령 당선에 반발하여 바로 미국 연방정부에서 탈퇴하였고, 그래서 1861년부터 미국의 내전, 즉

남북전쟁이 시작되었다. 남북전쟁은 3개월 정도면 끝날 것이라는 일반적 예상과는 달리 1865년까지 5년이나 지속되면서 전사자 수만 62만 명이 발생했는데 북군에서 36만 명이 사망하였고 남군에서 26만 명이 사망하였다. 북군의 사상자가 많아 보이지만 당시 북부의 인구는 2,200만 명인데 비해 남부는 900만 명이었고, 따라서 인구 비례로 생각하면 남부의 사상자가 훨씬 많았다고 할 수 있다. 더욱이 남부 인구의 절반가량이 흑인 노예였기에 백인 인구는 500만 명 내외였을 것이다.

　북부는 단순히 인구만 많은 것이 아니었다. 대부분의 공장이 북부에 위치하고 있어 총과 대포, 그리고 해군 군함 등의 제조가 가능했지만 남부 사람들은 대다수가 농업에 종사했기에 전쟁 물자 조달에도 불리하였다. 또한 해군이 북군 소속이었기에 해상이 봉쇄되어 남부의 주요 수출 상품인 목화를 유럽으로 보내고 유럽의 물자를 수입해오는 것이 불가능하였다. 이렇듯 여러모로 남부에 불리한 전쟁이었음에도 남군이 가진 한 가지 크나큰 장점이 있었다. 바로 남군은 비기기만 해도 이기는 전쟁인 데 반해 북군은 완벽한 승리가 필요한 전쟁이라는 사실이었다.

　생각해보자. 남북전쟁에서 남부의 목표는 미국 연방 탈퇴다. 북군이 남부로 내려오는 것을 방어하기만 하면 되는 것이다. 반면 북군은 남부의 탈퇴를 막는 것이 목표다. 그러려면 남부의 마지막 마을까지 모두 공격하여 승리를 거두지 않으면 안 된다. 결국 전쟁의 주요 양상은 북군이 남군을 향해 쳐들어가면 남군이 요새 뒤에서 방어하는 형태였고, 그러다 보니 북군에서 사상자가 더 나올 수밖에 없었다.

　남북전쟁에서 주요 등장인물 세 사람을 말해보라고 하면 누구라도

1861년 52세의 나이로 대통령에 취임한 에이브러햄 링컨, 그리고 남군 사령관이 된 54세의 로버트 리 장군, 또 뛰어난 공을 세워 나중에 북군 사령관이 된 39세의 율리시스 그랜트(Ulysses Grant) 장군을 꼽을 것이다.

로버트 리 장군은 남부에서 영향력이 가장 큰 버지니아주의 명문가 출신이었다. 로버트 리 장군의 아버지는 미국 독립전쟁에서 활약한 영웅이며, 미국 독립 후 버지니아 주지사를 지냈다. 또한 로버트 리 장군은 미국을 대표하는 육군사관학교 웨스트포인트를 차석으로 졸업했다. 출신, 능력, 경력 면에서 모든 이의 부러움을 살 만한 조건이었다. 인품 또한 훌륭해서 일반 병사들로부터도 큰 존경을 받았다고 한다.

반면, 북군의 영웅이자 후에 북군 총사령관에 취임하는 율리시스 그랜트 장군은 평범한 상인의 아들로 태어났고, 자기 아버지로부터 실망스럽다는 말을 들을 정도로 썩 능력이 뛰어나지는 못했다고 한다. 다만 승마 기술만은 출중하여 그 역시 명문 웨스트포인트에 들어갈 수 있었으나 졸업할 때는 중하위권 성적이었다. 그리고 계급이 대위에 이르자 알코올중독 등 여러 문제를 일으켜 강제로 제대를 해야 했다. 하지만 남북전쟁이 일어나자 장교 출신이라는 점 때문에 다시 북군 장교가 되어 부대를 지휘하게 되었는데 연승에 연승을 거듭하여 링컨 대통령이 마침내 북군 총사령관으로 임명하게 된다.

남북전쟁 초기, 링컨 대통령은 믿을 만한 장군을 찾지 못했다. 처음에는 당대 최고의 군인이었던 로버트 리 장군에게 북군 총사령관 자리를 제안한다. 리 장군은 남부가 미합중국에서 독립하는 것은 반대하지만, 자신의 고향 버지니아 사람들과 총을 겨누고 싸울 수는 없다면서 링컨의 제안을 거절하고 남군으로 들어간다. 그래서 링컨이 북군 총사령관에 임명한 사람이 당시 35세에 불과하던 조지 매클렐런(George McClellan) 장군이다. 할아버지가 미국 독립전쟁에서 장군으로 활약했던 매클렐런 역시 명문 집안 출신에 기량도 탁월해 웨스트포인트를 차석으로 졸업했다.

남북전쟁이 시작되고 처음 2년 동안 매클렐런은 일반인들을 모아놓은 북군을 열심히 훈련시켰다고 한다. 그런데 어쩐 일인지 매클렐런은 계속 전쟁을 피하면서 군사 훈련만 시키는 것이었다. 당시 총이 새로 개량되어 사정거리와 파괴력이 놀랄 만큼 좋아져 전투에 나섰다가는 이전과 비교할 수 없을 정도의 사상자가 발생했는데 그래서 매클렐런이 부하들을 보호하기 위해 전쟁을 피했다는 말도 있다. 하지만 그 많은 부대를 2년이나 입히고 먹였는데도 전투에 나서지 않는 매클렐런의 모습에 링컨 대통령은 절망했다.

실상 매클렐런의 행동을 부하를 위한 것이라며 좋게 평가할 수만은 없는 것이 매클렐런은 1864년 민주당 후보가 되어 대통령선거에 출마한다. 짐작해보면, 미국 각지에서 모여든 수많은 군인을 전쟁에 내보내지 않음으로써 이들과 그 가족들의 환심을 사서 다음 대통령이 되어야겠다는 야심이 있었던 것 같다. 아니나 다를까, 1864년 링컨의 경쟁자로 출마한 대통령 후보 매클렐런의 공약은 남부의 독립을 인정하고 수많은 사람이 매일 죽어나가는 이 전쟁을 끝내겠다는 것이었다. 정확히 남부가 바라던 바를 공약으로 내건 것이다.

이런 와중에 링컨 대통령의 마음을 사로잡은 북군의 장군이 등장하는데 바로 앞서 소개한 율리시스 그랜트 장군이다. 그랜트 장군과 링컨 대통령 두 사람이 생각하는 북군의 승리 전략은 동일했는데, 바로 남군에 비해 압도적으로 많은 병사와 물자를 적극 활용하는 방법이었다. 즉, 전투가 계속 반복되면 결국 군사와 무기가 많은 북군이 승리한다는 간단한 원칙이다.

당시 남북전쟁은 워싱턴DC를 중심으로 한 동부전선과 미시시피를 중심으로 한 서부전선에서 중요한 전투가 벌어지고 있었다. 남군 사령관 로버트 리 장군과 북군 사령관 조지 매클렐런은 동부 워싱턴DC를 중심으로 대치 중이었는데, 동부 지역은 북부의 수도 워싱턴DC 외에도 남부의 수도 리치먼드가 위치하고 있어 정치적 중심지라는 상징성도 있었다. 하지만 당시에는 철도와 더불어 강을 이용하는 해운이 매우 중요했고, 그 중심이 바로 서부전선의 미시시피강이었다. 그렇기에 미시시피강을 상악하는 쪽이 군수물자 수송에 엄청난 이점을 가질 수 있었다.

그 미시시피강이 굽이치는 절벽 위에 천혜의 요새가 있었으니, 바로 빅스버그(Vicksburg)였다. 당시 남군이 이곳을 지키고 있었기에 북군이 미시시피강에 배를 띄우면 절벽 위의 빅스버그 요새에서 포탄을 퍼부어 모두 침몰시켜버렸고 따라서 북군은 미시시피강을 운송로로 활용할 수 없었다.

남북전쟁의 전환점이 된
두 개의 전투
:

그런데 북군의 율리시스 그랜트 장군이 기발한 아이디어와 피나는 노력으로 이 빅스버그를 포위하여 공격한다. 이전까지 모든 북군 장군들이 공격을 포기한 빅스버그이지만, 사상자가 나오고 군함이 공격을 당해도 계속해서 공격 명령을 내리는 그랜트 장군의 고집에 결국 1863년 7월 4일 함락된다.

이때 하늘이 내린 요새인 빅스버그를 공략하기 위해 그랜트 장군은 기발한 작전을 사용했다. 절벽 위에 자리한 빅스버그는 미시시피강을 운행하는 배가 반드시 지나야 하는 곳에 있었다. 따라서 빅스버그 요새에 대포를 설치하면 미시시피강을 지나는 배들을 모두 침몰시킬 수 있었다. 그런데 빅스버그 요새를 공략하기 위해서는 미시시피강을 따라 빅스버그 요새 앞을 지난 후 육지에 상륙해야 했다. 빅스버그 요새에서 뻔히 내려다보이는 미시시피강을 통해서는 이동할 수 없다고 판단한 그랜트 장군의 전임자들은 육지를 통해 빅스버그 요새를 우회하고자 했지만 미시시피강 주변 땅은 모두 습지대였기에 대포나 식량을 끌고 이동할 수 없어 이 또한 성공하지 못하였다.

그랜트 장군도 습지대 통과를 시도했지만 결국 이 계획을 포기하고 내린 결론이 배를 타고 빅스버그 요새 앞의 미시시피강을 지나는 것이었다. 그런데 이 작전이 완벽히 성공했다. 그 비결은 빅스버그 요새가 절벽 높은 곳에 있으니 그 절벽 바로 아래를 흐르는 강을 따라 내려가는 것이었다.

이렇게 되면 빅스버그 요새의 대포도 북군의 배를 공격할 수 없었다. 대포를 수직으로 세워서 쏠 수는 없는 일이기 때문이었다. 이렇게 빅스버그 요새 아래를 지나 상륙한 북군은 얼마 후 요새를 포위했고, 빅스버그의 남군은 결국 항복하게 된다.

그런데 재밌는 것은 빅스버그와 함께 남북전쟁의 2대 대전이라고 불리는 게티즈버그 전투가 바로 1863년 7월 1일부터 3일까지 사흘간 벌어졌다는 것이다. 즉, 동부전선에서 게티즈버그 전투가 종결된 바로 다음 날인 7월 4일에 서부전선의 빅스버그가 함락되었다. 남북전쟁에서 단 이틀 만에 북군이 승기를 잡는 대전환이 두 곳에서 거의 동시에 이루어진 것이다.

사실 서부전선에서 가장 중요한 요새인 빅스버그가 그랜트 장군에 의해 포위되자 리 장군이 동부전선의 부대를 빅스버그로 파견해 구해야 한다는 의견이 있었다고 한다. 하지만 리 장군은 오히려 이런 때 북부의 수도 워싱턴DC를 점령해야 한다면서 방어 위주의 기존 전략을 버리고 북쪽으로 쳐들어갔다. 워싱턴DC 남쪽은 북군이 철저하게 방어하고 있었기에 뒤통수를 친다는 의미에서 멀리 돌아 북쪽에서 워싱턴DC를 공격한다는 계획이었다. 실제로 게티즈버그 전투가 벌어진 펜실베이니아주는 수도 워싱턴DC의 북쪽에 위치해 있었고, 게티즈버그 전투에서 북군은 남쪽에 포진하고 남군은 북쪽에 포진하여 전투를 벌였다.

원래 북군은 남군이 북쪽에서 오고 있음을 짐작했지만 그들의 정확한 위치를 몰랐다. 그러다가 북군의 한 사단 병력이 게티즈버그에서 남군의 주력부대를 발견하고 남군을 저지하면서 워싱턴DC에 주둔하고 있던 북군의 조지 미드(George Meade) 장군에게 연락을 취했다. 그래서 7월 1일

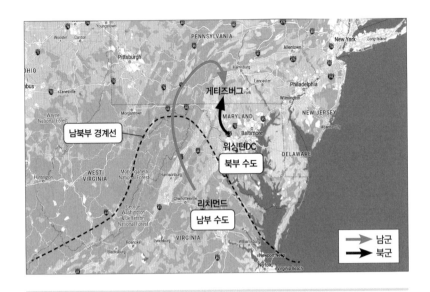

북군과 남군은 펜실베이니아주 게티즈버그에서 만나 치열한 전투를 벌인다. 남군은 북부 수도 워싱턴DC를 북쪽에서 공격하기 위해 남북부 경계선을 넘어 멀리 돌아 이동하였고 이를 알아챈 북군과 게티즈버그에서 격돌했다.

첫날은 소수의 북군 병사들이 죽음을 무릅쓰고 남군의 대군을 막아냈고 그동안 남쪽에서 북군의 부대들이 하나씩 도착하는 형태로 전투가 벌어졌다. 그러다 북군은 게티즈버그 남쪽에 말발굽 모양의 높은 언덕이 있다는 것을 알아내 여기에 집결한다. 만약 그 첫날 북군이 다 모이기 전에 남군이 대대적 공격을 감행했다면 어땠을까. 이 점이 남군에게는 두고두고 큰 후회를 남기게 된다.

　게티즈버그 전투 둘째 날인 7월 2일, 남군은 이 북군의 정면을 공격하지 않고 북군의 왼쪽으로 몰래 돌아서 공격하고, 북군의 맨 왼쪽 지점인 '라운드 톱'이 가장 격렬한 전투 장소가 된다. 만일 이곳에서 북군이 밀리

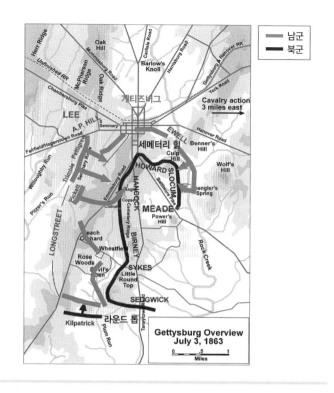

7월 3일 게티즈버그 전투 상황. 화살표는 공격 방향을 표시한다. 북군이 말발굽 모양 언덕(세메터리 힐)에 집결하여 방어선을 구축한 상황에서 남군의 로버트 리 장군은 공격을 감행하고 결국 막대한 피해를 입은 채 후퇴한다.(©wikipedia)

면 남군은 북군의 뒤쪽까지 포위하는 형태가 되므로 이곳을 방어하는 북군의 부대는 죽는 한이 있어도 절대로 후퇴하지 말고 싸우라는 지시를 받는다. 양측에 막대한 사상자가 발생하고 마지막에는 총알이 떨어져 백병전을 벌이지만 결사의 각오로 높은 고지에서 밑으로 공격한 북군이 '라운드 톱'을 지켜낸다.

마침내 7월 3일 셋째 날이 밝았다. 이제 북군은 모든 주력 부대가 게티즈버그 남쪽의 말발굽 모양 언덕 위에 집결하였다. 로버트 리 장군의 부하들은 북군이 모두 모여 방어선을 구축한 지금 공격을 감행하는 것은 너무 무모하다고 만류하였지만, 로버트 리 장군은 그들의 의견을 무시하고 전 부대에 정면에서 북군을 향해 돌진하라고 명령을 내린다. 하지만 기적은 일어나지 않았고 남군은 막대한 피해를 입고 남쪽으로 후퇴했다.

이때 사망자와 실종자, 부상자, 그리고 포로로 잡힌 자를 합해 북군은 2만 3,000명의 인명 피해를 보았고 남군은 2만 8,000명의 인명 피해를 보았다고 한다. 그중 로버트 리 장군이 가장 아끼던 주력군 버지니아 부대는 병사의 절반을 잃었다.

숫자만 보면 그 피해 상황이 엇비슷했지만, 전체 인구가 북부에 비해 현저히 적었던 남군에게 2만 8,000명 손실은 회복 불가능한 것이었다. 바로 다음 날 앞서 언급했듯 빅스버그도 함락됨으로써 남군은 남은 2년의 기간 동안 북쪽을 향해서는 다시 공격할 엄두를 내지 못한 채 그저 남부 방어에 급급하게 된다. 2년 후인 1865년 로버트 리 장군은 그랜트 장군에게 항복한다.

컨틴전시 계획을 마련해놓지 못한
로버트 리 장군의 조급함

:

군사 전문가들은 남북전쟁의 승패를 가른 중요한 전투가 사실은 게티즈버그 전투가 아니라 서부전선의 빅스버그 전투였다고 평한다. 미시시피강을 누가 갖느냐가 그만큼 중요했다는 이야기다. 비록 북부의 수도 워싱턴 DC와 남부의 수도 리치먼드가 모두 동부에 있었지만, 서부의 미시시피 강을 잃으면 남부의 각 지역이 서로 연결되기가 어려워 그렇지 않아도 열악한 물자 조달 상황이 한층 더 심각해지기 때문이다.

당시 천혜의 요새인 빅스버그가 그랜트 장군의 끈기와 천재적인 작전 능력으로 함락 직전에 놓여 있음을 로버트 리 장군도 분명 알고 있었다. 그런 상황에서 동부의 군사들을 서부로 보낸다 해도 빅스버그를 구출할 수는 없으리라 판단하여 로버트 리 장군은 워싱턴DC로 쳐들어가는 마지막 승부수를 띄웠던 것이다.

물론 이미 게티즈버그 전투 첫째 날인 7월 1일에 게티즈버그의 북군을 더 공격해 들어가지 못한 실수를 범했고, 그나마 승리의 가능성이 있었던 7월 2일 둘째 날에 라운드 톱의 북군들이 너무도 용맹하게 싸워 로버트 리 장군의 작전은 누가 봐도 이 시점에서 이미 실패한 형국이었다. 그렇다면 패배를 인정하고 그때 남군을 철수시켰어야 했다.

그런데 로버트 리 장군은 회군(回軍)하지 않는다. 대신 성공 확률이 1%도 안 되는 '정면 돌격'을 명령한다. 창칼로 싸우는 시절도 아니고 8만 명의 북군이 총과 대포를 겨누고 있는데 그 앞의 벌판을 달려 돌격한 것이니, 로버트 리 장군의 판단력이 잠시 어디론가 사라졌던 게 아닌가 의심이 든다.

이 시점에서 로버트 리 장군은 남군이 게티즈버그 전투에서 승리하여 워싱턴DC를 차지하지 못하면, 빅스버그 함락과 함께 이후 남군이 항복하는 것은 시간문제라고 판단했을 것이다. 따라서 게티즈버그에서 철수하면 남군의 승리 가능성은 0%인 반면, 무리한 자살 공격이나마 해준다면 단 1%라도 승리 가능성이 생긴다고 보고 7월 3일의 돌격 명령을 내렸던 게 아닌가 싶다. 그러나 누가 봐도 이런 돌격 명령은 그저 무모할 뿐 완전히 틀린 작전이 아닌가.

실제로 게티즈버그에서 로버트 리 장군의 오판으로 남군 최강의 군대로 불리던 버지니아 부대는 군사의 절반을 잃었고, 그 상태에서 전쟁은 2년 더 이어졌다. 만일 게티즈버그에서 로버트 리 장군이 남군의 병사들을 온전히 데리고 철수했다면 전쟁을 3~4년 더 수행할 수 있었을지도 모르고, 비록 전황이 불리하다고는 해도 그렇게 3~4년 더 지속되다 보면 무슨 기적 같은 일이 일어날지는 아무도 모를 일이다.

실제로 2년 후 남북전쟁에서 승리한 직후 링컨 대통령이 암살당하지 않았는가. 암살이 아니더라도 중요한 인물이 병으로 죽거나 전투에서 사망할 수도 있기 때문에 게티즈버그 전투 마지막 날 돌격을 감행하는 것보다는 성공 확률이 충분히 높을 수 있었는데 말이다.

굳이 전쟁터가 아니라도 사람마다 또는 조직마다 현실에서 만나는 위기에 대처하는 방식이 제각각이다. 어떤 회사는 미리미리 발생 가능한 모든 상황을 고려해 각각의 시나리오를 먼저 짠 뒤 그에 따라 대책을 세우고 일을 시작한다. 반면에, 또 어떤 회사는 일단 빠른 속도로 일을 추진하는 데 집중하고 그러다 문제가 발생하면 그때 담당자들을 재빨리 모아 대책을 강구한다.

당연한 이야기지만, 두 가지 방식 모두 각각의 장단점이 있다. 미리미리 발생 가능한 사안을 고려해 대책을 세우고 일을 시작하면 당황할 일도 없고 실수할 확률도 줄어들지만, 이런 식으로 모든 일을 하려면 일을 시작하기도 전에 시간과 인력이 많이 소요되어 신속한 업무 추진이 힘들다. 그래서 실기(失機)를 할 수 있다. 반대로 여러 상황을 깊이 고려하기보다 감을 믿고 신속하게 일을 추진한다면 좋은 기회를 빨리 붙잡을 수도 있겠으나, 불의의 사고나 돌발 상황이 발생했을 경우 우왕좌왕하며 대처가 늦어지거나 깊이 생각하지 못한 채 대응하다 어처구니없는 실수가 발생할 수 있다.

나는 조교 역할을 할 학생을 새로 선발하면 그 학생에게 시험 감독을 할 때 발생할 수 있는 돌발 상황을 20개 이상 적어 가져와보라고 한다. 왜냐면 조교가 담당해야 할 여러 가지 가운데 시험 감독이 가장 위험 요소가 큰 일이어서다. 가령 조교가 교수의 수업에서 미처 이해하지 못한 부분을 학생들에게 더 자세히 설명해준다든지, 학생들이 시험을 봤을 때 간단한 문제들은 교수 대신 채점을 한다든지 하는 작업은 사실 크게 잘못될 일이 없다. 잘 모르겠다 싶은 것은 교수인 내게 먼저 물어보고 처리하라고 지시해두기만 하면 된다. 학생 질문에 하루 늦게 답한다거나 채점이 하루쯤 늦어진다고 해서 그게 큰 문제는 아니니 말이다.

반면, 기말시험 시간이 한 시간이고 그곳에 200명의 학생이 시험을 보러 왔는데 여기서 문제가 발생하면 그건 치명적이다. 학생들은 의외로 많은 과목을 수강하고 있으며, 개인적으로도 중요한 약속이 많을 것이다. 학교 강의실도 대개 빡빡한 스케줄에 따라 운영되기 때문에 만약 시험 시 문제가 발생해 시간을 바꾸어 재시험을 치게 하려면 이를 조율하기가 몹시 어렵다. 재시험 시간을 맞출 수 없는 학생들도 생길 수 있고, 원하는 시간에 사용할 강의실이 없는 경우도 있다. 따라서 시험만은 그야말로 한 치의 실수도 없이 정해진 시간에 정해진 장소에서 반드시 잘 치러져야 하는 것이다.

그러나 시험 당일에 비상사태가 발생하는 경우 또한 없지 않은 게 현실이다. 담당 직원이 시험이 치러지는 강의실을 잠근 채 아직 열어놓지 않은 경우도 있을 수 있고, 갑자기 정전 사태가 발생할 수도 있다. 시험을 담당하는 두 명의 조교가 서로 문제지와 답안지를 챙겨 오는 줄 알고 둘 다 안 챙기는 상황도 벌어질 수 있으며, 시험에 응시하는 학생들 숫자를 잘못 예상해 문제지가 모자라는 일은 꽤나 자주 발생한다. 그런데 이런 일 중 하나라도 발생하면 해당 시험에 차질이 빚어지고 이를 사건 발생 후 해결하기란 거의 불가능하다. 문제지를 실수로 10매 덜 복사해 부랴부랴 복사실에 가서 복사해 온다고 해보자. 그럼 열 명의 학생들이 10분 늦게 문제를 풀기 시작할 테고 이들은 불만을 제기할 것이다. 그렇다고 그 열 명만 10분의 시간을 더 줄 수 있을까? 아니다. 그 강의실에서 다음 시간에 시험 볼 학생들과 교수가 들이닥칠 테니 안 된다. 아마도 조교 중 한 사람이 사무실로 뛰어가 열 명이 10분간 더 시험을 볼 수 있는 빈 강의실을 찾아야 할 것이다. 이런 일이 발생할 수 있다는 걸 미리 인지하고 시험지 여분을 30매 이상 더 복사해서 가지고 있다가 시험 시작 30분 전에 조교들이 만나 꼼꼼히 확인하는 일이 그래서 중요하다.

바로 이런 이유로 나는 조교들에게 시험 감독을 하면서 발생할 수 있는 상황을 미리 20개 이상 적어 오라 한 뒤 그 상황에 대한 대책을 같이 논의한다. 그럼 일단 조교들의 실수가 줄어들고, 다음으로 그런 상황이 발생하더라도 당황하지 않고 신속한 대처가 가능해진다.

비슷한 사례를 하나 더 들어보자. 대학교 입시가 있을 때면 서류 심사, 논술 채점, 면접 등의 작업에 교수들이 동원된다. 이때 서류 심사와 논술 채점은 교수들이 10일의 기간 동안 아무 때나 가서 하면 된다. 더욱이 다른 교수들을 한 팀 더 투입해 2회 채점하기에 크게 어려울 게 없다. 하지만 면접은 좀 다르다. 오늘 한 면접관이 몸이 안 좋다고 면접시험을 하루 미룰 수 없다. 하루는커녕 단 1분도 미룰 수 없다. 면접을 보는 입시생에게는 평생이 걸린 문제인데, 갑자기 심사위원 한 명이 열이 나 쓰러지기라도 해서 면접을 보지 못하는 학생이 생긴다면 신문에 실릴 정도로 엄청난 사고가 된다. 이렇듯 거의 일어날 것 같지 않은 일이라도 그 가능성에 미리미리 대비해 비상시에 투입할 교수님들을 옆방에 대기시켜놓아야 한다.

게티즈버그 전투에서 이틀간의 공격에도 북군 진영을 무너뜨릴 수 없을 경우 남군이 철수를 할지, 아니면 사흘째에 다소 무모하더라도 최후 돌격을 할지 로버트 리 장군은 과연 미리 생각을 해두었을까? 시시각각 급변하는 전쟁터야말로 돌발 상황을 미리 생각해두기가 어려운 전형적 예일 것이다. 하지만 버지니아를 떠나 워싱턴DC를 공격하려고 출발하는 시점에서 북군 몰래 습격하려던 시도가 발각됨으로써 북군이 진용을 갖추고 방어하는 상황이 발생했다. 그렇다 해도, 적어도 로버트 리 장군쯤 되는 사람이라면 이판사판이라는 식으로 무모한 공격을 할지, 아니면 눈물을 머금고 퇴각할지 정도는 생각해놓았어야 하지 않을까?

전하는 이야기에 따르면, 7월 2일의 공격이 끝났을 때 로버트 리 장군이 가장 아끼던 참모 제임스 롱스트리트(James Longstreet)는 무모한 돌격

작전에 반대했으며, 그럼에도 로버트 리 장군이 7월 3일에 돌격을 명령하자 마지못해 따르기로 했지만, 막상 자신의 부대가 7월 3일 돌격을 시작해도 되겠느냐고 했을 때는 돌격 명령을 차마 말로는 내리지 못한 채 그저 고개만 끄덕이며 눈물을 글썽였다고 한다.

제임스 롱스트리트는 게티즈버그 전투에서 로버트 리 총사령관 바로 다음으로 높은 남군 장교였다. 그런 롱스트리트가 작전에 반대했다는 말은 로버트 리가 적어도 이런 상황이 일어났을 때 최후의 돌격을 할지 아니면 퇴각할지를 미리 계획해놓지 않았다는 증거라고 생각된다. 만일 계획이 있었다면 최소한 자신이 가장 아끼는 참모인 롱스트리트와는 미리 의논을 했을 것이기 때문이다.

조직의 책임자는 퇴근 후 저녁 시간이나 집에서 쉬는 주말에도 발생할 수 있는 여러 상황을 머릿속에 떠올리며 각각의 상황이 실제로 발생하면 어떻게 대처할지를 고민해야 한다. 경제학에서는 이를 컨틴전시 계획(contingency plan)이라고 부른다. 시간이 허용하는 한 더 많은 컨틴전시 계획을 미리 짜놓는 쪽이 승리의 확률이 올라가기 때문에 경제학은 최대한의 컨틴전시 계획을 세우라고 조언한다.

빅스버그 함락이 임박했다는 급한 마음에서 게티즈버그 전투를 시작하게 된 로버트 리 장군은 총사령관이라면 반드시 세웠어야 할 컨틴전시 계획을, 즉 막강한 북군의 저항에 부딪혔을 때 어떻게 대처할지에 대한 계획을 제대로 세워놓지 않았고, 그래서 무모한 돌격작전을 지시했으며, 이를 미리 숙지하지 못한 부하들은 당황하고 절망했다.

평소 침착하던 로버트 리 장군이었기에 돌발적인 데다 방향 또한 그릇

된 작전 지시를 내렸다는 게 상당히 의외이지만, 오늘날의 우리에게 이런 교훈도 전해준다. 즉, 그 어떤 현명하고 경험 많은 전문가도 엄청난 스트레스와 시간의 압박 속에서는 순간적으로 어처구니없는 실수를 저지르거나 잘못된 결정을 내릴 수 있다는 사실이다.

나중에 제임스 롱스트리트는 게티즈버그 전투에서 로버트 리 장군이 장병들이 피 흘리는 모습을 보고 흥분해 균형 감각을 잃은 상태에서 판단을 내린 것 같다고 회고했다. 게티즈버그 전투에서 패배한 로버트 리 장군은 남부 정부에 사직서를 제출하며 전투의 패배가 전적으로 자기 책임임을 인정했다고 한다. 물론 남부 정부는 그래도 로버트 리 장군만 한 군인이 없기에 사직서를 반려했지만 말이다.

'데드라인'은 없다:
시간제한의 굴레에서 벗어나기
:

게임이론 가운데 '협상 게임'이라는 중요한 분야가 있다. 철수와 영수가 어떤 사안을 놓고 협상할 때 철수를 더 유리하게 만들어주는 조건도, 더 불리하게 만들어주는 조건도 있다. 철수가 협상에서 더 유리한 위치에 서도록 해주는 조건의 대표적 경우는 영수 말고도 민수라는 제3자가 있을 때다.

가령 철수가 해외로 나가면서 국내에 있는 자기 아파트를 세를 주려고 영수와 협상할 때 철수는 가능하면 높은 월세를 받으려 할 것이고 영수는 가급적 낮은 월세를 내려 할 것이다. 그런데 철수가 영수와 협상을 하는 동안 민수라는 다른 사람이 찾아와서 자기가 철수의 아파트에서 월세를 살고 싶다고 한다면 민수의 존재는 당연히 철수에게 도움이 될 것이고 영수에게는 도움이 되지 않을 것이다. 철수 입장에서는 영수에게 월세를 높게 받지 못할 바에는 차라리 민수에게 아파트를 임대해주어야겠다는 생각이 들 수 있기 때문이다. 반면, 영수는 철수가 민수에게 아파트를 세줄까 봐 조바심이 나게 된다.

반대로 철수가 협상에서 불리한 위치에 서도록 만드는 조건은 무엇일까. 바로 시간제한, 즉 '데드라인(deadline)'이 있을 때이다. 만일 철수의 직장에서 일주일 이내에 뉴욕 지사에 출근하라고 했다면 철수는 아마 늦어도 5일 후에는 출국을 해야 한다. 사실 시차적응까지 고려하면 더 일찍 출국하는 게 좋을 것이다. 이 사실을 영수가 안다면 영수에게는 아주 유리한 상황이 된다. 영수는 일부러 터무니없이 낮은 월세를 제시하며 4일을 보낸 후 철수가 반드시 출국해야 하는 날의 전날에, 아직도 상당히 낮지만 철수가 어쩔 수 없이 받아들일 정도의 월세를 내겠다고 할 것이며, 다음 날 출국해야 해서 더 이상 협상 시간이 남아 있지 않은 철수는 어쩔 수 없이 수락하게 된다.

게티즈버그 전투에 이르기까지 남군의 총사령관 로버트 리 장군은 시간의 제약을 많이 느꼈을 것이다. 일단, 식량과 무기가 북군에 비해 터무니없이 부족한 상황에서 언제까지고 전쟁을 계속 치를 수는 없었다. 거의 모든 젊은이가 전쟁터에 나가 3년 이상의 시간을 보내고 있었으니 고향에서 농사를 지을 사람이 모자랐을 테고 식량 생산은 점점 더 어려워졌을 것이다. 게다가 빅스버그 요새가 함락 직전이었기에 빨리 북군에 대승을 거두지 못하면 미시시피강이 있는 서부로부터 북군이 밀려들어올 것이라는 생각이 머릿속에 가득했을 것이다.

인력과 물자가 풍부한 북군은 전쟁을 이어가기가 상대적으로 유리한 상황이라 '시간제한' 문제가 거의 없었지만, 인력과 물자가 부족한 데다 빅스버그 함락이 눈앞으로 닥쳐온 상황에 처한 남군의 로버트 리 장군은 시간제한 압박을 받을 수밖에 없었다. 앞서 보았듯 협상에서 시간에 쫓기다 보면 큰 양보를 하게 되거나 터무니없는 행동을 하게 되는데 로버트 리 장군이 꼭 그런 상태였는지도 모른다.

그렇지만 게임이론 수업에서 협상을 가르칠 때 내가 늘 강조하는 것이 있다. 협상에서 시간제한, 즉 데드라인은 실제로 존재하는 객관적인 무엇이 아니고, 실은 우리 머릿속에만 있는 주관적인 것이다. 결국 마음을 잘 다스리는 일이 그 무엇보다도 중요하다는 요지다.

앞의 예에서 철수는 이제 내일이면 뉴욕으로 건너가 새 직장에 출근을 해야 한다. 따라서 영수와의 아파트 임대 협상에서 마음이 급해진다. 이때 철수는 다음과 같이 생각을 정리해볼 필요가 있다. 과연 내가 내일 뉴욕으로 출국해야 하는 사실이 반드시 오늘 중으로 임대 협상을 끝내야 한다는 것을 의미하는가? 절대 아니다. 철수에게는 아내도 있고 동생도 있다. 철수가 뉴욕에 가더라도 아내 또는 동생이 한국에 남아 영수와 협상을 벌일 수 있다. 철수가 위임장과 인감도장을 맡기고 가면 아내와 동생이 대신 일을 처리하는 데 아무런 문제가 없다. 물론 아내와 가족들도 뉴욕으로 와야겠지만, 출근을 해야 하는 철수와는 사정이 다르므로 조금

늦게 미국에 간다고 해서 안 될 것은 없다. 아내도 내일 출국하는 비행기 표를 이미 사놓았기 때문에 같이 가야 한다고? 아니다. 비용이 조금 더 들더라도 항공사에 말해 날짜를 늦추면 된다. 세상에 안 되는 일은 없다.

로버트 리 장군은 빅스버그 요새에 군대를 보내지 않는 대신 반드시 워싱턴DC를 함락시켜야 한다는 강박관념이 있었을 것이다. 그래서 7월 3일에 이미 승리할 가능성이 사라진 게티즈버그 전투에서 부하들에게 돌격 명령을 내려 수많은 사상자를 내고 말았다. 실제로 7월 4일에 빅스버그가 함락되었으니 로버트 리 장군의 마음에는 7월 4일 이전에 북군에게 대승을 거두어야 한다는 시간제한의 압박이 강했던 것이다.

로버트 리 장군은 물론 뛰어난 군사전략가이고 비범한 인물이지만, 나는 그에게 게임이론의 협상 수업을 권하고 싶은 마음이다. 빅스버그 함락은 남군에 불리하지만 그렇다고 남군이 100% 전쟁에서 지게 되는 건 아니다. 워싱턴DC를 공격하려는 시도가 실패한다면 인력과 물자가 부족한 남군이 점차 불리해지겠지만, 완전히 패배로 끝난다고 단정할 수도 없는 것이다. 어쩌면 게티즈버그 전투 당시 그를 불안하게 하던 '시간제한'은 오로지 로버트 리의 머릿속에만 존재하던 것은 아닐까. 빅스버그 요새가 함락되면 새로운 제2의 빅스버그 요새를 만들어 지킬 수도 있는데 말이다.

사실 이때 북군 또한 아주 강한 시간제한을 느끼고 있었을 것이다. 인력과 물자의 부족함은 남군보다 덜했지만, 1863년 당시 북군에게는 링컨 대통령의 임기가 불과 1년 남짓 남았다는 시간제한이 존재했다. 대통령에 취임하자마자 남북전쟁이 발발해 3년간 지속되면서 엄청난 경제력 소모와 수십만 명의 전사자가 발생했음에도 북군은 남부로 한 발짝도 들어

가지 못하고 있었다. 북부 시민들이 보기에는 훨씬 많은 인구와 경제력을 가지고도 한 줌의 남군에게 승리를 얻어내지 못한 채 사상자만 발생시키는 링컨 대통령이 매우 무능한 지도자로 보였으리라. 심지어 뉴욕에서는 전쟁 중지를 요구하는 폭동까지 일어났다. 초조하기는 링컨 대통령도 마찬가지였으리라는 이야기다.

로버트 리 장군이 남군의 데드라인은 아주 가깝고 북군의 데드라인은 아주 멀다는 생각을 버리고 남부의 영토를 잃고 남군의 병사들이 죽더라도 북군에서 계속 많은 사상자가 나오도록 해서 1년 후 치러지는 그다음 선거에서 링컨 대통령이 패배하도록 하는 작전을 염두에 두었다면 어땠을까? 아마도 게티즈버그 전투 마지막 날의 무모한 돌격작전은 쓰지 않았을 것이다.

로버트 리 장군과 남부에 건네는
게임이론가의 조언
:

전쟁은 지는 쪽에 당연히 손해지만 이기는 쪽에도 손해인 경우가 대부분이다. 더구나 전쟁의 상대방이 다른 나라, 다른 민족이라면 그나마 전쟁에서 이겨 상대국을 약탈이라도 해서 경제적 손실을 메우는 것이 가능하겠지만, 알다시피 남북전쟁은 미국인끼리 싸운 내전이라 승리한 쪽이 패배한 쪽을 배려하고 지원해줘야 하는 형국으로 이어질 수 있다. 다시 말해 이겼다고 해도 좋을 게 별로 없는 상황이었다.

그래서 에이브러햄 링컨 대통령도 남부와 전쟁을 벌여 남부가 미국 연방에서 탈퇴해 나가는 것보다는 차라리 노예해방을 미루는 것이 좋다는 생각을 가지고 있었다. 사실 1861년에 남북전쟁이 시작되었으나 실제로 노예해방을 선언한 것은 2년 후인 1863년이었으니 노예해방 선언을 하지 않고 어떻게 해서든지 남부와 화해를 시도하려는 마음이 최소한 2년간 링컨 대통령의 마음속에 자리 잡고 있었던 것이다. 그러다가 남부와의 화해가 절대 불가능하다는 확신이 들고 나서야 노예해방을 선언했다.

남부 사람들에게는 전쟁 자체가 목적이 아니었다. 그들이 원한 것은 남부가 미국 중앙정부의 간섭을 받지 않고 노예제도를 유지하는 것이고 전쟁은 이 목적을 달성하기 위한 수단이었다. 그런 의미에서 서둘러 전쟁을 일으킨 것은 결코 현명한 행동이 아니었다. 물론 다짜고짜 전쟁을 시작하는 것 역시 하나의 전략일 수는 있지만 그렇다고 해도 그 후 북부의 링컨 정부와 협상을 했어야 했다. 특히 북군이 고전하고 있던 처음 2년간은, 남부의 요구가 너무 무리한 내용만 아니었다면 북부가 수용했을 가능성이 높았다고 생각된다.

사실 가장 바람직한 상황은 링컨이 대통령에 취임하자마자, 즉 1861년에 일단 남부의 독립을 선언하고 남군을 결성한 이후 전쟁은 시작하지 않은 채로 링컨 정부와의 협상에 임하는 것이었다고 생각한다. 물론 노예제도와 중앙정부의 간섭을 배제하는 안건을 놓고 남부와 북부가 협상에 성공할 가능성은 크지 않았을 수 있다. 하지만 협상을 2년 정도 계속했지만 링컨 대통령이 남부를 설득하는 데 실패하여 남부가 전쟁을 시작했다고 하면 북부에서도 링컨의 능력에 대한 불만과 의문이 제기되었을 터이다.

북부에서도 노예해방을 주장하는 측과 노예해방보다는 미국이 두 조각이 나지 않도록 하는 것이 중요하다는 측으로 의견이 나뉘고 있었기 때문이다. 그런데 남부는 대뜸 전쟁부터 일으켰고, 일단 전쟁이 시작되면 의견이 나뉘던 북부도 위기에 대응하기 위해 의견 통일을 이루게 될 테니 아무리 봐도 남부의 협상 전략에 부족함이 있었다.

그리고 무엇보다 중요하게 고려했어야 할 점이 있다. 남부가 전쟁을 일으킨 1861년이 링컨 대통령이 임기를 시작하는 해였다는 사실이다. 남북전쟁 시 남부가 경험한 '시간제한'은 사실 물자 부족이었고, 북부의 '시간제한'은 링컨 대통령의 임기였다고 생각한다. 노예해방을 주창했던 링컨 대통령이 전쟁 책임론 때문에 인기가 떨어져 대통령 연임에 실패했다면 그 순간 바로 남부는 독립하면서 목적을 쟁취할 수 있었을 것이다. 하지만 남부는 링컨 대통령 임기 첫해에 전쟁을 일으킴으로써 링컨 대통령이 4년간 선거 걱정 없이 전쟁을 치를 수 있도록 도운 셈이다. 실제로 1864년의 대통령선거에서, 비록 링컨이 재선에 성공하기는 했으나 지지율은 55%였다. 이때 링컨의 첫 북군 사령관 조지 매클렐런 장군이 민주당으로 출마하면서 자기가 당선되면 바로 남부와의 전쟁을 종결하겠다는 공약을 내걸었다. 만약 조지 매클렐런이 5%만 더 득표했다면 결과는 바뀌었으리라는 이야기다.

남군은 작전을 이렇게 바꾸었다면 좋았을 것이다. 우선 2년 정도 링컨과 협상에 임하고, 그러다 협상을 깨고 나오면서 북부 시민들이 링컨의 협상력을 의심하게 만든 다음, 이후 2년간 총력전을 벌여 북군의 사상자를 늘려 북부 시민들이 링컨이 시작한 전쟁에 회의감을 느끼도록 하는 것이다. 그럼 1864년 대통령선거에서 종전을 공약으로 내걸었던 조지 매클렐런이 승리해 남부가 원하던 독립을 얻었을 수 있다. 인력과 물자가 부족한 남군이 다음 대통령선거까지 4년간 전쟁을 수행하기란 분명 무리였다. 전쟁을 시작하지 않은 채 시간이 경과하면 할수록 링컨 대통령의 재선을 위한 선거는 다가오고 남군의 물자는 더 축적될 것이니 전쟁 개시 시기를 최대한 늦추는 것이 답이었다.

남군 사령관 로버트 리 장군에 대해서도 한 번 더 생각해보자. 로버트 리 장군은 버지니아 주지사를 지낸 미국 독립전쟁 영웅의 아들로 태어나 웨스트포인트를 차석으로 졸업하는 등 미국을 대표하는 모범적이고 우수한 인물이다. 이런 로버트 리 장군이 정규 교육을 한 번도 받지 못한 촌사람 링컨 대통령과 웨스트포인트를 중하위 성적으로 졸업하고 대위 계급에서 문제를 일으켜 강제로 제대할 수밖에 없었던 율리시스 그랜트 장군에게 패한 이유는 무엇일까?

물론 로버트 리 장군은 부족한 군사와 보급 물자를 가지고도 북군과 훌륭하게 대치하여 거의 패배하지 않고 5년간 항전을 이어나간 출중한 장군이다. 그의 전투 지휘에 대해서는 경의를 표하지 않을 수 없다. 하지만 나는 어째서 로버트 리 장군이 게릴라 전술은 전혀 생각하지 않았는지 의아하다. 전력이 약한 쪽이 상대에게 사용할 수 있는 최선의 전략 중 하나가 게릴라 전술인데 말이다. 특히 북군이 남부로 진격하면 북군에 적대적인 남부 시민들과 힘을 합해 게릴라 전술로 북군을 얼마든지 괴롭힐 수 있었을 것이다. 전해지는 말로는 로버트 리 장군이 북군에 항복하기 직전에 차라리 게릴라 전술로 계속 싸우자는 의견이 부하들 사이에 있었지만 로버트 리 장군은 "제군들은 이미 남부를 위해 충분히 희생했으니 고향으로 돌아가라"라고 말했다고 한다.

웨스트포인트의 우수한 졸업생이고 평생 많은 전투에서 승리를 거둔 로버트 리 장군에게 게릴라전은 신사적이지 못한, 뭔가 비겁한 방법이라고 느껴졌던 것일까? 로버트 리 장군은 적과 대낮에 벌판에서 만나 정정당당하게 힘을 겨루는 방법을 선호한 것 같다. 바로 게티즈버그 전투에서처럼 말이다. 반면, 고귀한 혈통과 집안 출신이 아니었던 링컨 대통령과 율리시스 그랜트 장군은 모범적인 전쟁 전략을 최우선으로 고려하기보다는 막대한 군사와 물자를 투입하며, 북군에 피해가 생기더라도 남군에 비슷한 사상자가 발생하면 결국 인구가 많은 북군이 승리한다는, 군인이라기보다는 경제학자와 같은 계산에 의한 현실적인 전쟁 기술을 선택했던 것이다.

아마도 로버트 리 장군에게는 고향 버지니아 땅을 지키는 것 또한 중요했을 것이다. 그래서 버지니아를 공격하는 북군과 매번 격렬한 전투를 벌였으리라. 사실 남부의 수도 리치먼드가 있는 버지니아가 요지인 건 분명했다. 그런데 다소 불운했던 것이 버지니아가 남부에서는 가장 북쪽에 위치한 지역이었다는 점이다. 즉 버지니아를 지키려면 남군은 한 지도 물러섬 없이 현재의 자리를 사수해야 하는 상황이었다. 당연히 현 위치를 지키며 퇴각을 단행하지 않는 한 사상자는 늘어날 수밖에 없었다. 하지만 만약 정규군 사이의 대결이 아니고, 또 북군이 공격하면 잠시 후퇴해 산에 숨었다가 야간이나 허술한 틈을 타서 공격하는 방식이었다면 어땠을까? 그렇게 북군의 사망자 수를 늘려나가는 게 더 좋은 방법은 아니었을까?

　전력이 약한 남군의 입장에서 어차피 북군을 완전히 섬멸하는 것은 애당초 불가능했다. 유일한 방법이 북군의 사상자가 늘어나 북부의 민심이 동요하여 링컨 정부가 전쟁을 포기하는 길뿐이었다. 북부 시민 입장에서 보면 남부의 영토를 점령하지 못하는 것은 큰 문제가 아닐 수 있지만 자신의 부모형제가 전장에서 차례차례 죽어가는 것은 견디기 힘든 일이다. 따라서 로버트 리 장군은 영토를 지키는 전쟁보다는 북군의 사상자 수를 늘리는 전쟁을 하는 게 더 효과적이었을 수 있다.

　영토가 아니라 사람을 목표로 하는 전쟁으로 개념을 바꾼다면 빅스버그를 잃든지 버지니아를 잃든지 큰 문제가 아니었으리라. 이기지 않더라도 이곳저곳에서 10년이고 20년이고 북군 사상자를 늘려나가면 결국 북부가 남부의 협상 조건을 받아들였으리라 생각한다.

　너무 모범생같이 전투에 임했던 로버트 리 장군의 한계에 대해 언급하긴 했으나, 국가 전체로 보면 모든 전쟁은 신속하게 우열을 가리고 패배한 쪽이 깨끗하게 승복하는 한편, 승리한 쪽은 패배자를 배려하는 것이 효율적이다. 어찌 되었든 전쟁은 그 자체로는 경제적으로나 사회적으로나 모든 참여자가 큰 손해를 보는 행동이기 때문이다. 하지만 토론으로 의견 충돌이 해결되지 않고 중간에서 중재할 사람이 없으면 최후의 해결 수단으로서 전쟁이 일어나게 되는데, 그래도 그 목적은 의견 충돌의 신속한 해소에 있기 때문에 길게 끄는 것은 좋지 않다.

　일본은 메이지유신 이후 도쿠가와 막부가 멸망하고 서양의 문물을 받아들이면서 빠르게 선진국 대열에 들 수 있었다. 오랫동안 일본을 통치했던 도쿠가와 막부가 반막부 세력에 신속하게 항복하고 무너지는 바람에 대규모 전쟁이나 희생 없이 서양 문물을 받아들이는 개혁이 가능했다. 전쟁이 있긴 했지만 도쿠가와 막부의 책임자가 도쿄를 중심으로 대규모 전투를 벌이기보다는 일정 부분 막부의 권한을 보장받는 선에서 합의하고 도쿄를 내준 덕분에 전쟁이 단기간에 끝날 수 있었다.

　게릴라전이나 농성전을 벌여 마지막 한 명까지 싸우다 죽는 것도 분명 의미가 있다. 또 그렇게 죽을 각오로 싸우면 가끔 기적 같은 승리가 일어나기도 한다. 하지만 아군과 적군을 모두 합하여 국가 전체를 생각한다면, 승리 확률이 낮은 전투를 오랫동안 끌고 나가는 것은 분명 바람직하지 못하다.

> 착한 사람이
> 실패하지 않으려면
> 어떤 전략을 써야 할까?

제
13
장

고르바초프와
'또라이 전략'

성서에서는 누가 나의 오른쪽 뺨을 때리면 그에게 왼쪽 뺨을 내밀라고 말한다. 남이 나에게 해를 가하더라도 남을 공격하지 말고 오히려 그 사람을 용서하라는 의미이다. 그런데 내가 왼쪽 뺨을 내밀면 상대방은 어떤 태도를 보이겠는가? 나의 태도에 감동해 사과를 하겠는가? 반드시 그렇지는 않다.

만일 두 사람이 서로 친구 사이이고 일순간 감정적 이유로 뺨을 때린 것이라면 용서나 화해가 가능하겠지만, 조직 내부 또는 조직 외부에서 경쟁하는 관계에 있는 사람들이 치밀하게 계획하여 상대의 뺨을 때린 경우라면, 과연 내가 용서한다고 해서 상대방이 사과할까? 가능성이 매우 낮다. 많은 경우 뺨을 맞고도 화를 내지 않고 대들지도 않으면 오히려 상대는 나를 만만하게 본다. 사회생활을 함에 있어서는 용서하고 싶어도 오히려 억지로라도 화를 내고 싸워야 하는 경우가 있다.

한때 미국과 함께 세계의 양 대국으로 불리다가 1991년 멸망한 소련이라는 나라가 있다. 미국에 견주어 전혀 약하다고 생각되지 않던 소련이 멸망한 것은 전 세계에 큰 충격이었다. 그것도 치열한 전쟁을 벌여서 패배를 한 것도 아니고 어느 날 소련의 지도자 한 사람이 일방적으로 내린 결정이기에 더욱 당황스러웠는데, 주인공은 바로 미하일 고르바초프(Mikhail Gorbachev)이다.

세계 최강대국의 지도자였고 너무도 합리적이며 선량한 품성까지 지녔던 고르바초프의 이야기를 통해 '선하다'가 '약하다'라는 의미로 해석되는 논리를 분석해보자.

1985년, 54세 고르바초프가
소련 서기장이 되다

:

세계 최초의 공산주의 국가 소련, 즉 소비에트연방이 얼마나 강대국이었는지는 제2차 세계대전의 주요 사건만 일별해봐도 알 수 있다.

독일의 히틀러가 벨기에와 프랑스를 향해 쳐들어가면서 제2차 세계대전이 시작되는데, 프랑스가 거의 즉시 항복하고 프랑스를 돕던 영국군이 1940년 5월 됭케르크(Dunkerque)에서 철수하면서 영국을 제외한 서유럽이 모두 독일 차지가 된다. 해군력이 약한 독일이 바다 건너 영국을 침공하기란 쉽지 않았기에 히틀러는 방향을 동쪽으로 틀어 1941년 6월 22일 소련을 침공한다. 그리고 그 넓은 소련 영토에서 오랜 전쟁이 벌어지게 된다. 처음에는 독일군에게 속절없이 밀리던 소련군이 체제를 정비하고 스탈린그라드 등지에서 반격을 시작하면서 독일과 소련 양측에 막대한 사상자가 발생한다.

그러다가 1944년 6월 6일 미국과 영국을 중심으로 한 연합군이 프랑스 노르망디에 상륙하면서 독일군은 동쪽의 소련군과 서쪽의 연합군을 동시에 상대해야 하는 상황에 처하게 되고, 그 결과 전세가 기울기 시작하여 1945년 4월 30일 히틀러가 베를린에서 자살하면서 전쟁은 종결된다.

미군과 영국군은 됭케르크에서 철수했던 1940년 5월부터 노르망디에 상륙한 1944년 6월까지 4년간 독일군과 정면으로 싸운 적이 없다. 물론 독일의 유보트 잠수함이 영국 해군을 공격했지만 이는 독일군 전 병력의 극히 일부에 불과했다. 결국 독일군 거의 전체를 상대로 1941년 6월부터 1944년 6월까지 3년간 전투를 수행한 유일한 나라가 바로 소련이다. 다시 말해 제2차 세계대전에서 독일군을 무찌른 나라는 실상 소련이었다.

물론 그 시기에 미군은 태평양에서 일본군을 홀로 상대하고 있었으며, 이후 노르망디 상륙 작전이 전개될 때 서쪽에서 독일을 공격하는 데도 중추적 역할을 했다. 그런 의미에서 제2차 세계대전에서 독일과 일본에 대항해 승리를 거둔 두 주인공을 들자면 누가 뭐래도 미국과 소련이다. 당연한 귀결이겠지만, 제2차 세계대전 이후의 세계는 미국과 소련 두 강대국이 주도하게 된다. 미국과 소련에 비하면 당시 중국은 미미하고 약한 존재였고, 소련의 지원을 받아 마오쩌둥(毛澤東)이 막 공산주의 정권을 세운 정도였다.

미국과 소련 모두 군사적·경제적 강대국으로서 엄청난 양의 핵무기를 보유하고 있었지만 두 나라가 전쟁 같은 직접적 대립은 하지 않았기에 두 강대국의 대립 시기를 역사는 이른바 '냉전시대'라고 불렀다. 두 나라의 냉전(冷戰)은 1950년대 초부터 1980년대 말까지 40년이 넘는 기간 동안 이어진다.

냉전시대는 단지 두 국가의 대립이 아니라 중국, 북한, 동유럽의 국가들, 베트남, 쿠바, 아프리카 여러 나라를 공산주의 진영으로 끌어들인 소련, 그리고 서유럽과 한국, 일본, 남아메리카의 국가들을 자유민주주의 진영으로 끌어들인 미국이 전 세계를 양분했던 시기이다. 당시 대부분의 국가가 미국 편에 서거나 소련 편에 서거나 둘 중 하나를 선택해야 했다.

이때 서기장이라 불리던 소련의 최고 지도자들은 거의 대부분 죽을 때까지 직을 유지했다. 이오시프 스탈린(Iosif Stalin)은 1922년 서기장에 올라 제2차 세계대전을 승리로 이끌었고 1953년 사망했다. 그 뒤를 이어 서기장이 된 니키타 흐루쇼프(Nikita Khrushchev)는 유일하게 서기장에서 쫓겨난 인물로 1964년 자리에서 물러났다. 흐루쇼프는 쿠바 미사일 위기 당시 미국 대통령 케네디와 대립한 일로 유명하다. 감정적 성격으로 불안정한 리더십이 문제가 되어 쿠바 위기와 같은 사건을 자꾸 일으키다가 결국 신망을 잃었다.

그다음이 1964년부터 1982년까지 오랜 기간 서기장을 지낸 레오니트 브레즈네프(Leonid Brezhnev)이다. 브레즈네프는 핵무기를 사용하는 전쟁이 발생하면 안 된다고 생각해 미국 대통령 닉슨과 함께 '데탕트(détente)'라고 불리는 군사적 긴장완화 정책을 추진한다. 하지만 이와 동시에 미국과 싸우는 베트남과 아프리카 나라들을 지원하여 공산국가의 숫자를 늘렸으며, 아프가니스탄을 침공해 점령하는 등 세력 확장에도 힘을 기울인다. 한마디로 브레즈네프 시대는 소련이 국력을 키워 미국과 힘의 균형을 이룬 안정된 시기였다고 평가된다.

1982년 브레즈네프가 사망하자 그의 뒤를 유리 안드로포프(Yuri Andropov)와 콘스탄틴 체르넨코(Konstantin Chernenko)가 이었는데 둘 다 1년 조금 넘게 집권하다가 병으로 차례차례 사망한다. 그리고 마침내 1985년 불과 54세의 미하일 고르바초프가 소련의 서기장으로 취임한다. 이전의 소련 서기장들이 70대에 취임한 경우가 많았음을 생각해보면 파격적으로 젊은 서기장이었다.

최강대국이었던 소련은
어째서 무너졌나?
:

고르바초프 취임 후 불과 6년 만인 1991년 소련은 스스로 무너진다. 소련의 멸망 원인으로는 다음 두 가지를 생각해볼 수 있다.

첫째는 경제적 요인이다. 이는 고르바초프 취임 이전부터 소련의 지도부가 고민했던 문제로, 어떤 의미에서는 이 문제를 새로운 시각으로 해결해보라고 54세의 고르바초프를 서기장으로 임명했던 것이다. 둘째는 고르바초프 개인에서 비롯한 요인이다. 아무리 경제적 어려움이 있는 상황에서 국가를 물려받았다 해도 당시 세계를 이끄는 양대 강국 중 하나였던 소련을 취임 6년 만에 멸망으로 이끌었다는 것은 고르바초프의 전략적 사고에 문제가 있었다는 이야기다.

우선 1980년대에 소련이 당면했던 경제적 문제를 생각해보자. '경제적 문제'라고 하면 당연히 돈이 없다는 의미이다. 즉, 소련이라는 국가의 지출이 수입보다 많았다는 말이다. 사실 국가든 기업이든 가계든 경제적 문제는, 아주 단순하게 말해 수입보다 지출이 많다는 뜻이다. 수입이 줄었을 때 지출 또한 줄이면 사실 경제 문제는 해결된다. 가령 부모님이 돈을 잘 벌 때는 온 가족이 외식도 하고 좋은 옷도 사 입다가 수입이 줄면 외식도 줄이고 옷도 평범한 것으로 사 입으면 된다. 물론 이전에 비해 맛난 음식을 덜 먹고 멋진 옷을 덜 입게 되어 불만은 생기겠지만, 경제 문제는 발생하지 않는다.

경제 문제로 국가나 기업이나 가계가 파산했다면, 그 경우는 모두 수입이 줄었으나 지출은 줄일 수 없었기 때문이다. 어째서 줄일 수 없을까? 지출을 줄일 수 없는 이유도 사실 아주 간단하다. 수입이 좋을 때 계속 수입이 좋을 것이라고 믿고 계획을 세워 오랜 기간 일정한 지출이 나가도록 약속을 했는데 수입이 줄었다고 이 약속을 깰 수가 없어서다. 수입이 좋다고 대출을 받아 아파트를 구입했는데 수입이 줄었다고 은행에 대출이자를 내려달라고 말할 수 없는 이치다. 즉, 돈을 많이 벌 때 그것을 기준으로 계획을 세워서는 절대 안 되고 앞으로 혹 돈을 못 벌 날이 올지 모른다는 예상을 하고 그 기준으로 모든 지출 계획을 세워야 하는 것이다.

소련의 경우 문제의 발단은 1970년대 석유 가격이 급상승한 데 있었다. 잘 알다시피 소련에는 상당히 많은 양의 석유와 천연가스가 매장되어 있다. 지금도 러시아의 중요한 수입원은 석유와 천연가스이다.

1970년대 세계의 석유 가격이 엄청나게 상승하였고 그에 따라 소련 정부의 수입이 크게 늘었다. 소련 정부는 석유 가격이 언제까지나 높을 것이고, 소련 정부의 수입 또한 언제까지나 풍족할 것이라고 믿었던 듯하다. 그리하여 두 가지 사업에 착수하는데, 그중 하나가 군비 확장 및 아프가니스탄 침공이다. 소련의 군대는 소련 정부의 중요한 지지 세력이므로 군대에 많은 돈을 쓰는 것이 소련의 통치자에게는 매우 중요한 일이다. 그리고 소련의 군대가 소련과 국경을 접하는 아프가니스탄에서 자유민주 세력을 잘 막아주지 않으면 소련 영토가 위협받을 것이라는 생각도 있었을 것이다.

또 하나의 사업은 전 세계의 공산주의 국가들을 돕는 일이었다. 북한, 쿠바, 베트남 그리고 아프리카의 많은 공산주의 국가가 당시 경제적으로 풍족하지 않았다. 소련이 경제적 우방이 되어주지 않으면 그 공산주의 국가들이 미국에 도움을 요청하여 결국 공산주의를 버리게 될 가능성이 존재했다.

문제는 수입이 항상 좋을 수는 없다는 데 있다. 특히 1980년대 들어서는 석유 가격이 크게 하락하였다. 1970년대에 석유 가격이 너무 높아지니 영국은 북해 바다 속에서 석유 자원을 발굴해 퍼내기 시작했고, 애초에 석유 시추 작업의 어려움 때문에 포기했던 다른 나라들도 높은 비용을 감수하며 석유 생산에 착수했기 때문이다.

국가 재정의 큰 부분을 석유 수출에 의존하던 소련 정부의 수입은 줄었고, 그렇다면 그때 소련 정부는 지출을 줄였어야 했다. 하지만 군대에 국방비를 줄이겠다고 말하는 것, 소련의 약속을 받고 공산주의 정권을 세운 다른 나라에 더는 경제적으로 지원을 하지 못한다고 통보하는 것은 소련 정부 입장에선 너무나도 곤란한 일이었다. 고르바초프의 전임자들은 이런 피를 깎는 지출 삭감을 시도조차 하지 않았다.

1970년대에 서기장으로 있던 브레즈네프가 그래서 선택한 길이 데탕트 협상이었다. 미국과 서유럽의 국가들을 상대로 군비 지출을 같이 줄이자고 제안한 것이다. 미국과 서유럽 국가들이 군비 지출을 줄이면 소련도 소련 군대를 설득해 군비 지출을 줄일 수 있기 때문이다. 하지만 브레즈네프와 협상을 했던 미국의 닉슨 대통령이 워터게이트 사건으로 대통령직에서 물러나면서 소련의 이런 노력은 물거품이 되고 만다.

이제 소련 멸망의 두 번째 요인이 된 고르바초프 개인의 문제로 가보자. 그는 브레즈네프처럼 미국을 설득해 같이 군비 지출을 줄이려 한 게 아니라 미국이 군비를 줄이지 않더라도 어쨌든 소련은 군비 지출을 줄이겠다고 선언했다. 또한 세계 각국의 공산국가들이 자유민주주의 시장경제로 전환하는 것을 막지 않고 자유롭게 선택하도록 했다. 그 결과 1989년에 베를린 장벽이 무너지며 동독이 서독과 통일하게 된다.

고르바초프의 정치적 선택이 냉전을 종식한 셈이고, 그 결과 그는 미국과 유럽을 비롯한 전 세계인에게 사랑과 존경을 받은 인물이 되었다. 1990년에는 노벨 평화상도 수상하였다. 정말로 선한 의도를 가지고 그것을 행동으로 옮긴 정치인이 바로 고르바초프였으며, 당연히 노벨 평화상을 받을 자격이 있었다. 미국과 소련 사이에서 핵전쟁이 일어날까 봐 걱정하던 전 세계인들은 일방적으로 무력 사용을 포기한 고르바초프를 사랑

할 수밖에 없었다.

그렇지만 소련, 즉 현재의 러시아 입장에서 보면 고르바초프는 무능한 지도자였고 강대국 소련을 멸망시킨 용서할 수 없는 인물이었다. 아무리 경제가 어렵다 해도 당시 소련은 전 세계 도시를 모두 사라지게 할 수 있는 양의 핵무기를 지닌 무서운 나라였다. 이 점을 활용한다면, 유럽이나 미국을 압박해 경제적 지원까지도 충분히 받아낼 수 있었을 것이다. 아무리 미국인들이 소련을 싫어했다 해도, 소련이 작은 전쟁이라도 일으켜 핵무기를 사용할 것처럼 행동하면 소련의 요구를 마지못해 들어주었을 것이다. 물론 자신이 가진 힘을 이용해 상대를 위협하고 돈을 뜯어내는 것은 범죄자들이나 하는 파렴치한 행위이지만 말이다.

설사 돈을 뜯어내지 않는다 해도 소련은 자신의 무력을 사용하여 동독, 폴란드, 체코슬로바키아, 유고슬라비아, 루마니아, 불가리아 등의 다른 공산 국가들이 자유민주 진영으로 넘어가는 것은 막을 수 있었다. 실제로 이들 나라에 소련 군인들이 주둔하고 있었고 '프라하의 봄'도 소련 군대가 체코 시민을 억압해 공산주의 체제하에 머물도록 강제하고자 했기 때문에 일어난 일이다. 이런 방법을 쓴다면 경제적 위기 상황 타개는 어렵더라도 공산주의 국가들의 맹주로서 소련이 지위를 지켜나가는 것은 가능했으리라 보인다.

그러나 고르바초프는 이런 선택을 하지 않았다. 그래서 동유럽 국가들이 와르르 소련 쪽에서 떨어져 나가고, 그때까지 소련의 지원하에서 공산주의 체제를 유지하고 있던 동유럽의 지도자들이 권좌에서 쫓겨나고 일부는 죽음을 당했다.

그때까지 소련 국민들은 사신들의 돈으로 전 세계 공산국가들을 돕고 있다는 자부심을 가지고 있었는데 고르바초프라는 한 사람이 서기장으로 임명되자마자 이런 위상을 포기한 것이다. 결국에는 우크라이나, 카자흐스탄, 우즈베키스탄, 리투아니아 등 연방 국가들마저 모두 떨어져 나가 러시아만 남게 된다. 그리고 1991년 고르바초프는 권력을 빼앗긴다. 소련 국민들에게 고르바초프는 저주와 원망의 대상이 되었다.

기존기업과 진입기업 간 게임이론을
고르바초프에게 적용하면

:

게임이론의 주요 분석 대상은 '기업'이다. 많은 기업이 다른 기업과의 경쟁에서 살아남으려 애쓰고 있으며, 이는 생물들의 적자생존 경쟁과 같은 양상을 띤다. 기업들은 상대를 어떻게 제압해 성공을 가져올지 온갖 전략을 매일같이 연구하기 때문에 기업들의 전략은 게임이론 학자들의 중요한 분석 대상이 된다.

기업 간 경쟁과 관련해 게임이론에서 중요한 주제가 이미 오랫동안 제품을 생산해온 기업이 새로이 그 산업에 진입하는 기업에 어떻게 대응할 것인가 하는 전략에 대한 분석이다. 이를테면 A라는 기업이 한국의 자동차 타이어 시장에서 독점적으로 생산을 하고 있었다. 그런데 자동차 타이어를 생산하면 이윤이 높다는 사실이 알려지면서 B라는 새 기업이 타이어 시장에 진출하려 준비 중이라고 하자. 경제학에서는 이미 오랫동안 타이어 생산을 해온 기업 A를 기존기업(incumbent)이라 부르고 새로 진출하는 기업 B를 진입기업(entrant)이라고 부른다.

이 경우 기존기업 A에는 두 가지 전략이 가능하다. 하나는 진입기업 B를 인정하고 타이어 시장의 일부를 B에 내어준 후 공존하는 전략이다. 다른 하나는 공존을 절대로 받아들이지 않고 기존기업 A가 승리하여 타이어 시장을 계속 독점하든 진입기업 B가 승리하여 타이어 시장을 새로이 독점하든 간에 승부가 날 때까지 목숨을 건 전투를 벌이는 것이다.

물론 시장의 일부를 내어주고 공존하면 기존기업 A의 이윤은 상당히 줄어들 것이다. 하지만 기존기업 A가 당장 도산한다든지 엄청난 손실을 보지는 않을 것이다. 반면, 기업의 존폐를 걸고 경쟁을 벌인다면 기존기업 A는 경쟁이 지속되는 오랜 기간 동안 심각한 손실을 입게 된다. 왜냐하면 진입기업 B에 심각한 손실이 오랫동안 발생해야 B가 진입을 포기할 것인데, B에게 손실을 입히면서 A는 손실을 입지 않을 방법이 사실상 없기 때문이다. 즉, B에게 손실을 입히려면 A가 자동차 타이어를 원가 이하 가격으로 내려 팔든지 엄청난 광고를 쏟아붓는 방식을 취해야 하는데, 이 모든 것이 크나큰 비용을 발생시키므로 A는 한동안 엄청난 손실을 감수해야만 하는 전략인 것이다. 더구나 이런 전투적 경쟁을 벌여서 패배하면 오히려 기존기업 A는 도산할 수도 있다.

현실에서 여전히 이윤을 내면서 기업이 존속할 수 있는 공존의 방법을 버리고 심각한 손실이 확실하고 도산의 위험까지 감수할 경영진은 많지 않을 것이다. 하지만 만일 기존기업 A의 경영진이 소위 '또라이(insane)' 소리를 듣는 사람이라면 어떨까? 자신이 죽는 한이 있어도 자존심을 지켜야 한다고 믿는 '또라이' 기질을 가진 경영진이라면 차라리 회사 문을 닫았으면 닫았지 굴러들어 온 돌멩이나 마찬가지인 기업 B와는 절대로 공존할 수 없다고 생각할 수도 있는 것이다. 그러면 기존기업 A의 경영진은 이윤이나 위험을 고려하기보다는 진입기업 B와 사생결단의 전면전을 벌이려 할 것이다.

진입기업 B의 입장에서는 기존기업 A의 경영진이 사생결단의 자세로 나온다면 자동차 타이어 시장이 제법 이윤이 높다 해도 진출 계획을 접을 가능성이 높다. 너무 위험하기 때문이다. 단, 기업 B의 경영진으로서는 기업 A의 경영진이 정말로 '또라이'인지 아니면 지극히 정상이고 막상 B가 진출하면 공존을 받아들일 것이면서 괜히 '또라이'인 척을 해서 B를 겁주어 쫓아내려고 하는 건지 의문이 들 것이다. 기존기업 A의 경영진이 '또라이'가 아니더라도 그런 척 연극을 해서 진입기업 B를 쫓아버리고자 하는 전략을 구사할 수 있기 때문이다.

여기서 중요한 것은 '또라이' 전략을 구사해 상대에게 겁을 주어 물러나게 하려는 경우 절대로 상대에게 그 속내가 드러나면 안 된다는 것이다. 내가 실제로는 또라이가 아닌데 또라이인 척 연기를 하고 있음을 상대가 알면 또라이 행세를 하는 효과가 사라져 상대도 아무 걱정 없이 진입을 결정할 것이기 때문이다. 또라이가 아닌 기존기업은 막상 새로운 기업이 진입하면 어느 정도 양보를 하면서 시장을 나눠 가질 것이다.

자, 고르바초프 서기장은 어떠했는가. 기업 간 경쟁에 비유하자면 고르바초프의 소련은 기존기업 A에 해당한다. 하지만 고르바초프는 또라이 연기조차 시도하지 않았다. 아마 당시 미국과 유럽의 지도자들은 어떤 상황에서도 소련의 고르바초프는 절대로 핵무기를 사용하지 않으리라 확신했을 것이다. 핵무기를 써서 인류를 멸망시키기에 고르바초프는 너무 착한 사람이었다. 핵무기를 가진 나라의 지도자가 절대로 핵무기를 사용하지 않는다는 사실이 알려지면 그 나라는 핵무기를 안 가진 것이나 마찬가지가 된다. 다른 국가들이 그 나라를 전혀 두려워하지 않을 터이기 때문이다.

그렇다면 고르바초프만이 아니라 어떤 나라의 지도자든 자기들이 확보한 군사력을 언제든 사용할 수 있다는 느낌을 주는 것이 유리하다. 일국의 지도자가 절대로 군사력을 사용하지 않겠다고 하거나 그렇게 보이게 되면 그 지도자와 해당 국가는 속된 말로 얕보이게 되고 주변에서 전혀 두려워하지 않는 존재가 되어 국제사회에서 힘을 잃을 테니 말이다.

'또라이 전략'이 필요한 때
:

건장한 남성들 30명이 타고 있는 버스에 한 강도가 총을 가지고 올라와 돈을 내놓으라고 위협한다면 어떨까? 그런데 돈을 내놓으라고 위협하는 그 강도의 총에 총알이 딱 한 발뿐이라면? 게다가 그 사실을 차에 타고 있던 건장한 남성 30명이 다 알고 있다면?

이때 중요한 것은 강도가 정말로 그 총을 발사할 것인가 하는 질문이다. 총을 발사한다면 건장한 남성 30명 중 최대 한 명이 목숨을 잃을 수 있기 때문에 아무리 건장한 남성 30명이 강도를 제압할 수 있다 하더라도 실제로 그 행동을 취하기는 어려울 것이다.

만일 그 강도가 아주 정상적 사고방식을 가진 사람인데 당장 굶어 죽게 생겨 강도 행위를 하는 것이라면 어떨까? 합리적이고 계산적인 강도라면 건장한 남성 30명이 자신을 제압하려 달려들 때 총을 발사할까? 그렇지 않을 것이다. 만일 강도가 총을 발사해 한 사람을 죽인다 하더라도 남은 29명의 남성이 자신을 제압해서 경찰에 넘길 테니, 그럼 그는 강도죄에 살인죄까지 더해져 벌을 받을 것이 자명하다. 어쩌면 종신형을 받아 영영 교도소에서 나올 수 없을지도 모른다. 반대로 총을 쏘지 않고 붙잡힌다면 어떨까? 강도죄만 성립할 테고, 특히 총을 쏘지 않았다는 점이 유리하게 작용할 수 있으므로 3년 정도만 형을 살고 나올 수 있다. 따라서 합리적이고 계산적인 똑똑한 강도라면 절대로 총을 쏘지 않을 것이다. 문제는 강도가 이렇게 합리적 사고방식을 가진 사람이라는 것을 알면 건장한 남성 30명이 이 강도에게 대뜸 달려들어 제압할 것이라는 사실이다. 강도가 어차피 총을 쏘지 않을 테니 건장한 30명의 남성은 겁날 것이 없다.

그런데 이 강도가 합리적인 것과는 거리가 멀고 뭔가 정신적으로 불안하고 쉽게 당황하는 사람이라면 어떤 상황이 벌어질까? 건장한 남성 30명이 다가오면 마구잡이로 총을 쏠 가능성이 높다. 총알을 발사하고 잡히면 더 큰 벌을 받는다는 걸 미처 생각하지도 못할 것이기 때문이다. 이 경우 건장한 남성 30명은 총알이 한 발뿐인 총을 든 강도일지라도 그에게 순순히 가진 돈을 내주게 될 것이다. 자칫 잘못하면 30분의 1의 확률로 죽을 수 있으니 말이다. 목숨을 빼앗기느니 돈을 빼앗기는 것이 낫지 않은가. 이 이야기에서 중요한 건, 실제로 강도를 당했을 때는 강도가 손에

든 총보다 강도의 정신상태가 더 무섭다는 점이다.

핵무기와 대륙 간 탄도 미사일을 가지고 있어도 선한 통치자는 발사하지 않을 것이다. 자신이 발사하면 상대국도 핵무기를 발사할 것이라 양쪽이 모두 죽는다는 사실을 잘 알기 때문이다. 하지만 이런 사실이 알려지면 다른 국가들은 이 착한 통치자를 무서워하지 않을 것이고 기껏 비싸게 제작한 핵무기와 대륙 간 탄도 미사일은 무용지물이 될 것이다.

미하일 고르바초프가 소련의 서기장일 때 미국의 대통령은 로널드 레이건(Ronald Reagan)이었다. 앞서도 언급했듯이 소련은 브레즈네프 서기장 시절부터 미국과 평화 분위기 조성을 위한 데탕트 협상을 하였다. 하지만 미국의 레이건 대통령은 평화 협상과는 거리가 먼 인물이었다. 오히려자신이 '스타워즈'라고 부르는 우주 방어 시스템을 통해 소련의 미사일을 모두 격추시키겠다고 공언했던 사람이다. 그리고 만약 소련이 핵을 사용하면 미국 역시 곧바로 모든 핵무기를 소련을 향해 쏘겠다고 공공연히 밝히기도 했다.

소련이 보기에, 미국의 레이건 대통령은 핵무기를 사용하고 싶어 안달난 '또라이' 지도자로 보였을 것이다. 지금 돌아보면, 레이건 대통령이 또라이였던 것 같지는 않지만, 소련은 그가 절대로 또라이가 아니라는 확신도 하지 못했던 것 같다. 그래서 같이 핵무기를 줄이자는 이야기는 꺼내보지도 못하고 자신들이 먼저 솔선해서 군비 지출을 줄인 것이다.

당시 소련은 미국보다 더 많은 핵무기를 가졌던 것으로 알려져 있다. 그럼에도 소련의 최고 통치자 고르바초프는 너무나도 선한 마음을 가진지도자였고 자신의 그런 성품을 숨기지도 않았다. 통치자로서는 큰 실수이고 잘못이라 할 만하다. 아무리 착한 사람이라도, 절대로 핵무기를 사용할 마음이 없다 해도 일국의 지도자라면 그 사실을 절대 상대국에 들켜서는 안 되었다. 겉으로는 언제라도 핵무기를 발사할 수 있을 것처럼 하면서 실제로 발사하지 않으면 그것으로 충분하기 때문이다.

일국의 지도자뿐 아니라 보통 사람인 우리에게도 때로는 '또라이 전략'이 필요하다. 사실 자신이 약자이고 상대가 절대강자인 경우 사용할 수 있는 유일한 전략이기도 하다. 아무리 강한 사람도 비정상적 정신상태를 가진 사람과의 싸움은 피할 것이기 때문이다. 다만 이런 전략은 자주 쓰면 안 된다. 또라이 전략을 한번 써봤는데 만약 상대방도 또라이라면, 둘 중 하나가 죽어야 끝나는 사생결단의 싸움이 되기 때문이다. 또라이 전략으로 서너 번쯤은 성공할 수 있을지 몰라도 그 이상 쓰다가는 파멸의 가능성이 상당히 커지므로, 인생에서 또라이 전략은 아주 간혹 써야 한다.

아마도 합리적이고 상식적으로 사고하는 보통의 사람이라면 평생 이 또라이 전략을 단 한 번도 사용하지 않을 것이다. 하지만 그래도 또라이 전략을 이해하고 있는 것은 중요한데, 왜냐면 합리적인 일반인들도 자신이 상대해야 하는 고객이나 직장 동료 중에서 특이한, 즉 조금 또라이 기질이 섞인 사람을 만나기 마련이기 때문이다. 그래서 누구라도 또라이 기질이 있는 사람과의 관계를 잘 설정해 그 기질이 잘못 표현되어 조직과 구성원들이 피해를 입지 않도록 관리하는 방법을 찾아야 한다.

직장에서 어떤 업무를 맡았든 간에 두 가지가 중요하다. 하나는 업무를 성공적으로 수행해 좋은 실적을 내는 것이다. 또 하나는 업무에 실패하지 않는 것이다. 아홉 번을 크게 성공했더라도 한 번 크게 실패하면 그 공이다 사라지는 것이 현실이다. 아홉 번 크게 성공하고 한 번 크게 실패하는 것보다는 한 번도 실패하지 않도록 조심해서 열 번 모두 평균 이상의 성과를 얻는 것이 나을 수도 있다.

나의 경우 매 학기 100명에서 많게는 300명의 학생들을 모아놓고 수업을 한다. 물론 내가 강의를 재미있게 하고 학생들도 새로운 걸 배우며 즐거워해서 강의 평가가 잘 나오면 나는 기분도 좋고 학교에서 인정도 받을 수 있다. 하지만 사실 내가 진짜로 신경 쓰는 것은 따로 있다. 99명의 학생이 만족하더라도 내 강의에 큰 불만을 품은 학생이 한 명 존재하면 강의자인 내가 큰 낭패를 볼 수 있기 때문이다.

그래서 학기 초 강의실에 처음 들어가면 작은 것에도 예민하게 반응하는 학생이 있는지를 파악하고자 노력한다. 그런 학생이 있다면 특별히 신경을 써주고 불만도 들어주며 좋은 관계를 유지하려 노력하는 편이다. 사실 다른 99명의 보통 학생들은 신경을 거의 안 써도 된다. 알아서 강의도 잘 듣고 스승으로서 나를 존경하며 대접해주기 때문이다. 사실 특이한 학생을 잘 관리하는 것이 내 업무의 훨씬 큰 부분이다. 오해가 없기를 바라는 것은, 그렇다고 그 특이한 성격의 학생에게 내가 성적을 더 잘 준다든지 하는 배려를 하는 건 아니라는 점이다. 다만 상담 시간을 좀 더 많이 할애하고 성적이 잘 안 나오면 공부 방법을 제시해주는 식으로 그 학생에 알맞게 필요한 정성을 보이는 것이다. 아마 조직을 관리하는 지위에 있거나 다양한 고객을 상대해야 하는 직장인이라면 모두 공감할 수 있는 이야기이리라.

고르바초프의 성품이 가진 또 한 가지 문제는 소련 국민의 안위보다 전 세계의 평화를 더 중시했다는 점, 그리고 자신의 직속 부하인 군인이나 관료보다 국민의 이익을 먼저 생각했다는 점이다. 이는 분명 지도자로서 이상적이고 선한 모습임에 틀림이 없다. 실제로 고르바초프 서기장이 소련의 군사력을 축소하고 핵전쟁 위험을 제거함으로써 세계는 훨씬 살기 좋은 곳이 되었다. 하지만 고르바초프는 세계의 대통령이 아니라 소련의 서기장이었다. 결과적으로 그는 세계의 이익을 위해 소련 국민의 이익을 희생한 셈이다. 물론 소련도 세계의 한 구성원이므로 세계가 나아지면 소련도 나아지겠지만, 개별적 인간은 세계를 위해 자기 자신을 희생할 만큼 숭고한 존재가 아니라는 것이 경제학자들의 생각이다.

근대경제학의 창시자 애덤 스미스는 "어떤 사람이 내일 새끼손가락을 잃어야 한다면 오늘밤 그는 잠들지 못할 것이다. 그러나 1억 명의 사람들이 파멸한다 하더라도 그가 직접 본 것이 아니라면, 그는 깊이 안도하며 코를 골며 잘 것이다"라고 말한 바 있다. 요컨대, 인간이란 1억 명의 파멸보다 자기 손가락 잘리는 것을 먼저 염려하는 존재라는 이야기다. 소련이라는 국가의 통치자라면 세계의 이익을 희생해서라도 소련의 국익을 먼저 지켜야 하는 사명을 지닌 존재인 것이다.

한편, 고르바초프에 관해서는 이런 일화도 전한다. 소련 국민들이 보드카 같은 독한 술을 너무 많이 마셔서 건강을 해치는 것을 걱정한 고르바초프가 국민들의 음주량을 줄이도록 명령하였다고 한다. 술과 담배는 건강에 해로운 것임이 다 밝혀졌고 소련은 음주량이 너무 많은 것도 사실이므로 국민을 위한 정책임은 분명하다. 하지만 가뜩이나 석유 가격이 하락하여 재정이 어려운데 정부의 또 다른 중요한 수입원인 술 판매에 의한 조세 수입마저 고르바초프의 금주 정책으로 인해 급속히 감소했다고 한다. 정부의 재정이 줄어들면 군인과 관료의 수입도 줄게 된다. 아무리 소련의 지도자라 해도 서기장이 직접 명령을 내릴 수 있는 대상은 군인과 관료이다. 그런데 소련 국민을 위한다고 내세웠던 금주 정책이 결국 군인과 관료의 수입을 줄인 셈이다. 고르바초프는 이렇게 자신의 지지 기반을 모두 상실하고 말았다.

결론적으로 이상주의적 지도자는 조직에 도움이 되지 않으며, 따라서 조직으로부터 버림을 받게 된다. 전 세계의 핵전쟁 위험이 높아지더라도 자신의 국민에게 이익이 되면 그 선택을 해야 하는 경우가 있다. 또한 자국의 국민에게 해가 되더라도 자신의 직속 부하들에게 이익이 되면 그 선택을 해야 하는 경우도 있다. 결국 권력이 유지되고 자신의 조직이 잘 작동해야 뜻한 바를 이루는 것이 가능하기 때문이다.